이경의 회고록

어느
중소기업 연구자
이야기

- 중소기업 경제이론 형성과정 -

지식산업사

이경의

저자 이경의는 1938년 전라북도 군산(구 옥구)에서 태어났다. 서울대학교 상과대학 경제학과를 졸업하고 서울대학교 대학원 경제학과에서 석사학위와 박사학위를 취득했다. 중소기업은행 조사과장, 미국 럿거스(RUTGERS)대학교 객원교수, 숙명여자대학교 경제학부 교수, 경상대학장 등을 지냈으며 현재 숙명여자대학교 명예교수이다.

주요 저서로는 《중소기업 왜 중요한가》(지식산업사, 2017), 《중소기업경제학 개론》(지식산업사, 2015), 《한국 중소기업의 경제 이론》(지식산업사, 2014), 《한국 중소기업론》(지식산업사, 2014), 《한국중소기업사》(지식산업사, 2010), 《중소기업정책론》(지식산업사, 2006), 《현대중소기업경제론》(지식산업사, 2002), 《중소기업의 이론과 정책》(지식산업사, 1996), 《한국경제와 중소기업》(까치, 1982), 《경제발전과 중소기업》(창작과비평사, 1986) 등이 있다.

이경의 회고록

어느 중소기업 연구자 이야기
-중소기업 경제 이론 형성 과정-

초판 1쇄 인쇄   2021. 1. 28.
초판 1쇄 발행   2021. 2. 10.

지은이   이경의
펴낸이   김경희
펴낸곳   (주)지식산업사
　　　　　본사 ● 10881, 경기도 파주시 광인사길 53(문발동)
　　　　　전화 031-955-4226~7 팩스 031-955-4228
　　　　　서울사무소 ● 03044, 서울시 종로구 자하문로6길 18-7
　　　　　전화 02-734-1978, 1958 팩스 02-720-7900
　　　　　영문문패 www.jisik.co.kr
　　　　　전자우편 jsp@jisik.co.kr
　　　　　등록번호 1-363
　　　　　등록날짜 1969. 5. 8.

책값은 뒤표지에 있습니다.

ⓒ 이경의, 2021
　　ISBN 978-89-423-9089-2(03320)

이 책에 대한 문의는 지식산업사로 연락해 주시길 바랍니다.

머 리 말

우리가 살아온 발자취를 기록으로 남기는 것은 의미 있는 일이라고 생각한다. 많은 사람들은 특별한 사람에게만 회고록이 필요하다고 여기지만 반드시 그런 것은 아니라고 본다. 왜냐하면 범부凡夫의 삶에도 치열함과 진정성은 있기 때문이다.

2017년 말 《중소기업, 왜 중요한가》를 출간한 뒤 김경희 사장은 나에게 회고록 집필을 권했다. 물론 나는 거절했다. 내가 그렇게 뚜렷한 삶을 누린 것도 아니고 또 앞의 책 저술로 건강이 많이 쇠약해졌기 때문이었다. 김사장이 회고록을 권유한 이유는 이렇다.

지난 반세기에 걸쳐 불모지인 미개척 분야에서 "중소기업 경제이론"을 체계화했으니 그 과정을 기록으로 남길 필요가 있지 않느냐는 것이었다. 일단 일리가 있는 말이었지만 그것이 절실한가 얼른 납득이 되지 않았다. 더구나 무엇보다 건강이 지친 상태라 선뜻 받아들일 수가 없었다.

해가 바뀐 뒤에도 김사장은 회고록 집필을 거듭 권유하였다. 사실 우리 같은 200자 원고지 세대에게 저서 집필은 요즈음 PC 세대와는 다른 복잡한 과정이 요구된다. 원고를 타자하는 일이다. 우연한 기회에 김애리 석사의 의견을 타진했더니 흔쾌히 도와 주겠다는 것이었다. 그래서 집필을 결정하고 김사장에게 나의 생각을 전하였다. 건강이 허락하는 한 해 보겠다는 단서를 달았다.

2018년 하반기에 준비작업을 거쳐 2019년에 들어서 집필을 시작하였다. 하지만 무엇보다 회고록의 윤곽을 정하는 일이 큰 과제였다. 중소기업 경제이론의 형성에 중점을 두되 그것을 내가 살아온 과정과 어떻게 조화를 이룰 것인가의 문제였다. 김사장과 논의한 결과 학문의 길도 연구자의 삶의 한 부분이라고 보아 두 측면을 병행하여 조화 있게 집필하기로 하였다.

건강 상태를 감안하면서 집필작업에 매진한 결과 2019년 10월 말에 탈고하여 타자 작업에 들어갈 수 있었다. 원고 매수로 약 1,300매, 여기에 60장에 이르는 사진을 포함한 새로운 스타일의 회고록이다. 총 제5부로 구성되었고, 앞부분 제1,2부는 "나의 살아온 길"이고 뒷부분 제3,4,5부는 "중소기업 경제이론 형성의 길"로 구성되었다. 분량으로 보면 앞부분이 3분의 1이고 뒷부분이 3분의 2쯤 되었다.

해방 뒤 농촌의 척박瘠薄한 교육환경에서 전주북중과 전주고교를 거쳐 서울 상대까지 진학하고 또 오늘의 나를 있게 해 준 것은 부모님의 열성적 교육열 덕분이었다. 해방 전 유년시절 어머니는 네가 제국대학帝國大學 사각모四角帽를 쓰는 것이 소원이라고 말씀하셨다. 내가 1978년 서울대에서 경제학박사 학위를 받던 날 이제 내 소원이 이루어졌다고 기뻐하시던 어머님 모습이 눈에 선하다. 세상을 떠나신 지 어언 30년이 지났지만 오매불망寤寐不忘, 자식들이 잘되기만을 학수고대鶴首苦待하시던 어머님을 생각하면 지금도 마음이 저려 온다.

대학 졸업 뒤 12년 동안 근무했던 중소기업은행 조사부는 나의 연구 그리고 이론을 싹 틔운 묘상苗床이었다. 그 후 27년 동안의 숙대교수 때는 이를 키우고 결실을 맺는 시기였고, 그리고 정년 퇴임한 뒤 15년 동안의 공덕동 연구실에서는 이를 매듭지었다.

하지만 격동의 세월을 살아오면서 이 길이 순탄한 것만은 아니었다. 많은 굴곡을 겪었고 이를 극복하면서 살아왔다. 조사부에 근무하면서 격무 속에 시간을 내어 대학원 석사과정과 박사과정을 이수하고, 1978년 박사학위를 받을 때까지의 기간은 정말 힘들었던 시간이었다. 또 1997년 대장암에 걸려 생사의 갈림길에서 투병했던 것도 고난의 세월로 기억에 남는다.

1969년 말 결혼 뒤 아내는 만학晩學의 길에서 주경야독晝耕夜讀에 힘들어 하는 나를 뒷바라지해 주었고, 대장암 수술 후 내가 절망적 투병에서 회생할 수 있었던 것도 그의 헌신적 간병看病의 덕분이었다. 아내는 나의 생명의 지킴이라고 할 수 있다. 그후 나는 생활을 대전환하였고 학교생활과 연구에만 전념하였다.

대학 진학 뒤에 전주고와 서울대 출신으로 구성된 〈도원〉 모임에 참여한 것은 나의 교우관계를 폭넓고 윤택하게 하였다. 1980년대 초 암울했던 권위주의 시절, 당시 대표적인 반체제 비판적 지식인 모임인 〈거시기 산악회〉에서 활동한 것은 내가 걸었던 비판적 지식인의 길을 더욱 분명하게 해 주었다. 또 1980년대 중반 미국 럿거스대학에서 객원교수로 지낸 1년은 국내 학계에 매몰되어 있던 학문적 시야를 국제적으로 넓힐 수 있는 기회였다.

1960년대 중반 이후 중소기업 경제이론의 형성을 이끌어 주신

것은 변형윤 교수님이셨다. 이 분야의 불모지에 이론 연구의 가능성을 심어준 것도, 또 한국 경제학계에 이 분야 연구의 장場을 마련해 준 것도 변선생님이셨다. 그분은 나의 석, 박사과정의 지도를 맡아 그 논문에서 중소기업 경제이론의 기초를 닦도록 해 주셨다. 대학교수로 자리를 옮길 때에도 선생님은 어려운 매듭을 풀어 주셨다. 돌이켜 보면 중소기업 경제이론의 형성은 선생님의 학은學恩의 결과였다고 생각한다.

박현채 교수는 1960년대 중반 이후 1994년 그가 세상을 떠날 때까지 오랜 세월 나와 가깝게 지낸 선배였고 친구였다. 학문의 길에서는 나의 학문을 균형 잡게 해 주었고 내가 초학자 시절 연구의 기회를 마련해 주었으며 또 연구 성과가 빛을 볼 수 있게 출판의 기회를 안내해 주기도 했다.

1990년대 중반 이후 오늘날까지 내가 중소기업 경제이론 체계를 완성할 수 있었던 것은 김경희사장 덕분이었다. 나의 이론체계의 중간 정리라고 할 수 있는 〈중소기업의 이론과 정책〉 이후 8권의 중소기업 관련 저서를 출판해 주었고 그로써 나는 중소기업 경제이론을 체계화할 수 있었다. 1960년대 중반 이후 나와 맺은 교우관계만으로는 해석할 수 없는 그의 뚝심이 아닐까 생각한다. 어려웠고 격동의 시절에 겪었던 묵은 정담을 격의 없이 나눌 수 있는 유일하게 생존한 친구이기도 하다.

돌이켜 보면 중소기업 경제이론 연구는 1966년에 있었던 '중산층 논쟁'에 그 계기가 있었다. 중소기업 소멸론과 육성론으로 나누어진 이 논쟁은 중소기업의 체계적 연구가 필요하다는 점을 인식시켰다. 거기에다 이 시점은 경제개발이 본격화하면서 중소기업 정책도 활발하게 진행되기 시작한 때였다. 하지만 이를 뒷받침할 이론은 없는 불모지 상태여서 그 학문적 탐구는 절실한 과제였다.

이에 나는 1969년에 변형윤 교수의 지도로 그 체계적 연구의 첫 발을 디디게 되었다.

1971년의 중소기업 존립문제를 다룬 석사학위논문, 〈중소기업 본질에 관한 연구〉는 중소기업 경제이론 체계의 초기적 정리였다. 이를 근간으로 하여 1972년에는 《중소기업경제론》(공저)이 출판되었는데 이 분야 최초의 교과서였다. 이어서 대학원 박사과정에 진학하여 더 높은 경제이론을 탐구하였고 1978년에는 〈경제발전과 중소기업에 관한 연구〉로 박사학위를 받았다. 이 논문과 석사학위논문을 묶어서 1982년에는 《한국경제와 중소기업》을 간행하였다.

그 후 나의 연구는 분야별로 그 폭을 넓혔고 또 주요 이론에 대하여는 깊이 있고 체계적인 탐구에 몰두하였다. 1979년 이후 1994년에 걸쳐 대한상공회의소 경제연구센터의 의뢰로 집필 간행한 5권의 연구총서, 1986년의 《경제발전과 중소기업》, 그리고 1991년의 《한국 중소기업의 구조》 등이 그러한 연구의 결과였다. 1996년에는 이론연구의 중간 정리라고 할 수 있는 《중소기업의 이론과 정책》을 간행하였다.

연구 성과는 이러한 단행본 출판 이외에 꾸준한 연구논문 집필 발표로도 병행하였다. 주로 숙명여대 경제연구소와 대학원 『논문집』을 통하여 30여 편에 이르는 논문을 발표하였다.

거의 반세기에 가까이 "중소기업 경제이론의 체계화"를 위한 이러한 성과를 집대성한 것이 2002년에 간행한 664쪽의 《현대중소기업경제론》이다. 하지만 사회과학에서 이론체계의 완성은 이론, 역사, 정책의 세 분야가 종합되어야 한다는 명제에 따라 먼저 2006년에는 《중소기업정책론》을 집필 간행하였다. 2010년에는 《한국중소기업사》를, 그리고 중소기업의 현대사적 연구인 《한국중소기업론》을 2013년에 간행하였다. 이어서 이론, 역사, 정책을 종합한 《중소기업경제학개론》을 2015년에 간행하였으며, 이 연구의 대장정을 마무리하면서 2017년에는 중소기업 해설서인 《중소기업, 왜 중요한가》를 저술 간행하였다.

　지난 반세기 중소기업연구에 매달려 온 과정과 나의 삶을 되돌아보면서 또 감히 회고록을 간행하면서 망설임도 컸다. 하지만 서두에서 밝힌 대로 범부의 삶에도 치열함과 진정성이 있다는 생각에서 용기를 얻었고 또 실제에 있어서는 김경희 사장의 거듭된 권유가 큰 계기였다. 긴 세월 나의 연구생활을 뒷받침해 준 김경희 사장에게 거듭 감사하고 또 오랫동안 나의 집필을 도와주었고 이번 회고록에도 흔쾌히 힘든 일을 맡아 준 숙명여대 박사과정의 김애리 석사에게도 깊은 고마움을 표한다.

2020년 2월 21일
공덕동 연구실에서
이 경 의

차 례

제3부 중소기업 경제이론 형성의 길(I)

제4부 중소기업 경제이론 형성의 길(II)

제5부 중소기업 경제이론 형성의 길(Ⅲ)

　　제1부 나의 살아온 길(Ⅰ)

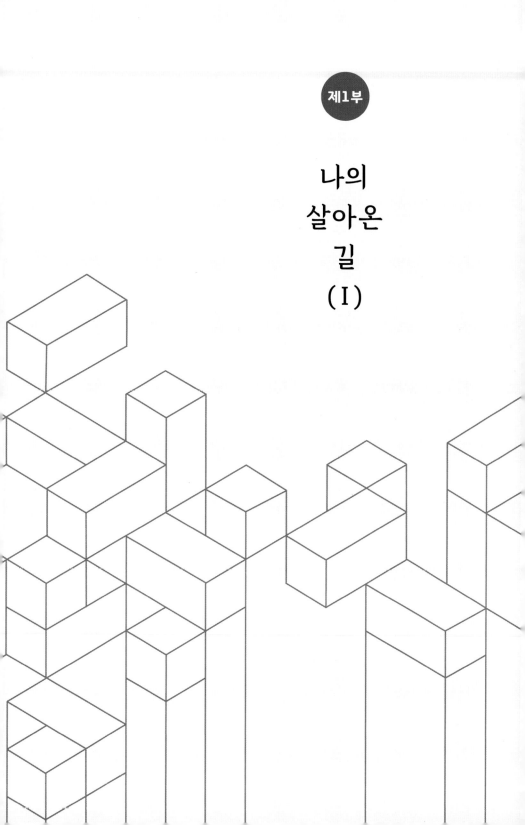

제1부

나의
살아온
길
(I)

1. 출생과 집안의 내력

나는 1938년 전북 군산시(옛 옥구군) 개정면 발산리 농촌마을에서 아버지 이성환李聖煥옹과 어머니 안길택安吉澤 여사의 4남1녀 가운데 큰아들로 태어났다.

전주 이씨 효령대군파 제17대 자손인데, 우리 집안은 몇 대 전에 충청남도 한산에서 금강을 건너 이곳에 이주해 온 것으로 전해졌다. 몰락한 왕손의 후예가 생활의 터전을 마련하려고 고향을 떠나 농지가 비교적 넓은 이곳 낯선 땅으로 옮겨온 것으로 보인다.

하지만 가난의 극복과 안정된 생계기반을 마련하는 것이 쉬운 일은 아니었다. 그러다가 큰아버지(이성렬李聖烈)가 창의적이며 개척적인 기업가 정신으로 큰 부를 축적할 수 있었고, 그 뒤 이곳에서 가문의 굳건한 터전이 마련되었다. 그는 일제하 1920년대쯤 군산이 미곡수출의 거점임을 착안하여 도정(정미)업을 시작하였고 뒤를 이어 양조업, 나아가서 간척지 개척(충남 안흥)까지 진출하였던 시대를 앞서가는 사업가였다. 덕분에 우리 집안은 경제적으로 부유해질 수 있었고 이 지역에서 최고의 부잣집이 되었다. 또한 새 시대의 문물도 접할 수 있었다.

우리 아버지는 큰아버지와 나이 차이가 많은 둘째 아들이었다. 스스로 부를 축적한 것이 아니고 큰아버지가 증여한 재산으로 경제력을 확보할 수 있었다. 그 결과 우리 집은 여유 있는 생활을 할 수 있었다. 큰아버지가 양조업으로 전업하면서 동생에게 양여한 도정업과 당시 전매품인 소금, 석유, 담배 등에서 면 단위 독점적 상권, 여기에 적지 않은 농토를 가진 농업까지 할 수 있었기 때문이었다.

아버지는 중학교 때부터 일본유학을 하셨고 일본에서 대학(와세다대) 예과까지 진학한 당시 최고의 인텔리였다. 어머니는 군산에서 소학교 교육을 받으셨기 때문에 당시로서는 새로운 문물에 익숙하신 편이었다.

나는 태어날 때부터 많은 귀여움을 받고 자랐다. 총명하기도 하였지만 어머니가 26세의 늦은(?) 나이에 결혼한 지 9년 만에 아들을 낳으셨기 때문이었다. 더욱이 유년시절 할머니(진주 강씨)의 각별한 사랑을 받았던 기억이 새롭다.

부모님은 자식 교육에 남다른 열성이 있었다. 어머니는 유년시절 나에게 '제국대학 사각모자'를 쓰는 것이 소원이라는 말씀을 자주 하셨다. 뒷날 내가 서울상대에 입학하였고 그 뒤 경제학 박사까지 받자 어머니는 당신의 소원을 풀었다고 기뻐하셨다.

우리 형제자매들은 명문대학에 진학할 수 있었고 모두 공부를 잘하여 부모님의 열정에 보답하였다. 장남인 내가 서울대 상대 경제학과에 진학한데 이어 둘째 경태는 서울대 공대 기계공학과, 셋째 영태는 농대 농학과에 진학하였다. 그 뒤 우리 셋은 다 같이 박사학위를 받았다. 한집에서 경제학, 공학, 농학 박사를 배출하였다고 당시 지방신문(서해신문)에서는 농·공·상 등 〈세 박사의 집안〉이라고 보도하였다.

넷째 양의는 형들이 모두 서울대에 진학하였으니 자기는 서울대 법대에 진학하겠다며 몇 차례 시도하였지만 아쉽게도 뜻을 이루지 못하였다. 사업에 종사하다가 IMF 경제위기로 파산한 뒤 힘든 생활을 하고 있다.(사진 1-1)

<사진 1-1> 가족사진. 부모님, 5남매와 철환 가족

큰 누이 경자는 이화여대 국문과와 대학원을 수료하였고 이대 강사를 거쳐 충남대 국문과 교수를 역임하였다. 그리고 사위 전철환은 고등고시 제12회 행정과(2부 재경직)에 합격한 인재이며 충남대 교수를 거쳐 금융통화위원을 지냈고 그 뒤 한국은행 총재를 역임하였으며 자랑스러운 나의 친구이기도 하다.

이렇게 하여 우리 형제들은 부모님의 교육 열성에 보답하였다. 생전에 부모님은 그것을 큰 보람으로 여기셨고 자랑스럽게 생각하셨다.

나의 유년기에 겪었던 해방과 6·25 등 격변의 시절에도 우리 집안은 큰 변고 없이 지냈다. 그것은 큰 부를 누렸지만 대지주가 아니어서 소작인과 갈등 등 나쁜 관계가 없었기 때문인 것으로 생각된다. 어느 면에서 우리 집안(특히 큰아버지)은 스스로 노동하면서 부를 축적한 노동자 겸 부자(자본가)였다. 부를 누리면서도 노동자 시절을 잊지 않고 주위의 어려운 사람들에게 많은 것을 베푼, 말하자면 덕을 쌓은 결과였다.

이런 일이 있었다. 6·25 전쟁 중인 시절, 부자인 큰아버지가 이른바 부르주아라고 하여 군산내무서에 구금되었고 마침내 전주형무소로 넘어가는 위기에 처해 있었다. 이때 군인민위원장을 비롯한 유지들이 좌우를 떠나 광범한 진정서와 석방운동을 벌였다. 그 결과 전주형무소로 이송을 면하였고 생명을 구할 수 있었다. 대재력가인 그가 평소에 베풀면서 살지 않았다면 그 살벌한 시기에 가능한 일이었을까 생각한다.

이런 일은 아직도 집안 교훈으로 남아 있다. 평소 생활과 생각이 지나치게 한쪽으로 치우지지 않고 온후히면서도 후덕한 삶이 지닌 보람이리라.

집안의 어른인 큰아버지의 영향으로 우리 집안은 철저한 대가족제도와 유교적 가풍을 유지하였다. 향교 등에서 전해지는 유교적 생활규범과 철저한 효도사상은 집안 전체를 지배하였다. 여기에 부녀자들의 불교적 성향에 곁들여 전통 토속신앙(샤머니즘)의 분위기가 나의 유년 시절, 나아가서 그 뒤에 나의 사고에 적지 않은 영향을 주었다. 하지만 오늘날 학문을 하면서 늘 견지하는 중립적 사고 또한 뿌리는 그 시절에 있었던 것이 아닌가 생각된다.

한편 돌이켜 보면 큰집과 우리집의 부의 큰 격차를 경험하면서 살아온 나에겐 그것이 진보적 사상을 싹트게 한 씨앗이 된 것이 아닌가 하는 생각도 든다. 이런 일도 있었다. 유년시절 6·25 전쟁이 한창 치열해지면서 인공치하에 들어가는 시점에서 보았던 일이다. 대야 양조장에 계시던 큰아버지가 발산 본가로 이주하게 되는

데 그때 마대(가마니) 몇 개에 현금을 무더기째 넣고 항아리에 담아 땅에 묻는 장면을 보았다. '큰집은 엄청난 부잣집이구나' 하는 생각이 들었다.

우리집도 부유한 편이었다. 큰아버지가 평소 입버릇처럼 "하나밖에 없는 동생에게 3분의 1 재산을 주겠다."고 한 공언대로 우리 부모님은 상당한 재산을 양여받았기 때문이었다. 하지만 사업가적 수완이 탁월한 큰아버지에 견주어 우리 아버지는 그렇지 못하였다. 날이 갈수록 부의 격차는 커질 수밖에 없었다. 그런 현상을 경험한 어린 나는 그 격차에서 오는 자괴감을 느낄 수밖에 없었다.

2. 전주북중에 입학 : 전주에서 6년 생활

국민학교(초등학교)를 졸업하고 나는 전주북중에 입학하였다. 그것이 계기가 되어 전주고교, 나아가서 서울 상대까지 갈 수 있게 되었다.

사실 그 당시 내가 다녔던 발산국민학교에서 전북지방 명문중학인 전주북중에 진학하는 것은 엄두를 내지 못하였다. 우선 국민학교의 수준, 예컨대 학교 시설이나 선생님들의 자질 등 때문이다. 졸업생을 전주북중에 합격시킬 만한 수준이 아니었다. 더러 보결로 진학한 경우가 있었지만 공정한 입학시험으로 그것은 불가능한 일이었다. 내 경우 부모님의 엄격한 성격(특히 아버지)으로 보아 보결이란 상상도 할 수 없는 일이었다.

나는 1951년에 발산국민학교를 3회로 졸업하였다.(사진 1-2) 개정국민학교에서 발산분교로 되었다가 내가 졸업하기 3년 전에 발산국민학교로 독립하였다. 교사는 일제 식민지 시대 미곡 수탈을 위해 양곡을 도정하던 시설을 개조한 것이었다. 교실은 도정공장의 창고를 칸막이해서 만들었기 때문에 바닥은 시멘트였고 창문도 제대로 된 것이 없었다. 겨울에는 추위를 막고자 바닥에 가마니를 깔아야 했고 창문에도 바람을 막기 위해 부분적으로는 가마니를 치고 지냈다.

<사진 1-2> 1951.7.20. 국민학교 졸업기념 사진.
위에서 둘째 줄, 왼쪽에서 5번째가 필자

이러한 열악한 교육환경에 선생님들의 수준도 그리 높지 못했다. 정식으로 사범학교를 졸업하기는커녕 중학교 정규교육이라도 제대로 받은 선생님은 극소수였다. 일제 때 국민학교를 졸업하고 해방 후 몇 개월 동안 임시교사 양성과정을 거쳐 교사자격증을 받은 선생님들이 대다수였다. 이 정도의 학교 시설이나 교사 수준에서 전주북중에 공개경쟁 입학시험에서 합격할 수 있는 학생이 배출된다는 것은 기대하기 어려웠다.

그런데 내가 전주북중에 입학할 수 있었던 것은 당시 처음 실시했던 '제1차 중학교 입시 전국일제고사' 덕분이었다. 국민학교 재학 중에는 그런 큰 시험을 한 번도 경험해 보지 못한 채 시험에 응할 수밖에 없었다. 시험은 대야면에 있는 옥구중학교에서 실시했다. 정해진 교실에서 시험을 마쳤다. 그런데 이게 어찌된 일인가? 시험이 끝날 즈음 옆자리 학생을 보니까 내가 보지 못한 낯선 산수문제의 장이 눈에 띠었다. 맨 뒷면의 산수 문제를 보지 못하고 풀지 않은 채 멍하니 앉아서 시간을 보낸 것이다. 시간이 없어서도 아니고 완전히 실수였다.

그러니 좋은 성적을 기대할 수 없었다. 그러나 결과는 꽤 괜찮았다. 다행이었다. 지금 기억하기에 시험성적이 252점인가 했다. 이 정도면 군산, 이리, 전주에 있는 어떤 중학교에도 합격할 수 있다는 것이 선생님들의 판단이었다. 맨 뒤 한 장을 풀지 않고도 이 정도 점수는 대단하다는 평가였다.

부모님의 교육열 덕분에 집에서 다닐 수 있는 군산중학이나 이리 남성중학이 아닌 전북의 명문 중학인 전주북중에 지원하였고 거뜬히 합격하였다. 일제고사 덕분에 전주북중에 입학할 수 있었던 것으로 생각된다. 그때 이미 사촌형 두 분이 전주북중에 다니고 있었다. 나의 5년 선배로서 고등학교 3학년인 형진형, 2년 선배로서 중학교 3학년 원영형이 있었다. 이들과 함께 중학교 1학년 생활이 시작되었다.

시골뜨기 나의 중학생활은 낯설었다. 전주 시내 풍남, 완산, 전주, 중앙국교 출신의 동료들에 견주어 나는 그리 세련되지 못했다는 낙후감이 들었다. 그런 분위기를 뒷날 서울 상대에 들어와서도 느꼈다. 경기, 서울, 경복 등 서울 시내 명문고등학교를 졸업한 급우들에 비해서 세련되지 못한 시골학생이라는 격차를 느낀 적이 있었다.

그러니 중학에 입학한 뒤 할 수 있는 것은 공부밖에 없었다. 농촌 시골에서 단신으로 전주에 왔으니 친구와 자주 어울릴 수 있는 처지도 아니었다. 1학년 1학기 성적이 나왔는데 전교 420명 가운데 23등으로 우등생이었다. 그때는 85점이 넘으면 우등생이었다. 당시 1학년 2반이었는데 진종헌 담임선생님의 칭찬과 신뢰를 받았다. 당신 집에 와서 하숙을 하라는 권유도 하셨다.

어린 나이에 혼자서 객지인 전주에 유학하고 있으니 부모님은 내가 학창생활을 건전하게 보내는지 늘 걱정이셨다. 탈선하거나 뒤처지지는 않을까 염려하셨다. 그 걱정을 덜어드리는 길은 성적표밖에 없었다. 그래서 열심히 공부를 하고 착실한 학교생활을 이어갔다.

어린 나이에 하숙생활에서 가장 힘들었던 일은 하숙비의 운반 문제였던 것으로 기억한다. 하숙집 주인은 하숙비를 돈이 아닌 쌀로 원했다. 쌀이 귀한 시절이었기 때문이다. 당시는 지금처럼 교통수단이 발달하지 못했고 원활하지도 않았다. 군산에서 전주까지 버스가 드문드문 다녔는데 그 버스에 하숙비인 쌀을 실어서 운반할 수밖에 없었다. 집 앞에서 하숙비로 쌀을 실어주면 약 100리 길인 전주까지 그것을 운반하였다. 두 가지 어려움이 있었다. 버스 뒷문으로 그것을 싣는데 그때에는 앞문과 뒷문에 각각 조수가 한

<사진 1-3> 필자의 고교 2학년 시절 사진

명씩 있었다. 뒷문 조수가 잘 실어 주지 않으려고 했고 실어준 뒤에도 요금 외에 별도의 운반비를 요구하기도 했다. 터무니없는 운반비를 달라는 경우가 비일비재했는데 어린 내가 난폭한 그들과 상대하기는 쉽지 않아 매번 고통스러웠다. 버스가 종착점인 터미널에 도착한 뒤에는 그것을 하숙집까지 운반하는 문제가 또 있었다. 체력이 약한 어린 내가 무거운 쌀을 버스에서 내리고 또 짐꾼을 구해서 하숙집까지 운반해야 했다. 그때 짐꾼의 횡포가 이만저만이 아니었다. 어린 시절 그들과 요즈음 말로 딜을 해야만 했다. 여간 고통스런 일이 아니었지만 스스로 감당해야 했고 이런 일은

계속 이어졌다.(사진 1-3)

고등학교 1학년이었던가, 친구 오수희의 안내로 교회에 나가게 되었다. 중앙동에 기청양복점 2층에 있는 성광교회였다. 담임목사가 은명기 목사였다. 그분의 설교에 빠져서 열심히 다녔다. 아마 한국신학대학을 졸업한 젊은 목사였다. 그는 이전에 흔히 볼 수 있는 목사의 모습이 아니었다. 우선 제복을 입고 근엄한 자세가 그의 설교에 믿음을 주게 하였다. 설교내용도 아주 논리적이면서 합리적이었다. 맹목적으로 믿음을 강요하는 위압적인 것이 아니었다. 기독교의 깊은 교리를 알 수는 없었지만 젊은 신도를 흠뻑 빠져들게 하였다.

그 무렵 성광교회가 청석동 파출소 옆 공터에 교회건물을 새로 짓기 시작하였다. 〈성전〉을 마련하는 데 신도들의 자발적 헌신과 봉사는 당연한 것이었다. 이에 새벽에 일찍 일어나 교회건물 공사현장에 나가 노력봉사도 기꺼이 했다.

그 시절이면 막 형이상학적 사고와 의식이 움틀 나이었다. 종교적인 요구가 정신 안에서 일어나고 있었다. 무언가 탐구하고 깊이 있는 정신세계를 갈구하는 나이였다. 믿음을 깊이 하려고 나운몽 장로와 박태선 장로의 부흥회에도 참석하였다. 약간 광신적 부흥회 분위기에 빠져 보기도 하였다. 그런 체험이 약 1년 반쯤 지속되었던 것으로 생각된다. 하지만 종교적 신앙은 쉬운 것이 아니었다.

방학 때는 마을에 있는 교회에도 나갔다. 그래서 내가 교회에 나간다는 것이 부모님한테 들통이 났다. 엄격한 유교가문의 장남에게 용납될 일이 아니었다. 아버지의 엄격한 경고 때문에 나의 타오르는 신앙은 당연히 시들해지고 교회 출입은 중단될 수밖에 없었다.

중고교 시절에 교우관계를 돌이켜 보면 김환석, 오수희, 김원용

그리고 박종호 등과 어울려 지냈고 지금까지 그 우정은 지속되고
있다.

고교시절 한때 〈풀빵클럽〉이란 모임도 있었다. 노송동 전주고
후문(옆문) 근처에 풀빵집이 있었다. 박태수, 박현규, 박양기, 신국
무, 이재황 등 친구들이 이 집에 모여 풀빵으로 〈회식〉을 하면서
우정을 나누기도 했지만 고교졸업 뒤에는 흐지부지되고 말았다.
최근에 정말 모처럼 그 가운데 한 친구인 박태수(전 한전전무)를 만

〈사진 1-4〉 고교 졸업 때 사진. 부모님과 필자

났다. 옛날 〈풀빵클럽〉 시절을 회고하면서 많은 친구들이 먼저 세상을 떠났으니 살아 있는 친구들만이라도 건강하게 노후를 보내자고 한 그의 말이 머릿속에 남아 있다.

중고교 시절 성적은 대체로 우등생 수준인 것으로 기억한다. 전교 10등 안에 든 적도 드물게 있었지만 대체로 10등에서 20등 사이를 왔다 갔다 한 것 같다. 한때 우등생의 기준을 90점 이상으로 올렸을 때를 제외하고는 우등생으로 학창 생활을 보낸 편이다. 부모님에 대한 도리도 어느 정도 한 셈이었다.

전주북중 제31회, 전주고교 제34회로 무사히 중·고교생활을 마쳤다.(사진 1-4)

3. 서울 상대 입학 : 대학시절

어찌된 일인가! 1957년도 서울대 상대 입학시험 불합격은 생각지도 못하였다. 너무 자만한 탓이 아니었나 생각된다. 고등학교 3학년 담임선생님도 학교 성적이나 모의고사 성적으로 볼 때 걱정하지 않아도 된다는 말씀이었기에 전혀 예상하지 못한 결과였다.

그 당시에는 통신시설이 불비하여 농촌에는 전화가 설치되어 있지 않았기 때문에 합격 여부 결과는 서울에 있는 지인이 전보로 연락하였는데 기다리던 전보는 오지 않았다. 대야우체국에 가 보았지만 그 관계로 도착한 전보는 없다는 것이었다. 내가 태어난 뒤 처음으로 맛본 쓰라린 결과였다. 학교 성적에 취하여 너무 방심했던 것이었기에 마음 깊이 반성하고 재도전을 결심했다.

무엇보다 나에게 큰 기대를 갖고 계셨던 부모님께 드린 실망에 가슴이 아팠다. 하지만 부모님은 아무런 말씀 없이 오히려 격려해 주셨다. 한번 실패는 병가지상사兵家之常事라며 용기를 주셨다. 실패한 본인 심정은 어떨까 하여 위로해 주셨다.

실패한 쓰라림을 달래고 재수로 말미암은 공백을 메우는 방안을 궁리하였다. 우선 학교를 외지인 전주에서 다닌다는 핑계로 소홀히 했던 농사일을 경험해 보기로 했다. 모내기부터 김매기와 추수에 이르기까지 모든 과정을 꼼꼼히 챙기면서 농사일에 열중하였다. 농사일을 하면서 그간 못해 본 인생체험의 시간을 갖고서 공백을 메우는 보람을 찾았다.

물론 틈틈이 책을 보기도 했다. 주로 영어 공부에 집중하기로 했다. 농촌이기도 했지만 그 당시에는 지금처럼 재수학원은 생각지도 못했다. 독학으로 공부하는 수밖에 없었다. 중학교 3학년 때인가 학년에서 영어 실력이 제일이라는 이종국 2년 선배가 전주 하숙집을 찾아왔을 때 내가 물었다. 어떻게 영어 공부를 잘할 수 있느냐고. 그의 대답은 중학교 1학년 교과서부터 철저히 복습하라는 것이었다.

그 당시는 영어 참고서인 《영문법》이나 《영어구문론》, 《삼위일체》에 빠져 있던 시절이었다. 이 선배의 충고는 새로운 것이었다. 그 말이 떠올랐다. 중학교 1학년 영어교과서부터 고등학교 3학년 교과서까지를 철저히 공부하기로 했다. 복습하면서 초학년의 것은 암기를 했다. 단어장을 만들어서 모르는 단어를 찾아 정리했고 또 통째로 외웠다. 지금 생각하면 중학교 3학년, 좀 더는 고등학교 1학년 교과서까지는 거의 암기했던 것으로 기억된다. 《삼위일체》를 몇 번이고 반복해 복습하였다. 책 속의 주요 문장과 숙어 등이 거의 외워졌다.

그해 늦가을이었다. 이래서는 안 되겠다 싶었다. 더 철저한 시험 준비가 필요했다. 그래서 3학년 말기 때의 전주 그 하숙집으로 옮겨서 몇 개월 동안 집중적으로 공부하였다. 실패의 쓰라림을 되새기면서 다시는 실패한 인생이어서는 안 되겠다는 다짐 속에서 열심히 시험 준비를 했다. 하루 4시간만 잠을 자고 공부시간을 그래프로 그려 체크하면서 매진하였다.

1958년도 서울 상대 신입생 모집에 응시하려고 소집일에 예비 소집 장소인 종암동 캠퍼스에 갔다. 넓은 운동장에 응시생이 가득했다. 10 : 1의 경쟁이라는 것이었다. 지난해보다 더 자신이 없었다. 시험일에 영어는 수월하게 치렀으며 수학도 8문제 가운데 7문제는 거의 완벽하게 풀었다. 결과는 합격이었다.(사신 1-5)

〈사진 1-5〉
서울 상대 교표

<사진 1-6> 서울상대 신입생 때 필자

　수험번호 1519번이 합격자를 게시하는 상대건물 2층 베란다
에서 발견되었다. 믿기지 않았지만 접수창구에서 관련 서류를 받
고서야 실감했다. 경제학과에 거뜬히 합격하였다. 그 당시는 정원
320명은 올 커트한지라 일부 경제학과 지원자 가운데 상학과로
이전하여 등록토록 하는 학생도 있었다. 그 뒤 권오익 학장 말씀
이 올해 커트라인이 358점으로 서울대에서 가장 높았다는 자랑이
었다.(사진 1-6)

입학 당시 상과대학은 경제학과, 상학과에 신설된 무역학과로 짜여졌다. 아직 경영학이 독립된 분야로 설치되지 않았던 시기였다. 경제학의 이론체계로 근대경제학의 본격적 체계가 형성되지 않았던 시절이었다. 1학년 때 고승제 교수에게서 경제원론 강의를 들었는데 수요공급 곡선을 배웠던 기억밖에 없다. 새뮤얼슨 경제학이 막 보급되어 심병구, 나웅배 교수가 그것을 번역한 번역서가 상·하 두 권으로 나와 있었지만 초학년인 우리에게 크게 주목받지 못하였다.

하지만 변형윤 교수는 1950년대 중반 이후 경제수학과 통계학의 교과서를 저술하며 강의했고 뒤에 계량경제학에 이르렀다. 말하자면 주류경제학(근대경제학)의 방법론에서 개척적 수준에 다다랐다. 뒤에 한국 근대경제학의 아버지로 불리기도 했다. 1960년 초반 군에서 제대하고 복학할 때쯤 정병휴 교수가 미시경제학인 가격이론을 컴퍼스와 자(scale)를 이용하여 본격적으로 강의하였고 뒤에는 산업조직론에 이르렀다. 거시경제학은 저축·소비의 수준이 국민소득을 결정하는 국민소득이론이 도입되는 단계였다. 경제발전론에서는 허쉬만(A.O.Hirshman)의 불균형성장론과 넉시(R.Nurkse)의 균형성장론이 활발하게 논의되고 있었다. 조순 교수의《경제학 원론(1973)》이 나오기까지 제대로 된 경제원론 저작이 없었다.

1학년의 학교생활은 교양과정이라서 적응하는 기간이었기에 그럭저럭 보냈다. 2학년이 되면서 진로문제를 고민하지 않을 수 없었다. 그 당시는 사기업이 크게 발달하지 못해서 기업에 취직할 길이 드물었다. 고등고시에 합격하거나 공개경쟁시험으로 금융기관에 진출하는 길이 있었다. 우선 고등고시를 준비해 보기로 했다. 학교 도서관 자유열람실에 자리를 잡았다. 자유열람실은 일반 도서실과 달리 24시간 개방해서 새벽이나 밤늦도록 또는 밤샘해서 공부할 수 있는 공부공간이었다.

내 자리 오른쪽에 전철환 친구가 공부했다. 전주고교 동기이지
만 고교시절에는 서로 가까이 지낸 사이가 아니었다. 칸막이가 되
었지만 바로 옆자리에 앉아서 서로 물어보고 토론하면서 공부했고
그것이 훗날 그가 나와 제일 가까운 친구 사이가 되고 나아가서
매제(여동생 남편)가 되는 계기였다.

서로 격려하면서 열심히 공부했다. 그리고 고등고시 제12회 행
정과(2부)에 같이 응시했다. 하지만 그해 겨울 발표된 결과는 그는
합격, 나는 불합격이었다. 힘들었던 고등고시 공부가 불합격으로
끝났지만 나란히 함께 공부하던 전철환을 평생의 친구, 나아가서
가족의 일원으로 얻게 된 것은 큰 보람이다.

대학시절 교우관계는 전주고등학교 동기로서 나보다 1년 먼저
입학한 전철환, 정교관, 신정용, 박영수, 이재등, 황병조 등이 있었

<사진 1-7> 서울상대 재학시절 전주고 동료, 후배들과 함께.
앞줄 왼쪽에서 첫 번째가 필자

고 같은 학년에는 문학모, 소구영, 백기덕, 이만수 그리고 1년 후배로는 진염, 김의효 등이 있었다. 저학년에서는 군산고 출신 장동수, 인천고 출신 유병인, 이태호 등과 어울렸던 기억이 난다. 뒷날 유병인과는 도시락 친구라고 하여 우의를 나누었다.(사진 1–7)

해가 바뀌면서 고시에 재도전을 준비했다. 그러는 가운데 시대의 격변이 이어졌다. 자유당 이승만 독재정권에 대한 국민적 저항이 심해지면서 사회는 물론 대학사회도 소용돌이쳤다.

3·15 부정선거에 저항하는 데모가 전국을 휩쓸었다. 4·19 학생데모가 이어졌고 나도 거기에 참여했다. 4월 18일 고대생 데모가 있어서 종암동 길이 탱크로 막히었기에 제기동 쪽 담장을 넘어서 국회의사당 앞까지 진출했던 기억이 아직도 생생하다. 자유당 정권이 무너지고 민주당 정권이 들어섰지만 혼란한 사회는 계속되었고 안정이 되지 않았다.

4학년이 되던 해 고시 공부를 접고 우선 병역의무를 마쳐야겠다는 생각에 지원 입대했다. 고생스런 군대 생활이 시작되었다.

대학입시에서 재수, 그리고 고등고시에 불합격이라는 쓰라림이 나에게는 인생에서 단단한 삶을 다짐하는 교훈이 되었다. 뒷날 그것은 내가 주경야독하면서 박사학위 과정을 하고 학위를 받게 되는 데 정신적으로 큰 저력이 되었다. 그런 고배가 디딤돌이 되어 나의 삶은 뚜벅뚜벅 한 걸음씩 나아갔다.

군 생활 1년 반 뒤에 복학하여 학교로 다시 돌아왔다. 당장 앞에 가로놓인 과제는 사회 진출 문제였다. 군대 생활로 굳어진 머리로는 고시 공부에 몰입할 엄두가 나지 않았다. 취직시험 준비에 돌입했다. 당시 제대로 된 공개경쟁 시험으로 들어갈 수 있는 곳은 금융기관뿐이었다. 그래서 금융기관 시험 준비에 몰두했고 중소기업은행에 합격하였다.

<사진 1-8> 서울상대 졸업기념 사진.
부모님과 여동생 경자, 남동생 경태, 사촌형 원영

군대생활 2년(귀휴기간 6개월 포함)을 통하여 1964년 2월에 6년 동안의 대학생활을 마치고 졸업하였다.(사진 1-8)

대학시절에는 정신세계의 고양에도 노력하였다. 당시 풍미하던 실존철학에 탐닉했고 니체, 야스퍼스, 카뮈, 하이데거 등 실존주의 철학서적이나 문학작품도 탐독하였다.

박종홍 교수의 《철학개설》로 철학이론의 기초를 다졌고 당대 사상가였던 김형석, 안병무, 김태길 등 철학자의 저서도 읽었다. 김형석 교수는 장수하여 오늘날 《백세를 살고 보니》라는 베스트셀러를 펴내기도 하였다.

최재희 교수의 《윤리학 원론》을 읽으면서 최고의 윤리기준은 종교라는 점을 간파하고 다시 종교 문제에 관심을 기울였다. 고인이 된 김종현 군(법대)과 많은 토론을 했고 《사상계》(장준하 주간)에서 벌였던 함석헌 선생과 윤형준 신부의 당대의 논쟁에도 큰 관심을 가졌다. 김종현 군과 함께 명동성당에서 목요일에 있었던 윤 신부의 목요강좌에 참여하여 토론하였다. 이때 읽은 윤신부의 《종교의 근본문제》는 많은 감명을 주었다. 인간의 사후에 다음세계(내세)가 존재한다는 것을 아주 논리적으로 설명한 저서였다.

이렇게 종교 문제에 서성거렸지만 고교 시절에 이어 이번에도 믿음을 갖지 못했고 지금도 같은 처지이다. 종교에서 믿음이란 무엇인가? 끝없이 묻고 있는 문제지만 아직도 해답을 얻지 못하고 있다.

4. 고생스러웠던 군대생활

(1) 학보병으로 입대 : 훈련소에서 최전방 부대까지

1961년 5월에 논산훈련소에 입소하여 군대 생활을 시작했다. 군에 입대하기 전 고향에서 쉬는 기간에 《인간의 조건》이란 소설을 읽었다. 이 소설은 군기가 세기로 정평이 나있는 군국주의 일본군 생활 속에서 마모되면서 신음하는 한 인간의 모습과 정신적 고뇌가 그려져 있었다. 이 소설의 주인공은 그런 가운데서도 〈인간의 곁에는 인간이 있다〉고 울부짖는다.

고생이 심한 최전방 근무가 예정되어 있는 학보병으로 군 입대를 앞둔 나에게 정신자세를 다잡는 데 그 대목은 도움이 되는 바가 컸다. 아무리 위계질서가 세고 군기가 엄하여 힘든 군대 생활이지만 거기도 사람 사는 곳이고 인간 사이에는 정이 흐를 것이라는 생각이 들었고 그 뒤 군대 생활에서 나는 그것을 확인할 수 있었다.

나는 대학재학생에 부여하는 단기복무의 혜택을 받는 학보병으로 입대하였다. 당시 사병의 복무기간은 보통 34개월에서 36개월이었다. 그런데 대학생과 교원에게는 단기복무의 혜택을 주는 제도가 있었는데 그것이 '학보'와 '교보'제도였다. 대학생은 1년 6개월을 실역 복무하도록 하였고 교원은 9개월을 실역 복무하고 귀휴

<사진 1-9> 1961년 8월, 논산훈련소에서 서울 상대 동기생들.
가운데 줄 왼쪽부터 세 번째가 필자.
뒷줄 왼쪽부터 네 번째가 사공일 전 재무장관

하여 6개월이 지나면 군 복무를 마치는 제도였다. 이들에게는 군번도 00군번, 즉 군번의 첫 두 자리가 00으로 시작되었다. 다만 귀휴기간 6개월 안에 복학을 해야 하는 전제조건이 붙었다. 이런 복무기간의 혜택을 주는 대신 의무적으로 최전방 일선 부대에서 근무하게 하였다.

전주에서 소집되어 논산훈련소에 입소하여 1961년 5월 21일쯤 군번을 받은 것으로 기억된다. 군번은 0030963이었다. 재수를 한 데다 4학년 1학기가 다 가는 시점에서 입대하였으니 당시에는 비교적 나이 먹은 늦깎이 신입사병이었다.

대학 동기인 한상훈, 소구영, 백기덕, 임중환 군이 같이 입대했고 군번도 거의 나란히 받았다. 훈련소에서 같은 소대, 같은 내무반에 배치되었다. 당시 우리뿐만 아니라 많은 대학 동기생이 군복무를 위하여 논산훈련소에 자진 입대히였다.(사진 1-9)

훈련과정은 전·후반기로 나누어져 있었다. 특수병과를 받은 훈련병은 전반기 교육을 마치고 각 특과과정으로 가지만 우리 학보병은 후반기까지 마쳐야 했기 때문에 훈련기간이 길었다.

훈련소에서 처음 맞이한 어려움은 내무반 생활이었다. 사회에서 자유분방한 생활에 젖어 있던 신임훈련병이 군 생활에 적응하는 과정에서 고통이 따르지 않을 수 없었다. 교육장에서 훈련도 힘들었지만 중고교 시절 군사훈련에서 배운 것들이라 교육내용이 어렵지는 않았다. 특히 저녁시간 일석점호가 힘들었다. 기강을 잡기 위한 엄포와 기합(얼차려)이 계속되었다. 하지만 함께 입대하여 같은 소대에 배속된 친구들이 식사당번 등 어려운 일에 솔선수범하면서 힘을 합쳤기에 힘든 내무반 생활을 잘 넘길 수 있었다.

후반기에 가서 기강이 센 내무반 생활은 좀 누그러졌지만 야외훈련이 고달팠다. 점점 심해지는 무더위 속에서 박격포와 무반동

포의 포신과 포탄 등 무거운 무기를 지고 진지이동 하는 훈련은 정말 힘들었다.

훈련소 생활을 마친 뒤 나는 학보병이었기에 최전방에 배치되는 것은 당연하였다. 제3보충대를 거쳐 8월 초에 강원도 원통에 있는 제6사단에 배치되었다. 여기서 2박을 하는데 그때만 해도 전방의 분위기가 살벌했기 때문에 특별한 경계와 주의를 받았다. 사단본부에 있는 동안 군목이 한 정훈교육이 퍽 마음에 닿았다. 제목은 〈월꾼이 나주가듯이 군대생활하지 말라〉는 것이었다. 이 말은 월꾼이라는 머슴이 그 전날 저녁 밥상머리에서 주인이 내일 새벽 나주에 다녀오라는 지시를 했다는 것이다. 다음 날 새벽 주인이 심부름 내용을 말하려고 월꾼이를 찾으니 이미 그는 나주로 출발하였고 점심때쯤 돌아와서 나주에 다녀왔다고 주인에게 보고를 했다. 무엇 때문에 나주에 가는지를 모르고, 즉 심부름 내용을 모르고 나주에 갔다 온 것이다.

이 말은 우리 신입사병들이 정해진 군복무를 하되 월꾼이 목적 없이 나주를 다녀오듯 하지 말고 무언가 의미 있는 생활을 해서 힘든 기간이지만 군복무 기간을 헛되지 않게 보내라는 교훈적 강의였다. 긴장 속에서 들었던 이 정훈교육이 나에게는 무척 마음에 와닿았다.

그 후 내가 최종 배속된 부대는 6사단 제2연대 2대대 5중대 2소대 화기분대였다. 여기서 인천 출신 대학 후배 심재선군을 만났다. 그는 나를 보자마자 손을 잡고 형님 이 힘든 곳에 어떻게 왔느냐면서 걱정해 주었던 기억이 난다. 그런데 5중대에서 신입사병인 나의 배속 문제로 사달이 생겼다. 처음에 화기소대에 발령이 난 것을 심재선 일병이 부탁하여 서무계 조수로 있던 진영관 일병(경희대 출신 학보병)이 2소대로 바꾼 것이다. 화기소대는 선임하사인 박 하사가 까다롭고 기강잡기가 심하여 내무반 생활이 어려울 것 같다고 하여 너그러운 고 중사가 선임하사인 2소대로 바꾸어 놓은 것이다.

이를 알아차린 박 하사가 노발대발하여 신입사병인 나에게 완전군장하여 총검술을 시킨다는 엄포를 놓았다. 훈련소에서 완전군장을 해 보지도 않은 나로서는 겁나는 일이었다. 첫날밤이 지나고 그다음 날 교육집합 시간이었다. 그런데 이게 웬일인가? 교육집합 인원보고를 하는 선임중사를 보고 깜짝 놀랐다. 어린 시절 같은 고향, 같은 동네에서 뛰어놀던 고향 선배 장하윤이 아닌가? 나보다 대여섯 살 위였던 그는 노래도 잘 불렀고 스스럼없이 같이 뛰놀던 사이였다. 그도 나를 빤히 바라보았고 그때 경황없이 서로 반말로 인사했다 하여 뒷이야기가 있기도 했다.

내가 처음 장 중사에게 부탁한 것이 박 하사의 총검술 얼차려 엄포 일이었다. 그랬더니 장 중사가 공개적으로 박 하사에게 "너이 병사만 건들면 가만 놔두지 않겠다."고 하는 것이었다. 박 하사의 반발이 있었지만 둘은 가까운 사이였고 그래서 그 일은 무마되었다. 중대 안에서 장 중사는 그 뒤 지속적으로 나에 대한 엄호를 해 주었고 그의 도움과 보살핌은 원만한 군생활을 하는 데 큰 힘이 되었다.

(2) 힘들었던 최전방 군대 생활과 공민학교 교관 시절

그 당시 전방 군대 생활은 겨울철 6개월은 교육훈련을 하고 여름철 6개월은 진지공사를 하는 것이었다. 교육훈련은 실전을 방불케 하기 때문에 훈련소의 교육과는 비교되지 않을 만큼 힘들었다. 높은 산악 교육훈련장을 하루에 몇 번씩 오르내리며 훈련을 하였다.

진지공사 때 어려움은 더 컸다. 808고지였던 것으로 기억하는데 여기서 작전지도에 따라 교통호를 파는 작업이었다. 사병 두 사람이 군장을 하고 서로 교차해서 지나갈 수 있는 교통호를 사람 키 높이만큼 파는 것이었다. 대개 하루 작업량은 작업삽 길이 하나 반만큼 배정되었다. 노동일에 익숙한 사병은 이 일을 한나절이면 거의 끝낼 수 있었다. 그리고 오후에는 낮잠을 잤다. 그러나 우리 같은 학보병에게는 어림도 없는 일이었다. 오후까지도 배정된 작업량을 끝내지 못하고 일찍 끝낸 전우들의 도움을 받아야 했다.

그해 여름 전방 OP의 진지공사 근무 중에 난데없이 3군단 작전처에서 나에게 전화가 왔다면서 중대본부에서 연락이 왔다. 겁에 질리기도 하고 긴장하여 전화를 받으니 고향 선배 최창엽 대위였다. 부모님이 수소문하여 나의 소속부대를 알아 최대위에게 연락했던 것이다. 그 뒤 그는 2연대 부연대장에게 부탁하여 나는 처음으로 일주일 특별휴가를 받기도 했다. 그뿐 아니라 진지공사로 중대장에게 군단장 표창을 상신하는 등 나를 위한 최대위의 노력은 많았고 그로 말미암아 나의 군대생활은 한결 부드러울 수 있었다. 그는 당시 3군단 작전처 진지공사 담당 실무장교였다.

군대생활에 큰 도움을 주었던 최창엽 대위와 장하윤 중사, 그들은 아마 90세 나이에 이를 것이다. 건강한 여생을 보내기 바란다.

그 당시 최전방에서 근무하던 학보병과 일반사병 사이에는 갈등이 컸고 일반사병은 학보병에 대한 좋지 않은 시선과 압박으로 학보병의 군생활을 어렵게 하였다. 이런 갈등과 좋지 않은 시선을 극복하는 것은 나의 과제였고 학보병 전체의 과제이기도 했다. 이에 나는 사역집합에 선착순으로 나갔고 화장실 청소 등 궂은일을 도맡아서 하는 등 힘든 일에 솔선수범했다. 이런 노력 끝에 일반 사병의 이해를 얻게 되었다. 이 병사는 다른 학보병과 다르다는 이야기를 들었고 그들과 두터운 친분을 쌓았다. 즉 '인간의 곁에는 인간이 있다'는 교훈적 말을 실천해 본 것이다.

당시 최전방의 병영은 시설이 허술했고 위생 상태도 불량했다. 말단 부대에 지급되는 급식 수준은 턱없이 부족했다. 말하자면 병사들이 배고픈 수준이었다. '뭐니 뭐니 해도 가장 큰 고통은 배고픔'이라는 말이 사병들 사이에 회자되기도 했다. 불량한 위생 상태도 군대 생활을 힘들게 하였다. 여름에 내무반에서 잠자리에 들면 기어오르는 빈대(일명 탱크부대)에 시달려야 했고 몸 안에 굼실대는 이(sucking lice)는 겨울철 사병들을 괴롭혔다. 그리고 난방장비가 태부족한 상태에서 겨울철 영하 20도를 오르내리는 일선 고지의 추위에 새벽 4시에 기상하여 정해진 구역의 제설작업에 나섰던 일도 고통스러웠다.

1962년 여름 제대 몇 개월을 앞두고 생각지도 않게 연대공민학교 교관으로 발령을 받았다. 이 자리는 전방에 근무하는 학보병에게는 최고의 특과였다. 5중대 중대장으로 있다가 연대 1과(인사과) 과장으로 영전한 이응춘 대위의 혜택이었다.

이런 일이 있었다. 1961년 추운 겨울인데 부대에 탈영병이 생겼다. 매우 중요한 사건이었다. 부대는 물론 지휘관인 중대장의 책임을 물을 만한 사건이었다. 새벽 2시에 중대장이 숙소에서 부대에 들어왔다. 중대본부 요원을 전원 집합시켰다. 이런 사건이 발생한 것은 중대본부의 군기가 해이해졌기 때문이라며 질책성 훈화를 시작했다. "나는 이름도 잘 모르지만 교육계 조수(내가 중대 교육계 조수를 맡고 있었다)처럼 헌신적이고 모범적인 병영생활을 하라"는 것이었다. 선임 사병과 동료 사병 사이에서 쥐구멍이라도 들어가고 싶은 심정이었지만 중대장의 나에 대한 굳건한 신뢰 표시였다.

그동안 나의 병영생활에 대한 그의 이런 신뢰가 연장되어 제대를 얼마 남지 않은 나에게 고생을 면하게 해 주는 혜택이 주어진 것이었다. 그 당시에는 사병 가운데 무학자가 상당수 있었다. 이들을 일정기간 교육시켜 군생활 중 무학자를 면하게 하려는 것이 연대공민학교의 설립 취지였다. 여기서는 사병의 한글교육을 시키는 것이었고 그것을 담당하는 선생이 교관이었다. 그러니 사병으로서 교육훈련은 물론 보초나 까다로운 내무반 생활 같은 것도 없었다. 그야말로 편안한 군대 생활이었다.

공민학교에는 서울사대 재학 중인 황명락 일병과 내 상과대학 동기인 강웅식 일병이 이미 와 있었다. 그 뒤에 법대 재학 중인

<사진 1-10> 1962년 7월 공민학교 교관 시절. 야간 학생들과 함께.
맨 앞줄 왼쪽에서 세 번째가 필자. 그 다음이 강웅식 일병.

김경만 이병이 발령되어 왔다.

그해 가을 강웅식 일병(화백, 전 아메리칸 스탠다드 코리아 회장), 김경만 일병(뒤에 상공부 국장)과 나는 정훈팀을 만들어 박정희 대통령의 「우리 민족의 나아갈 길」을 순회 교육한 적도 있다. 5·16 뒤 전방 사병에게 그 이념을 전파하기 위한 방안의 일환이었다. 강화백은 그때 그것을 스케치하여 입학 60주년 기념 대학 동기들 전시회에 출품하였고 나아가서 국가 기록원에 등재되기도 하였다.

또한 보람된 일도 있었다. 최전방이라 민간인 청소년들의 교육 기회는 상당히 부족했다. 초등학교만을 졸업하고 중학교에 진학하지 못한 청소년들이 많았다. 공민학교 교관으로 있던 우리 몇 명은 이른바 명문대학 재학 중이라 이들에게 중학교 과정을 교육시킬 만한 자질을 갖추었다. 낮에는 부대에서 주로 무학자 사병을 대상으로 한글과 초등학교 과정을, 야산에는 틈을 내어 중학교 미취학 민간 청소년에게 중학교 과정을 가르쳤다.(사진 1-10)

힘들고 어려웠던 병영 생활이었지만 돌이켜 보면 큰 보람으로 회상된다. 그 가운데 한 여학생은 그것을 학력으로 하여 뒤에 여군 하사관에 지원 근무한 적도 있었다.

1961년 11월, 1년 6개월의 최전방 군대생활을 무사히 마치고 사회에 돌아오게 되었다. 돌이켜 보면 힘들었던 만큼 그것을 이겨내는 과정에서 얻은 것도 많았다. 젊은 시절에 귀중한 체험이었고 결코 헛되지 않은 군대 생활로 회상된다.

5. 결혼과 가족관계

(1) 결혼해 두 남매를 두다

1969년 11월에 김혜란金蕙蘭과 결혼했다. 1966년 봄부터 사귀기 시작했으니 비교적 길게 교제한 편이었다. 아내는 1943년생으로 경주김씨 부안(전북 부안읍) 명문가에서 김방희金邦熹옹과 강순이姜順伊 여사의 1남 7녀 가운데 둘째 딸이었다. 딸 많은 집 규수가 심성이 곱다고들 한다.(사진 1-11)

아내는 온후하면서도 적극적이고 헌신적인 성격이어서 내 투박한 성격과는 대조적이었다. 여고(전주여고) 시절 연대장을 했고 서

<사진 1-11> 가족사진. 아내와 필자, 석우, 은정

<사진 1-12> 2015년 5월 15알 스승의 날에 박근혜 전 대통령과 아내.
손에 든 사진은 1965년 성심여중 2학년 때 담임교사였던 아내와
박대통령의 영어 연극 후 기념사진.

울대 사범대를 졸업하고 서울 성심여고에서 1965년부터 교직 생활을 시작했다. 1997년 내가 대장암에 걸려 투병하게 되자, 병간하려고 그만둘 때까지 33년 동안 모범교사로 재직하다가 명예퇴직하였다. 서울대 교육대학원을 수료한 교육학 석사이고 서강대에서 강의를 하기도 했다. 성심여중 시절 담임을 한 인연으로 근년에 박근혜 전 대통령의 은사라 하여 언론에 크게 공개되었고 많은 사람들의 인구에 회자되기도 했다.(사진 1-12)

뒤늦게 학문의 길에 들어서 특히 신혼 초에 주경야독으로 힘겨워하는 나를 잘 이해해 주었고 대장암 수술 후 투병 생활을 인내력 있게 뒷바라지해 준 고마운 반려자이다.

결혼을 앞둔 1968년에 나는 허름한 집을 마련하기로 했다. 지긋지긋한 셋방살이에 시달려 온지라 신혼 생활을 셋방에서 할 수는 없다는 생각에서였다. 하지만 자금이 문제였다. 할 수 없이 서대문 연남동에 있는 낡은 집을 구입할 수밖에 없었다. 개발이 되지 않은 옛 동네였고 더위와 추위에도 취약한 주택구조여서 고생이 되었지만 그래도 내 집이라서 좋았다. 주위의 간접시설도 낙후되어 있어서 출퇴근에도 불편했지만 마을의 인심이 후했다. 이 집에서 두 남매를 낳았고 어린 시절을 보냈다.

우리 부부는 아들 석우와 딸 은정, 두 남매를 두었다. 1970년에 석우를, 1972년에 은정을 낳았다.

1970년 여름 석우를 낳을 때의 일이다. 아내가 복통이 오는데 그게 산전 복통임을 모르고 화장실에 가서 힘만 주었다. 화장실이 요즘처럼 근대식 수세식이 아니고 재래식 화장실인지라 잘못했으면 아이를 변소통에 빠뜨릴 뻔했다고 뒤에 후일담으로 이야기하곤 했다. 경험 많은 어른들과 같이 살지 않은 데서 온 무지의 결과였다. 그전에 미리 병원에 입원을 요청했지만 주치의는 복통(진통)이나면 오라고 응해주지 않았다.

그때는 통행금지가 있던 시절이었고 교통사정도 지금과 같지 않았으며 우리가 사는 마을은 더욱 그랬다. 겨우 교통수단을 얻어 계속 다니던 명동 성모병원에 갔다. 새벽 5시 무렵 출산을 했는데 아들이라는 간호사의 전언이었다. 그때만 해도 남아선호사상이 강한 때라 그 말을 듣는 순간 산모가 순산했다는 소식과 함께 아들을 낳았다는 점에 안도했고 기뻤다. 이를 경험삼아 딸 은정이 출산 때는 미리 병원에 입원을 해서 이런 급박한 일을 당하지 않았다.

아이들은 잘 자라 주었다. 건강하고 건전하게 자랐으며 학교생활도 모범적으로 하였고 공부도 우수했다.

경성고등학교에 다니던 석우는 학교 성적이 전교 1등을 유지했다.

고등학교 3학년 때의 일이다. 대학입학시험에 대비하여 전국 모의고사를 9번인가 실시했다. 성적이 300에서 310점 범위였다. 그때 대부분 학교에서는 체육실기 20점은 큰 문제 없는 한 거의 다 주었기 때문에 총점이 320에서 330 사이에서 오르내렸다는 계산이다. 당시 경성고에서는 전국 수석을 바라보고 있었다. 그런데 이게 웬일인가? 그해 수학시험 문제가 고등학교 교과서 수준을 넘어 학원(종로학원) 수준으로 출제되었다. 수학시험에서 크게 실패하였다.

그날 집에 온 석우는 재수를 해야 될 모양이라고 하면서 낙담하였다. 텔레비전에서 정답 발표가 있었다. 수학을 제외하고 나머지 과목에서 거의 만점을 얻었다. 311점이었다. 수학만 잘 보았으면 전국 1등할 성적이었다. 그래도 희망하는 서울 공대 기계공학과에 거뜬히 합격하였다.

대학성적은 1학년 때 1~2등이었다. 2학년 때 조금 방황하다가 군대에 다녀와서는 무섭게 공부하여 전 과목 A+를 받아 1등으로 졸업했다. 그 성적으로 미국 MIT에서 등록금 면제, 장학금 월 1,200달러의 조건으로 입학허가서를 받았다.

원래 아내는 의과대학 진학을 원하였으나 적성이 맞지 않는다는 이유로 본인이 한사코 반대였다. 그래서 자기 적성을 찾아 공대를 지원하고 합격했다. 그러자 은정이가 의과대학을 가겠다고 나섰다. 은정이도 학교성적이 우수했다. 서울여고에서 반에서 1등을 유지하였고 어떤 때는 전교 1등을 하였다.

고등학교 2학년 때 영어, 수학, 국어 세 과목 서울 시내 모의고사에서 여학생 가운데 10등 안에 들 정도였다. 그래서 처음에는 서울대 의대에 무난히 진학하리라고 기대했다. 그런데 웬일인가? 고등학교 3학년이 되자 암기를 주로 하는 기타 과목이 뒷받침되지 않았다. 그래서 최종적으로 세브란스와 가톨릭 의대를 놓고 저울질하는데 고등학교 3학년 담임선생이 다른 의과대학은 남녀공학이어서 힘드니까 이화여대 의대를 지원할 것을 강력히 추천하였다. 결국 담임선생의 권유를 받아들여 이대 의대 진학 쪽으로 결정했다. 은정이는 뒷날에 사회에 나가 의사생활을 하면서 그때 결정은 참 잘한 것이라고 하면서 만족해했다.

(2) 고마운 아내, 자랑스러운 자식들

MIT에 진학한 뒤 석우는 세계적으로 권위 있는 교수를 지도교수로 모셔 석사·박사과정을 무사히 마쳤고 학위를 받았다.(사진 1-13)

박사학위 과정에서 그가 개발한 것은 링 센서(Ring Censor)였다. 사물인터넷(I.O.T)의 원리를 이용한 최신 의료기기였다. 이 반지를

<사진 1-13> 2000년 6월. MIT에서 박사학위 받을 때 석우

착용한 환자의 상태가 수시로 병원의 인터넷 정보에 수록되어 상태를 파악할 수 있게 하는 무선인터넷 의료기기였다.

박사학위를 받은 뒤에는 이 원리를 이용한 전자생산품을 만드는 밀레니얼 넷(Millennial Net) 이라는 벤처기업을 설립하여 운영하기도 했다. 벤처기업에 크게 성공하지는 못했지만 이 때 연구업적으로 MIT가 35세 이하를 대상으로 선정한 '세계 100명의 과학자'에 들기도 했는데 한국인으로서는 최초의 일이었다. 그 뒤 이때 연구업적(I.O.T)을 인정받아 오바마 정부에서 대통령 기술혁신 자문위원(Presidential Innovation Fellow)에 위촉되기도 했다.

현재는 미국 상무부 산하 국립표준연구원(NIST)에서 부국장(차관보 대우)을 맡아 미국 스마트 시티(Smart City) 정책을 이끌고 있다.

은정이는 졸업 후 수련의와 전공의 과정을 거쳐 전문의가 되었고 가톨릭 의대에서 의학박사 학위를 받기도 했다. 현재는 성균관대 의대 교수로서 종신 재직권(tenure)을 얻고 강북 삼성병원 내분비내과 교수로 임상과 함께 국내에서뿐만 아니라 국제무대를 넘나드는 활발한 학회활동을 하고 있다.

나는 남매에게 노상 이르길, 나는 못했지만 너희들은 한국을 넘어 세계무대에서 활동하라는 당부를 했는데 그것을 실천하고 있는 셈이다. 석우는 물론이고 은정이도 연구업적이 탁월하여 자기 전공분야에서 크게 인정을 받아 세계 3대 인명사전인 마르퀴스 후즈후(Marquis Who's Who)를 비롯하여 ABI(American Biographical Institute), IBC(International Biographical Center)에 모두 등재되었다. 석우, 은정은 아버지의 바람을 충분히 실현하고 있어서 부모 처지에서는 자랑스럽게 생각한다.

이런 일이 있었다. 1997년 내가 대장암 수술하기 전날 밤이었다. 입원실에서 우리 내외는 내일 새벽 수술실에 들어가면 그 뒤를 기약할 수 없다는 생각에 사로잡혀 있었다. 내가 아내에게 그동안 너그럽지 못한 남편을 만나 고생을 너무 시켜 미안하다고 소회를 말했다. 그랬더니 아내가 이렇게 말했다. 살아 있는 사람은 그런대로 지낼 수 있지만 둘이 만나 낳은 남매가 아직도 결혼을 못하고 있으니 나 혼자 그를 감당할 일을 생각하니 가슴이 아프다는 것이었다.

나는 마음이 미어지는 것 같았다. 수술이 끝난 뒤 그 힘든 항암치료를 하면서 남매에게 결혼을 서두르라고 말하고 사귀는 사람이 있으면 데려오라고 했다.

<사진 1-14> 석우 결혼 때 가족사진.
윗줄 오른쪽에 첫 번째가 며느리 엄은경. 석우, 은정

석우는 미국 유학 중 사귄 컬럼비아대 석사과정을 마친 규수(엄은경)를 말했다. 우연인지는 몰라도 전주 출신이었고 자기 아버지가 지방 모 대학 교수로 있으며 알아보니 나의 고등학교 2년 후배였다. 그러니 둘의 관계가 부드럽고 쉽게 진행될 수밖에 없었다.(사진 1-14)

은정은 의과대학 동아리에서 만난 친구를 소개했다. 중앙대 의대를 졸업한 젊은이인데 과묵하고 믿음직했다. 그래서 둘의 사이도 원만히 되었다. 이렇게 며느리와 사윗감이 정해져 여간 홀가분한 일이 아니었다. 석우, 은정은 그 뒤 적절한 날짜를 잡아 좋아하는 배우자와 결혼하였다.

석우와 은정의 이력은 위에 말했으므로 우선 며느리를 소개해 보겠다. 미국 하버드, 스탠퍼드대와 컬럼비아대에서 교육학 석사를

<사진 1-15> 가족사진.
왼쪽부터 사위 오형근, 필자, 외손녀 오윤진, 아내, 은정

했고 컬럼비아 대학원에서 교육심리학 박사학위를 한 뒤 텍사스 주립대학교 교수를 역임했다. 현재는 워싱턴에서 석우와 같이 기거하면서 개인용역회사인 통계분석 컨설팅을 운영하고 있다.(사진 1-15)

사위 오형근은 중앙대학교 의과대학을 졸업하고 순천향대 의대에서 의학박사학위를 받았다. 순천향 의대 교수(tenure)를 거쳐 현재는 개업하여 이엔오 신경과 원장을 맡고 있다.

<사진 1-16>
외손녀 오윤진.
하나밖에 없는
나의 혈육

화려한 가족관계와 함께 아쉬운 점도 있다. 석우 내외에게는 손이 없고 은정 내외에게 딸 하나, 외손녀 오윤진이 있을 뿐이다. 나이가 들면서 어떤 때는 허전함을 느끼기도 하지만 세상일이 어찌 다 생각대로 될 것인가 하면서 위로하고 지낸다.(사진 1-16)

남매가 남부럽지 않게 잘 자랐고 성공한 삶을 누리고 있지만 나는 요즈음 남매를 기르면서 왜 그랬던가 하는 생각을 가끔 한다. 너무 엄격하고 야단치고 길렀다는 생각이 들어 마음이 아플 때가 있다. 그래서 언젠가 두 남매가 모인 자리에서 그렇게 이야기했다. 너희를 기를 때 나는 맨날 야단만 친 기억밖에는 없다.

좀 더 부드럽게 사랑을 듬뿍 주지 못한 것을 후회한다고 했더니 그들 말이 그렇게 교육시켜 주셨으니 오늘날 우리가 있는 것 아니냐고 나를 위로해 주었다. 요즈음 서울대공원을 거닐면서 젊은 내외가 아이들을 데리고 다정하게 나들이하는 모습을 볼 때면 더욱 그런 생각이 들고 그 시절에는 어쩔 수 없었지 않았는가 스스로 위로하지만 그들에게 좀 더 듬뿍 사랑을 주지 못했다는 마음은 나이가 들수록 더욱 강해진다.

이런 아쉬움은 아내에게도 늘 남아 있다. 평생의 반려자이면서도 어떤 의미에서는 나의 생명의 지킴이기도 했던 그에게 왜 좀 더 너그럽고 부드러운 남편이 되지 못했던가 하는 자책과 후회가 크다.

외곬으로 나 자신의 길만을 정진해 온 삶이기에 모든 가족관계에서 많은 아쉬움을 느끼면서 노년을 살아간다.

6. 수많은 추억이 서린 신촌생활

(1) 전세방살이의 추억

신촌 생활은 1959년에 시작되었다. 대학에 입학한 뒤 1년간을 신설동에서 사촌 원영형과 함께 하숙했다. 원영형이 성균관대에 재학 중이고 나의 학교는 종암동에 있으니 그 중간지점을 택해서였다. 그 집 아주머니가 정읍 분인데 뒤에 전두환 정권시절 유명해진 고명승과 고진석 형제 장군이 육군사관학교 학생 시절 주말에 외출 나와 그곳에 들리곤 했던 기억이 난다. 또 그 집에는 전주고 동기인 치과대생 허만욱 군(졸업 후 동교동에 개업)도 아르바이트 학생으로 기거하고 있어서 거기서 만났다.

여동생 경자가 이화여대 국문과에 입학하면서 신촌에 전세방 두 개를 얻어 사촌여동생 영순(이대 미대 새학)이와 원영형 넷이서 도우미를 두고 전세방 생활을 시작한 것이 신촌생활의 출발이었다. 신촌에 거점을 정한 것은, 살림을 주관하는 영순, 경자가 이화여대를 다녔기 때문에 그들의 사정을 고려한 선택이었고 돌이켜 보면 단란한 네 사람의 대학 생활의 거점이었다.

나는 학교가 종암동에 있었으니 당시 신촌로터리(노고산)에서 출발하여 홍릉까지 가는 버스를 주로 이용했다. 때로는 후암동에서 종암동을 다니는 버스를 종로2가에서 갈아타기도 하는 등 장거리 통학을 해야 했다. 아무래도 통학에 드는 시간이 기니 버스 맨 앞자리(운전석 옆)에 자리를 잡고 책을 보면서 공부시간으로 활용했던 기억이 난다.

이런 전세방 생활은 내가 군대 생활을 한 1년 6개월과 중소기업은행 입행 후 부산 생활 1년(1964~1965)을 제외하고는 계속되었다. 그때는 경제형편이 다들 어려워서 하숙은 말할 것도 없고 자취방 생활을 하기도 힘든 시절이었다. 그래도 우리는 전세방을 얻어서 안정적으로 대학 생활을 할 수 있었으니 여간 고마운 일이 아니었다.

학창 시절 모임의 장소가 마땅치 않은 친구와 후배들이 우리 전세방에 모여 술을 마시거나 심지어 잠자리를 같이하면서 우정을 나누었던 기억이 난다.

그 가운데에는 뒷날 경제부총리를 지낸 후배도 있었는데 1996년쯤인가 그가 동력자원부 장관으로 재직 시 어느 모임에서 "형님! 그때 우리는 왜 그렇게 가난했는지 몰라요."하면서 지난날 정겨웠지만 어려웠던 시절을 회상하기도 했다.

그 무렵 신촌에서는 전주고 동기생인 하경철과 김종식, 김원용, 오병록 등이 지내고 있었고 이들과 우정을 나누었다. 공군법무관 시절 하경철은 수원 공군기지에 있는 장교 클럽에 나를 초청하여 좋아하던 맥주를 마음껏 마시면서 어울렸고 다음 날에는 당시 수원의 명물 토끼탕을 즐겼던 기억이 난다. 그 뒤 하경철과 나는 '도원' 모임에 나란히 참여하여 깊은 우정을 이어갔다. 김종식 친구는 그 뒤 미국유학길에 올라 퍼듀대학에서 박사학위를 하고 귀국하였다. 내가 만학으로 박사학위 과정을 하던 시절 동숭동에 있는 서울대 대학본부에 들린 적이 있었다. 뒤에서 누가 경의야! 하고 불렀다. 뒤돌아보니 김종식 친구였다. 귀국 직후여서 그런지 너무 남루한 모습이었다. 천재적 두뇌를 가진 그는 서울대 수학과 교수가 되었다. 내가 숙대 기획실장으로 대학발전계획을 수립하고 있을 때 서울대 기획위원으로 있던 그에게 어렵사리 공개되지 않은 자료를 도움받은 적도 있었다. 끈끈한 우정의 결과였으리라. 그 후 그는 한국 과학상을 받는 등 빛나는 연구업적을 냈지만 일찍 이 세상을 떠났다. 천재는 요절한다고 했던가?

그 무렵에 고교동기인 김종식, 박영수, 김종현. 오병록, 김원용, 김환석, 오수희 등이 모여 '우림성'이라는 모임을 만들고 우정을 나누기도 했지만 오래가지 못하고 해체된 일도 있었다.(사진 1-17)

대학 시절 신촌에서 깊게 교분을 나누었던 친구로는 김원용(연대, 도서관학과)이 있는데 그는 나와 중학교 시절부터 친한 사이였다. 그리고 그와 가까이 지내던 고교 1년 후배 김호현(연대 철학과)

<사진 1-17> 신촌 시절 친구들과 함께. 이미 고인이 된 김종식, 김원용,
김종현, 오병록 군의 모습이 보인다. 우측 끝이 필자.

과도 그 시절 교분을 쌓았다. 그는 아내의 고종사촌 오빠여서 내
가 아내와 교제의 문을 여는 데 큰 도움을 주었다. 그 밖에 고
교·대학 1년 후배인 진념과 김의효와도 교분을 깊게 나누었다.

평생 친구이자 진보적 이념의 동지이기도 한 전철환이 훗날 나
의 매제가 된 것도 신촌 생활의 중요한 추억의 산물이었다. 종암
동 상대 자유열람실에서 옆자리에 나란히 앉아 고시 공부를 하면
서 얻어진 둘의 관계는 그 뒤 군 입대 등으로 생활영역이 엇갈리
면서 소강상태에 들어갔었다.

제대 후 그는 경제기획원 기획국 투자2과 사무관으로 자리를
잡았고 나는 중소기업은행에 입행하여 부산근무를 마치고 조사부
에 있을 때 '도원' 모임에 같이 나가면서 이전의 가까웠던 관계를
유지했다. 그가 기획원 사무관 시절 신촌 우리 전세방에 더러 놀

러왔다. 이때 나의 여동생과 교제가 싹텄던 것으로 보인다. 그 무렵 언젠가 '도원' 선배인 김중석 형이 "경의야! 너 경자와 철환이 관계에 신경 좀 써라."고 다그친 적도 있었다.

눈치는 채고 있었지만 겉으론 모른 척 소극적 모습이었던 나에게 주는 주문이었다. 내 여동생과의 관계가 지속되었고 둘의 관계는 전철환이 영국 맨체스터 대학원으로 유학길에 오르기 전 절정에 달했던 것으로 보인다. 철환의 유학 기간에 둘 사이는 더욱 깊어졌고 귀국 후 얼마 있다가 양가 부모님의 합의를 거쳐, 내가 연남동에 살 때 나보다 일찍 결혼했다. 혼자 있는 나를 생각해서 둘은 얼마간 연남동 우리집 옆에 전세방을 얻어 신혼생활을 하기도 했다.

(2) 내 집 마련과 연남동, 성산동 생활

지루한 전세방 생활이 10년째 이어졌다. 오랫동안 교제하던 나와 아내는 결혼을 앞두게 되었다. 신촌 생활부터 전세방 생활을 하는 것이 지겨웠던 터라 집을 구해 보기로 했다. 여기저기 알아보고 복덕방에도 여러 곳 들러 보았지만 나의 경제형편으로는 도저히 감당하기가 어려웠다. 신촌에 있는 복덕방의 강봉삼 씨(뒤에 최기혁 중소기업은행 전무의 고모부)가 연남동을 추천하였다. 택해준 곳을 둘러보고 경제사정에 맞는 거기를 택하기로 했다. 미개발, 낙후지역인 구동네였다.

낡은 시멘트 보록꼬 집인데 방이 다섯 개나 되어 두 개는 전세를 놓고 저축한 돈을 들여 허름한 집을 보금자리로 마련하였다. 1968년의 일이었다. 교통도 불편하고 비가 많이 오면 바지를 걷고 길을 건너야 할 만큼 개발되지 않은 지역이었다. 그 당시 신촌 전화국과 청기와 주유소 뒤편은 주택이 들어서지 않은 야채밭이었다. 청기와 주유소에서 성산동으로 가는 큰 도로도 생기기 이전이었다. 신촌전화국 뒤편의 야채밭 사이로 난 길로 출퇴근해야 하는 형편이었다.

하지만 지긋지긋한 셋방살이를 면했다는 기쁨이 있었고 또 아내와 나는 비록 낡은 집이지만 내 집을 갖고 신혼 생활을 할 수 있다는 만족감을 나누었다. 1976년 성산동으로 이사할 때까지 8년을 살았다. 여기서 석우, 은정 두 남매를 낳아 잘 길렀다. 후진 동네라서 그런지 이웃 사이에 인정이 두터워서 아이를 기르는 데 좋은 점이 많았다. 대문을 열어 놓고 살아도 되고 이웃이 우리 아이들을 보살펴 주었다.

1970년대 중반 좀 더 좋은 생활환경을 갖고 싶어서 새로운 보금자리를 구해 보기로 했다. 여기저기 후보지를 알아보았다. 괜찮은 새집을 마련하는 것이 어려운 경제사정이었지만 우리 내외는 맞벌이 부부였기에 빚을 내기로 했다. 연남동 집을 팔면 350만 원, 그동안 저축한 돈이 약 300만 원, 나머지는 빚을 얻어야 했다. 주위에서 많이 권하는 강남에 여기저기 가 보았고 논현동에도 가 보았다. 대지 120평에 아래층은 상가 4개에 2층은 살림집인데 1,200만 원이면 구할 수 있었지만 형편이 닿질 않았다. 그리고 아직 개발이 되지 않아서 집 앞으로는 개천에서 흙탕물이 벌겋게 흐르고 있었다. 비가 온 뒤라서 더욱 그랬다. 소개업자는 곧 복개가 되니 사라고 권유했으나 통 정이 들지 않아 포기했다. 그때 그 집을 샀더라면 지금 큰 재산이 되었을 것이라고 집사람에게 핀잔을 듣곤 한다. 서생이라 역시 이재에는 둔하니 그럴 수밖에 없다고 위로했다.

그 뒤 결국 신촌 바운더리를 벗어나지 못하고 1976년에 성산동에 주택을 구입했다. 집 앞에는 성미산이 있고 붉은 벽돌집인데 전면은 돌로 장식하고 지붕은 기와 슬라브인 신식 주택이었다. 내 형편에는 넘치는 집이었지만 마음에 들었다. 집값이 1,260만 원이었다. 절반은 부채를 얻고 살면서 갚기로 했다.

우선 일진의 허진규 회장한테서 500만 원을 단기 차입했다. 그리고 대학동기인 국민은행 중부지점 김진규 차장한테 대부를 신청했다. "네가 집을 구한다는데 도와주어야지." 하면서 흔쾌히 허락했다. 500만 원 적금담보대출이었다. 그 돈을 받아 허 회장의 빚을 갚고 은행에 적금을 붓기 시작했다.

그런데 이게 웬일인가? 1970년대 말 무렵 높은 인플레가 일어나면서 집값이 폭등하고 화폐가치는 크게 하락했다. 은행부채 부담이 줄어들면서 조기상환하고 새로운 내 집 마련에 성공하였다. 그 뒤 2003년 지금의 거처인 서대문구 현저동으로 이사하기 전까지 27년을 성산동 집에서 살았다.

석우, 은정을 교육시켜 대학까지 마쳤고 우리 내외도 그 집에서 중년을 보냈다. 두 남매의 결혼도 성산동 집에서 시켰다. 1997년 이후 대장암 투병도 그 집에서 해냈다. 성미산을 하루에 두세 번씩 오르내리면서 건강을 다졌고 투병을 해서 대장암을 극복할 수 있었다. 내 삶의 가장 중요한 시기를 성산동에서 보냈고 어찌 보면 제2의 고향이라고 할 수 있겠다. 중·장년기에서 노년기에 이르는 동안 나의 수많은 추억도 성산동 집에서 이루어졌다.

나의 중소기업 경제이론의 큰 뼈대와 줄거리가 잡힌 곳도 그 성산동 집이었다.

제2부

나의
살아온
길
(Ⅱ)

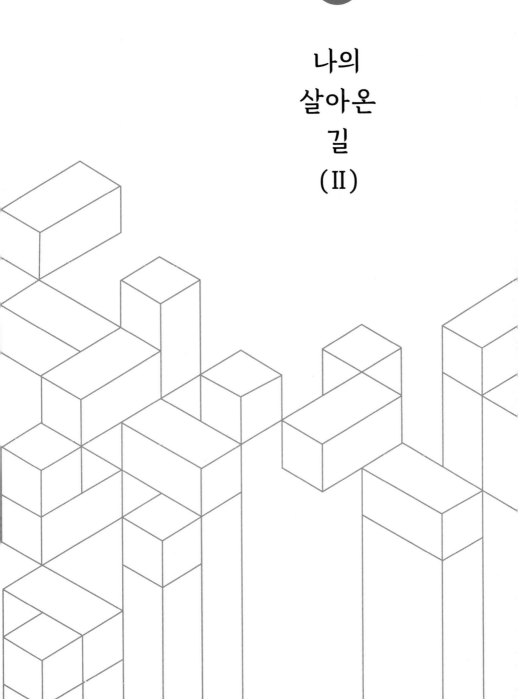

1. 숙명여대로 자리를 옮기다.

(1) 숙대 교수 임용과정

1976년이 되었을 무렵이었다. 나는 어떤 신상의 변화를 꾀해야 겠다는 생각이 들었다. 조사과장을 한 후 은행원 생활을 계속하려면 지점 차장이나 소규모 점포 지점장으로 나가야 하는데 그럴 자신이 없었다. 입행 후 부산에서 1년간 지점 생활을 한 것이 은행실무 경험의 전부였고 그 뒤 10년 넘게 조사부에만 근무했으니 이 길은 어려워 보였다. 그리고 더 큰 것은 조사부 생활 동안 내가 절감하고 정진해 왔던 중소기업이론 연구에 대한 욕구와 의욕 때문이었다. 그래서 석사과정과 박사과정을 주경야독으로 마쳤는데 이 길을 가는 것은 돌이킬 수 없는 일이었다. 말하자면 중소기업이론 연구를 위한 학문의 길을 택해야 한다는 사명감이 컸다.

대학으로 자리를 옮기기로 마음먹었다. 그러니 여기저기서 초빙 문의가 있었다. 쉽사리 초빙 제의를 받은 것은 내가 서울대 경제학과에서 박사학위과정을 수료했고 또 현재 국책은행 조사과장을 맡고 있다는 경력 때문이었을 것으로 보였다. 그 당시 우리 세대에 그만한 학문적, 실무적 경력을 가진 사람도 흔하지는 않았다.

맨 먼저 숙명여대 무역학과에서 초빙 제의가 있었다. 고등학교와 대학선배인 임인영 교수와 양영환 교수 두 분이 재직하고 있었는데 양 교수가 적극적으로 자기와 같이 일하자는 것이었다. 임교수가 경영학, 양 교수가 무역실무를 강의하는데 국제무역이론과 후진국개발론(경제발전론)등 이론 부문을 담당할 교수가 필요하다는 요청이었다.

또 외국어대학에서도 초빙이 있었는데 대학 후배인 박찬일 교수의 제의였다. 와서 자기와 같이 열심히 해서 연구 성과를 올려 보자는 것이었다. 그는 난해한 P.스라파(P.Sraffa)를 번역하여 출판하는 등 많은 연구업적을 쌓았고 중소기업 이론에도 상당한 수준에 다다른 탁월한 후배였다. 그 뒤 아쉽게도 일찍이 세상을 떠났다.

다음에는 이현재 교수께서 추천한 인하대 경제학과였다. 거기서 학과장을 맡을 만한 경험과 이론을 가진 자를 찾는 데 내가 꼭 적임자라는 말씀이었다. 그래서 숙명여대에서 초빙 교섭이 와서 긍정적으로 답했다고 말했고 만약 거기가 잘되지 않으면 인하대에 가겠다고 했다. 그랬더니 이 교수께서 숙명여대가 전통 있는 사학 명문이고 좋은 대학이지만 길게 볼 때 여자대학은 아무래도 팍팍하다는 의견까지 주시면서 인하대를 권하였다. 그때는 청기와 주유소 앞에서 인천의 인하대까지 통근버스가 있으니 성산동 우리 집에서 다니기도 어려움이 없지 않느냐는 말씀을 하시면서 강력히 추천했다.

하지만 지금 돌아보면 그 뒤 교통 사정의 복잡성 등을 감안할 때 그곳으로 결정하지 않고 숙명여대로 정한 것이 잘했다는 생각이 든다. 인하대 경제학과에는 그 뒤 장세진, 김대한, 오두환, 윤진호 등 쟁쟁한 후배들이 교수로 부임하였으니 학과 안의 학문적 열기는 대단할 것으로 보여 그에 따른 아쉬움은 남지만 역시 대학도 직장인지라 생활상의 편의도 고려하지 않을 수 없었다.

결국 숙명여대의 강력한 요구도 있고 해서 그쪽으로 가기로 결정을 했다. 당시 숙명여대는 연세대, 고려대, 이화여대와 함께 4대 사학私學 명문의 반열에 있었고 또 서울의 중심가인 용산구 청파동에 있어서 출퇴근 등 생활상의 편의도 좋은 여건을 갖고 있었다. 1976년 1학기가 지나갈 무렵 인사 관련 서류를 제출했다. 당시 총장은 김경수 교수였고 이사장은 노산 이은상 선생이었다. 나는 그때 직급은 조교수이어야 한다는 조건을 제시했다. 총장까지 그 조건으로 임용하기로 결정이 났다. 그런데 이게 웬일인가? 인사위원회에서 직급이 원안과 달리 전임강사로 강등 조정되었다는 것이었다. 임용은 결정하되 직급은 전임강사로 한다는 것이었다. 박사학위가 없다는 것이 그 이유였다. 하지만 그 내용을 들여다보니 그 뒤에 복잡한 사연이 있었다. 그때 권력의 실세인 경호처장 박종규의 후원을 받는다는 이은상 이사장의 장기간 전횡에 불만을 품은 중진 교수들이 많이 있었다. 그런데 내가 가려는 무역학과 임인영 교수가 노산 계열이라는 것이다. 이를 견제하려고 반노산, 반임인영 교수의 진영이 인사위원회에서 훼방을 놓았다는 후문이었다. 나는 물론 가지 않기로 했다. 비록 박사학위는 없지만 서울대에서 그 과정을 마친 예비 박사이고 국책은행 조사과장까지 하고 있는 사람이 전임강사로 간다는 것은 전직에 대한 예우도 아니라는 생각이었다.

김경수 총장이 그해 8월 말에 임기가 끝나고 차기 총장이 부임해야 했다. 이때 이미 학교는 노산파와 반노산파 사이에 갈등이 고조된 상황이었다. 김 총장 후임으로 서울사대 교수 출신으로 문교부 차관을 지낸 서명원씨가 부임했다. 그런데 서 총장이 부임 20일 만에 충남대 총장으로 자리를 옮기는 어이없는 일이 벌어졌다. 그 뒤 학교는 분규에 휘말리게 되고 1977년 무렵 총장 직무대행 체제에 들어갔다. 직무대행을 맡은 교무처장 유원동 교수는 중요 인사는 할 수 없다면서 신규교원 인사를 전면 보류하였다.

이은상 이사장이 물러나고 6개월 뒤 후임총장으로 고려대 총장을 지낸 차낙훈 총장이 부임했다. 나의 인사 문제가 새로운 국면에 들어섰다. 인사위원회의 임용 결정사항이 있고 문제는 직급이었는데 이에 대한 해답이 필요했다. 서울대에서 변형윤 교수께서 오셔서 차 총장을 만났다. 이경의 과장 동기들이 서울대 경제과에서도 다 조교수이니까 전임강사가 아닌 조교수로 임용해 달라고 강력히 요청하였다. 차 총장이 이를 받아들였다. 그래서 나의 숙대 임용사건은 마무리되었다. 1977년 8월에 조교수로 최종 임용 결정이 났으니 신규인사 논의가 시작된 1976년 8월부터 1년의 기간을 거쳐 결정된 난산이었다. 정식으로 1977년 2학기부터 취임하여 강의를 시작했다. 차 총장은 취임 인사 후 담소하는 자리에서 자기도 경성제대 졸업 후 일제 치하 때 금융조합(농협 전신이며 중소기업은행의 뿌리이기도 함) 조사과장을 한 적이 있다며 친밀감을 보였다.

(2) 초임교수 시절과 기획실장 때의 추억

내가 임용될 때 교수 수가 36명으로 기억하는데 지금 숙명여대 교수의 수는 350명에 이르고 있으니 금석지감今昔之感이 있다. 숙명여대에서 교수 생활은 참 좋았다. 은행과는 너무 다른 분위기였다. 무엇보다 그 딱딱한 위계질서가 없었다. 한번은 이런 일이 있었다. 취임 초 아침 출근길에 엘리베이터를 바라보면서 기다리고 있었다. 누가 뒤에서 "이 교수님, 일찍 나오십니다."하고 인사를 해서 뒤돌아보니 차낙훈 총장이었다. 신임교수인 나에게 고령이신 총장이 먼저 인사하는 것이었다. 은행 같으면 생각지도 못할 일이었다. 은행에서 아침 출근길에 은행장을 만나 인사할 때 그는 기분이 좋으면 고개를 끄덕하고 그렇지 않으면 거들떠보지도 않고 고개를 꼿꼿이 세우고 지나쳐 버리는 것이 그 분위기였다. 이런 위계질서가 몸에 배었던 나에게는 너무 황송하고 어떻게 보면 당황스럽기까지도 했다.

숙명여대는 재단이 없어서 그런지 재단의 교권에 대한 말썽 많던 간섭이 없었고 총장 이하 대학지도부의 간섭도 거의 없어서 교수들의 자율성과 교권의 독립이 잘 보장되어 있었다.

부임 뒤 나는 강의에 심혈을 기울였다. 남녀공학과 달리 여학생들이라 비교적 덜 까다로워 강의 부담이 적은 편이라고들 했다. 하지만 처음 정식으로 강단에서 강의를 하는 처지라 아무래도 강의 준비에 많은 시간을 보내야 했다. 방학 때는 연구실이 거의 비어 있었지만 나는 연구실에 나와 열심히 논문을 썼다. 은행에서 생각해 두었던 주제들이 많았다. 냉난방이 부실해서 여름에는 선풍기에, 겨울에는 석유 난로에 의지했지만 나만의 연구공간인 연구실은 포근했고 자유로웠다. 독립된 공간에서 자기만의 사유와 연구, 그리고 강의 준비에 몰두할 수 있다는 것이 그저 좋고 행복하기만 했다.

무역학과에는 두 분의 선임교수가 있었다. 대선배인 임인영 교수는 일제 때 경성고상京城高商(지금 서울상대의 전신)에 입학한 수재였고 고교 교사를 거쳐 전북대 교수로 있다가 숙명여대로 온 분이다. 원래 마르크스 경제학에 심취했지만 시대의 격변 속에서 이를 접고 경영학을 가르쳤다. 한학에도 조예가 깊고 늘 원전의 중요성을 강조하기도 했다. 양영환 교수는 고교(전주고) 시절 운영위원장을 했고 서울상대를 졸업한 뒤 무역회사 일화모직의 전무로 있다가 숙명여대에 와서 무역 실무를 강의 연구하고 있었다. 나의 임용과정에서 남달리 애를 썼고 재직 시절 나와 특별한 선후배 교분을 나누었다. 지도력과 포용력을 지닌 그는 중견 교수들을 중심으로 학내 인맥이 좋아 내가 신임시절 대학에 적응하는 데도 크게 도와 주었다. 뒤에 성균관대로 옮기었고 후임에 김선식 교수가 부임했다. 임 교수와 양 교수 두 분은 이미 세상을 뜬 터라 지난날 그분들과 가졌던 깊은 교분이 추억으로 남는다. 두 분의 명복을 기원한다.

1980년 서울의 봄이 왔다. 오랫동안의 권위적 사회가 끝나는 듯했다. 학교 안에서도 학내 민주화 물결이 출렁거렸다. 이때 나는 사학과 이만열 교수와 함께 소장교수 8명으로 위원회를 만들어 학내 민주화 움직임을 이끌었던 기억이 난다. 그로 말미암아 이만열 교수는 4년 동안 해직의 고통을 받았고 나는 그에 대한 미안한 마음을 잊지 못하고 있다. 그 뒤 다시 군사정권이 들어서면서 민주화의 열기는 억눌렸지만 학교 안에서 그 영향은 적지 않았다. 내 부임 당시 숙대 교수사회는 원로교수 중심의 권위주의 의석과 파당적 관계 등이 얽혀 매우 심각했다. 80년 민주화운동 과정에서 소장 교수들의 뚜렷한 위치가 확인되면서 그런 퇴행적 교수사회의 분위기는 차츰 상당히 완화되었다.

1982년에 기획실장 자리를 맡았다. 학내 조직개편으로 처음 설치된 기구인데 당시 김옥렬 총장의 강력한 권유로 할 수 없이 맡게 되었다. 기획실이라고 하지만 실장이 교무위원도 아니었고 예산 편성권도 없었기 때문에 실권은 없었다. 그렇지만 학내 기득권에 사로잡혀 있던 노장 교수들을 중심으로 질시와 견제의 움직임도 있었다. 더구나 나는 부임한 지 얼마 안 되는 낯선 사람이어서 혹시 내가 총장의 총애를 받으면서 학교 안 실세가 되는 것 아닌가 하는 의구심 때문이었다. 이것은 정말 의구심에 그쳤다. 나는 그런 것을 탐할 사람이 아니었다.

이때 인연 때문일까? 그 뒤 권위주의 정권 시절 내가 비판적 지식인 반체제 선언에 서명하는 등 여러 번 말썽을 부렸는데도 김 총장은 이를 다 이해해 주고 감싸 주었다. 그는 이승만 정부 시절 공보처장과 국회부의장을 지낸 천리구 김동성씨의 딸로서 명문가 출신이었다. 일찍이 미국 컬럼비아대학에 유학을 했고 그곳에서 정치학 박사학위를 받은 그 세대에는 보기 드문 여성 정치학자였다.

이런 일이 있었다. 당시 134인의 비판적 지식인 선언이 있었는데 이 서명에 숙대에서는 이만열 교수와 내가 참여했다. 비서실에서 전화가 왔다. 총장이 이만열 교수와 셋이서 하얏트 호텔에서 점심을 하자는 것이었다. 이 교수와 나는 약속장소로 가면서 오늘 총장의 꾸지람이 있을 거라고 예단하고 긴장을 했다. 하지만 김 총장은 그 건에 대해서는 아무 말이 없었다. 그 무렵 다른 대학에서는 서명 교수에 대한 문책 논의가 있다는 말도 들리던 터였다. 오히려 우리 둘이 겸연쩍었다. 김 총장의 너그러운 이해와 관용에 감사했고 지금도 생각하면 그의 폭넓었던 포용력에 감탄할 뿐이다.

기획실의 주 업무는 학교 홍보였고 이 가운데 언론과의 관계가 제일 컸다. 그러나 이는 대체로 필요한 경비를 수반하기 때문에 예산 편성과 집행권이 없는 기획실로서는 한계가 있었다. 맨몸으로 언론 플레이를 할 수밖에 없었다. 특히 입학시험 때는 보도경쟁에 내몰린 기자들한테 끝없는 시달림을 받아야 했다. 기획실이 창립 초기라서 여러 가지 경험과 준비 부족으로 어려움은 더욱 컸다.

이런 일이 있었다. 세기의 사기범 장영자 사건이 터졌을 때였다. 사기 규모, 권력층과의 유착 의혹 등으로 전 사회가 들썩였다. 장영자가 숙대 출신이라는 것은 짐작하지만 증거가 부족하여 언론이 꼭 집어 보도하지 못하였다. 난데없이 조선일보 김윤수 기자가 찾아왔다. 도서관에 들어갈 수 있도록 도서관장에게 이야기를 해 달라는 부탁이었다. 아무 생각 없이 도서관장에게 전화를 해서 김 기자 출입의 양해를 구하고 허락을 받았다. 한참 뒤 생각하니 그게 아니었다. 도서관장에게 전화했지만 김 기자는 이미 장영자의 졸업앨범을 찾아 가지고 떠난 뒤였다.

김 기자에게 전화했으나 연락이 닿질 않았다. 오후 7시쯤 전화가 왔다. 앨범은 도서관에 반납했다는 것이다. 그렇지만 이미 앨범에 나와 있는 장영자의 졸업사진은 복사된 뒤였다. 다음 날 아침 조선일보에 장영자가 학사모를 쓴 사진과 함께 그가 숙명여대 출신이라는 기사가 크게 보도되었다. 사실이지만 학교로서는 불명예스러운 일에 연루되는 것이 달갑지 않았다. 총장의 질책이 떨어졌다. 신문사에 당장 항의하라는 것이었다. 그러나 사실을 보도한 것이고 이미 엎질러진 물이어서 이를 어떻게 할 수가 없었다. 기획실장을 하면서 겪은 쓰라린 경험이다. 장영자 사기행각은 오랜 세월이 지난 지금에도 진행되고 있으니 그때마다 나에게 지난날 숙대 기획실 시절 악몽이 새삼스레 떠오른다.

학교 장기발전 계획(안)을 만들기로 했다. 서울대 수학과 김종식 교수의 도움이 컸다. 고등학교 동기인 그는 서울대 기획위원이어서 상당히 은밀한 기획 자료를 제공해 주었다. 하지만 뜬구름 잡는 것이었고 실현성이 적어 그 뒤 흐지부지되고 말았다. 또한 영문으로 만든 학교 소개책자(안)도 기획했지만 구체적으로 인쇄에 들어가지 못하였다. 주위의 호응을 별로 얻지 못하였기 때문이었다.

학교 소개 영화를 숙대 개교 이래 처음으로 만들었다. 미대 김학성 교수의 도움이 컸다. 그가 선경(지금의 SK)에 근무할 때 경험이 있었기 때문이었다. 제작과정에 마찰은 컸다. 서로 홍보영화에 모습을 드러내기를 원했기 때문이다. 기획실장인 내 선에서 단호하게 잘랐다. 총장 중심이어야 한다는 것이 나의 주장이었다. 결과는 성공적이었다. 시사회 때 숙대 출신 교수들은 우리 모교가 이렇게 아름다울 수 있느냐고 감탄했고 어느 여자 교수는 눈물을 보이기도 했다.

(3) 경상대학장 때 이야기

1990년대 초반이었다. 교수들이 직접 선출하는 총장선거에 떠밀려서 나가게 되었다. 이경숙 교수와 경쟁이었다. 숙대 동문교수들의 집단적 후원을 받는 이 교수가 선출되는 것은 당연한 일이었다. 하지만 나는 비숙대 남자교수들, 특히 서울대 출신 교수들의 후원을 받았고 그 열기는 이 교수 진영의 그것을 훨씬 능가했다. 그 뒤 이 총장이 내 연구실로 찾아와서 경상대학장을 맡아줄 것을 간곡히 요구했다. 총장선거에 경쟁했던 당사자로서 맡을 자리가 아니라고 생각해서 거절했다. 그런데 경상대학 교수들의 요구가 빗발쳐서 하는 수 없이 1994년 3월부터 2년 동안의 학장직을 맡았다. 몇 가지를 생각했다.(사진 2-1)

먼저 우수한 교수를 초빙하는 것이었다. 내가 원로 평교수로 있을 때부터 생각했던 일이었다. 그러면서 교수 선발에서 학과의견을 많이 반영해 달라는 요구를 했다. 학과 교수들이 그 분야 교수의 전문성과 우수성을 가장 잘 안다는 생각에서였다. 경제학의 경우 미국 10위 안에 드는 대학, 예컨대 하버드, 시카고, 스탠퍼드, UC버클리, UCLA, 노스웨스턴, 기타 우수대학 출신을 2명씩 확보하자는 복안이었다. 상당히 진척이 있었다.

그런데 하버드 출신 교수를 초빙하는 단계에서 총장과 마찰이 생겼다. 과에서 추천하는 하버드 출신자의 선정을 6개월 미루고

<사진 2-1> 숙명여대 학장 시절, 졸업식장에서.
멀리 김영삼 전 대통령 내외분의 모습이 보인다.

자기가 추천하는 사람을 먼저 채용하자는 것이었다. 강력히 반대
했고 전 교수들이 힘을 모아 우리의 안을 관철한 적도 있었다. 뒷
날 정운찬 전 서울대 총장이 경제연구소 초청 강연에서 숙대 경
제학과 교수진은 국내 최고 수준이라고 평했다는 이야기를 듣고
흐뭇한 생각이 들었다. 사실 이 문제는 총장의 인사권과 부딪치는
문제이기 때문에 매우 조심스러운 일이었다. 이 총장이 우리의 뜻
을 그만큼 받아준 너그러움에 감사를 표했다.

둘째로 경상대 학제 개편 문제였다. 당시 경제학과, 경영학과,
무역학과, 소비자경제학과 등 4과 체제로 되어 있었는데 두 과가
문제였다. 무역학과의 경우 수출제일주의라는 현실적 요구로 설치된

학과여서 처음부터 그 학문적 성격이 물음표였다. 교과목이 경제학과 경영학, 무역실무가 복합적으로 구성되어 있어서 문제가 많았다. 학과의 강의는 그렇다 치고 석사·박사과정에 들어가서 어떤 교과목을 이수해야 하며 어떤 학위를 주어야 하는가를 정해야 했다.

이를 해소하려면 무역학과를 해체하고 경제학과와 경영학과에 양분하여 귀속시키는 수밖에 없었다. 많은 동문들이 반대했지만 과감하게 추진하였다. 그래서 무역학과를 폐지하고 경상대학을 경제학부와 경영학부로 편성토록 하는 학제개편안을 관철했다. 이때 소비자 경제학과는 당연히 경제학부에 편입토록 했다.

셋째 연구 분위기 활성화 문제였다. 그 방안으로 한 달에 한 번씩 경제연구소에서 발표회를 갖기로 했다. 처음으로 내가 〈NL과 PD의 정치경제학적 성격〉을 주제로 발표를 했다. 하지만 교수들 각자의 세부전공과 관심 분야가 달라서인지 열기를 높일 수 없어서 결국 시들해지고 말았다.

대학본부(행정)와 단과대학의 원활한 정보소통 문제도 중요했다. 매주 교무위원회가 끝난 뒤에는 반드시 학과장회의를 열고 교무위원회 논의사항을 전달해 학과장들의 의견을 들었다. 또 학과 운영에서 행정적 어려움은 즉시 본부 행정실에 전달하여 시정하고 소통하도록 했다.

그 밖에 교수들 사이의 인화도 매우 중요하다고 생각했다. 대학도 직장인만큼 즐거운 분위기를 만드는 것이 중요하다고 생각했다. 자주 저녁 회식을 하고 그 뒤에는 노래방에 가서 어깨동무를 하고 뛰어노는 모임도 했다. 이런 모든 것이 경상대학의 분위기를 활성화하여 좋은 단과대학을 만드는 길이라고 여기고 학장직을 수행했다.

끊임없는 연구와 강의가 이어지면서 나의 대학 생활은 지나갔다. 돌이켜 보면 내가 젊은 시절 여자대학 교수로 직장 생활을 마감하리라고는 꿈에도 생각지 않았다. 하지만 인생의 진로가 어찌 젊은 시절의 뜻대로 되기만 하는가. 어느 대학 후배는 학창 시절을 돌이키면서 '이경의 선배가 여자대학 교수가 되리라고는 상상도 못했다'는 김종의 교수의 전언도 있었다. 하지만 나는 이 길을 선택한 것을 행운으로 생각한다. 명분으로 따지자면 우리 인구의 반을 차지하는 여성의 고등교육에 이바지했다는 자부심이 있다. 거기에 현실적으로 숙명여대라는 좋은 학교 분위기에서 상대적으로 낮은 강의 부담 속에 강도 높은 연구를 할 수 있었다.

더욱이 강의 과목에서 초기에 국제무역이론부터 시작하여 경제발전론, 일반경제사, 한국경제사, 경제학사, 정치경제학개론, 중소기업론 등 중소기업 경제이론 형성의 기초가 될 만한 과목을 강의할 수 있었던 것은 큰 행운이었다. 이를 이론적 바탕으로 하여 내가 평생 과제로 삼았던 '중소기업 경제이론의 체계화'를 달성할 수 있었다.

1997년 이후 대장암과의 투병에서 이기고 2004년 27년 동안의 대학 생활을 무사히 마치고 명예교수로 정년 퇴임할 수 있도록 도와준 학교 당국과 선후배 교수들에게 감사를 표한다. 숙명여대와 경상대학, 그리고 경제학과의 무궁한 발전을 기원한다.

2. 교우관계와 비판적 지식인의 길

(1) 젊은 시절의 교우관계

지난날 젊은 시절의 교우관계를 회고하면서 가장 먼저 생각되는 것이 '도원'이다. 이 모임은 전주고등학교를 졸업한 서울대 출신들로서 제32회부터 36회까지로 구성되어 있었다.(사진 2-2)

1969년쯤 내가 대학 2학년에 재학 중인 때였던 것으로 기억한다. 고교 2년 선배인 오수경(오수희의 형)의 '도원'에 들어오라는 권유를 받고 모임에 참여하기 시작했다. 다양한 분야의 선후배들의 모임이었지만 끈끈한 형제애를 바탕으로 정을 나누면서 활발하게

<사진 2-2> '도원' 멤버들. 앞줄 오른쪽에서 김정택, 김중석,
한 사람 건너 심상철, 김중석 선배 부인 임효정, 윗줄 왼쪽에서 두 번째가
이용재, 네 번째가 조정완, 전철환, 오수경, 정택상.

활동하였다. 면면을 보면 제32회에는 김중석(영문과), 오수경(철학과), 김정택(지질학과), 이성수(조선항공과), 최동재(금속공학과)였다. 제33회에서는 심상철(화학과), 이용재(화공과), 정택상(한양대 화학과) 등이었고 제34회에서는 전철환(경제학과), 하경철(법학과), 이경의(경제학과) 등이며 제35회에서는 김종진(물리학과), 조정완(금속공학과), 문학모(경제학과) 등이며 제36회에서는 허진규(금속공학과) 등이 참여하고 있었다. 원래 34회에는 회원이 없었는데 내가 참여한 뒤 전철환과 하경철이 모임에 나오게 되어 그들과 나의 우정관계도 더욱 깊어졌다.

개성이 강하면서 쟁쟁한 구성원이 인화를 이루면서 정겨운 모임을 지속할 수 있었던 것은, 무엇보다 김중석, 오수경 두 선배의 후덕한 지도력과 회원들의 깊은 상호이해가 있었기 때문이었다.

특히 김중석 선배는 희생적으로 포용력을 보였다. 김 선배는 부인(임효정)과 중·고교 시절부터 교제한 처지라 일찍 결혼하여 보금자리를 마련하였다. 우리는 시도 때도 없이 김 선배의 집에 가서 술판을 벌이곤 했다. 신혼 초임에도 본인은 물론 부인께서도 이를 다 받아들이고 같이해 주었다. 임효정 형수의 너그러운 이해에 감사할 뿐이었다.

봉원동의 김 선배 보금자리가 우리 모임의 아지트였고 으레 연말 망년회도 여기서 이루어졌다. 각 회원들이 사회에 진출하여 보금자리를 마련한 뒤에는 집집마다 돌아가면서 모임을 가졌다. 술이 얼큰해지면 전주고등학교와 서울대 교가를 우렁차게 합창하여 인근 주택의 항의를 받기도 했다.(사진 2-3)

나는 이 모임에 1997년 대장암 수술 이후 나가지 못하였다. 투병 때문이었다. 주치의가 "술을 먹으면 죽는다."는 경고를 했고 따라서 섭생을 매우 중요하게 생각했기 때문이었다. 하지만 이 모임은 근년까지도 반세기 넘게 지속되고 있다. 이제는 고령으로 병

<사진 2-3> '도원' 멤버들. 오른쪽에서부터 필자, 하경철, 한 사람 건너
이용재, 정택상, 김정택, 조정완, 오수경

환에 시달리거나 이 세상을 뜬 분들도 있으며 김중석, 이성수, 이
용재 등 일부 회원은 미국에 이주하였기 때문에 모임이 시들하지
만 그런대로 이어지고 있다.

대학 시절 교우관계는 고등학교 동기들과 많이 이루어졌다. 나
보다 먼저 입학한 신정용, 박영수, 정교관, 이재등, 황병조, 전철환
등이 그들이다. 후배 가운데는 진념, 김의효 등과 교우를 맺었다.
타교 출신으로는 장동수, 유병인, 이태호 등과 친히 지냈으며 훗
날 유병인과는 '도시락 친구'라고 하여 우의를 나누었다.

선후배 사이의 끈끈한 모임도 있었다. 박현채, 정윤형, 안병직,
전철환 등 선배와 이대근, 하진오, 정영일, 배무기, 박원배, 류동
길, 오준희 등이 그들이다. 좀 진보적 모임의 성격이었다. 토론과

독서를 하면서 우정을 다졌다. 사회 진출 뒤에도 집집마다 돌아가면서 모임을 갖기도 했고 연말에는 화투놀이를 하면서 밤을 샜던 기억도 있다. 하지만 사회진출 후 각 분야에 종사하면서 지난날의 진보적 모임의 성격은 희석되었고 모임도 유명무실해졌지만 그 시절의 우정만은 남아 있다고 생각한다.

나의 교우관계에서 박현채, 전철환과 함께 빼놓을 수 없는 친구가 지식산업사 김경희 사장이다. 그와 교우를 맺은 것은 1967년 무렵으로 기억된다. 어느 날 박현채, 이대근과 나 셋이서 여관방에서 프로젝트(용역) 작업을 하고 있는데 부스스한 모습의 단구인 낯선 젊은이가 찾아와서 구면인 듯 인사를 나누었다. 거리낌 없이 샤워를 좀 해야 한다고 말하면서 목욕을 했다. 뒤에 들은 이야기이지만 그 당시 그는 단칸 셋방에 살아서 목욕시설이 아쉬웠다는 것이었다.

1964년 인민혁명당 사건에 박 교수와 함께 연루되어 고생을 했고 1966년 초에 석방되어 어느 출판사에 근무하고 있었던 시절이었다. 박 교수는 김경희가 인혁당 사건 투쟁 중 참 잘해 주었다고 가끔 칭찬하곤 했다. 말하자면 모진 고문과 회유에도 끝까지 잘 버텨 주었다는 이야기였다. 서울대 문리대 사학과 출신인 그는 그 후에 지식산업사라는 출판사를 운영하여 50년 넘게 긴 세월 꾸려가고 있다.

기복을 거듭하면서도 끈질기게 민족문화를 지키려고 관련 서적을 꾸준히 출판한 우리나라에서 보기 드문 원로 진보 지식인이며 출판인이다. 지금도 어렵게 사업을 하면서도 돈벌이보다는 뜻있는 출판을 고집하기 때문에 여유롭게 출판사를 운영하고 있지는 못하다. '뜻있는 책'만을 고집스럽게 출판하는 김경희 사장! 그는 민족문화의 파수꾼이며 산증인이기도 하다.

그가 나의 책을 맡아 출판하기 시작한 것은 1996년 《중소기업의 이론과 정책》이었다. 그 후 2017년 《중소기업, 왜 중요한가》까지 8권의 중소기업 분야 전문서를 출판해 주었다. 의미는 있지만 별로 인기가 없는 이 분야 책이 그가 아니었다면 빛을 볼 수 없었을 것이다. 말하자면 나의 '중소기업 경제이론의 체계화'를 가능하게 해 준 강력한 후견인이며 동반자이기도 하다. '뜻있는 출판'만을 고집하면서 지낸 그의 출판 인생 50년에 축복과 박수를 보내고 한없는 감사의 마음을 갖는다. 《중소기업, 왜 중요한가》 출판 이후 회고록을 권하는 그에게 건강상의 이유로 단연코 거절했던 내가 다시 집필의 만년필을 들 수 있었던 것은 김 사장의 끈질긴 권유와 후원 덕분이었다.

또 생각나는 교우는 정윤형 교수와 박영호 교수이다. 정 교수는 건강이 좋지 않으면서도 끈질기게 진보적 성향을 고집하여 해직까지 당하는 고통을 안았다. 이미 고인이 된 그는 경제사에 치밀한 이론을 가꾸었던 선배였다. 박영호 교수는 현채 형님, 윤형이 형, 철환이 형, 경의 형 하면서 친밀감을 보여 준 진보적 이론이 밝은 후배이다. 지금은 신장이식 수술 후 건강에 조심하면서도 지난날의 친분을 어김없이 나누어 주는 다정한 경제학자이기도 하다.

(2) 비판적 지식인의 길과 '거시기 산악회'

나의 비판적 지식인의 길은 대학 시절 주위의 진보적 비판적인 교우관계에 영향을 받은 바가 크다. 그러나 근본적으로는 학문은 중립적이어야 한다는 생각에서 비롯되었다. 학문의 중립성은 어느 한쪽으로 치우치지 않는 것을 기본으로 하기 때문에 시시비비를 따지는 비판적인 자세를 취할 수밖에 없다. 나는 경제이론에서 또는 중소기업 경제이론을 연구하면서 균형성장과 중소기업주의를 주장하였다. 한국경제가 1960년대 이후 경제개발을 시작하면서 지향한 대기업 중심과 불균형성장 정책에 비판적인 것은 당연하다고 생각했다. 1987년 9월 《신동아》에 〈대기업 중심에서 중소기업 중심으로〉라는 글을 발표한 적도 있다.

　이런 학문적 성향은 1970년대와 1980년대 권위주의적 정치질서를 경험하면서 경제 분야뿐만 아니라 사회 정치 분야에도 비판적 입장을 갖게 하였다. 특히 1980년대 초 '거시기 산악회'에 참여하면서 그런 성향은 더 굳어졌다. '거시기 산악회'는 산악모임으로 북한산을 주된 등산코스로 하였다.

〈사진 2-4〉 '거시기 산악회' 회원, 왼쪽부터 변형윤, 박중기, 이호철, 이돈명, 박현채, 그리고 필자.

이 모임에는 이돈명 변호사를 대장으로 하여 변형윤, 박현채, 백낙청, 리영희, 송건호, 이호철, 김정남, 조태일, 박중기, 김영덕, 정기용 등 당대의 법조, 경제, 문학계에 걸쳐 대표적인 비판적 지식인이 참여하고 있었다.(사진 2-4)

등산을 하면서 체력을 단련하고 친목을 도모하는 것이 주된 목적이었지만 그들의 대화 속에는 권위주의 시대에 대한 강한 비판이 담겨 있었다. 결국 '거시기 산악회'는 말은 산악회지만 사실은 그 무렵 대표적인 비판적 반체제 거물급 지식인 모임이었다. 북한산을 주로 등산하지만 원행을 택하여 설악산, 지리산, 치악산, 월출산, 기타 국내의 내로라하는 명산을 등반하기도 했다. 그 덕분에 나도 전국의 명산을 등반하는 경험을 가질 수 있었다.

여름에는 더위를 피하여 오전 5시에 산 오르기를 시작했다. 보통 때는 9시에 모여서 북한산을 등반했는데 끝나고 집에 돌아가는 시간은 으레 통금시간이 다 되어서였다. 그때는 산에서 취사가 가능했기 때문에 등산하다가 각자가 준비한 부식을 끓이고 이를 안주로 하여 준비해 온 가양주家釀酒로 주흥을 즐겼다. 하산 뒤에는 취기 어린 목을 달래기 위해 2차로 생맥줏집으로 자주 갔다.

여기에 재미있는 일화가 있다. 변 선생님은 생맥주 500cc를 하시지 않고 반드시 1,000cc를 주문했다. 이왕이면 1,000cc지 500cc가 무어냐는 말씀이었다. 일행이 묵직한 1,000cc 맥주잔을 들고 건배한 뒤에 변 선생님은 그 맥주잔을 탁자 위에 빙빙 돌리면서 즐기는 것이었다. 변 선생님은 이때 해직교수 신분이었다. 그 울분을 달래는 방법이었으리라. 또 있다. 산에서 빈 맥주캔을 밟는 것은 변 선생님 몫이었다. 오른쪽 발뒤꿈치로 힘차게 밟으면서 "이놈"하는 것이다. 아마 추측컨대 전두환의 머리를 밟는 기분이셨으리라.

변 선생님은 원래 술을 못하셨다. 해직교수가 되고 이쪽 재야 인사들과 어울리면서 술을 좋아하시게 되었다. 그뿐이 아니라 가끔 노래(가요)도 부르셨다. 지정곡은 〈목포의 눈물〉과 〈울 밑에선 봉선화야〉 제3절이었다.

<u>북풍한설 찬바람에 네 형체가 없어져도 평화로운 꿈을 꾸는 너의 혼은 예 있으니 화창스런 봄바람에 환생키를 바라노라</u>

언젠가는 좋은 시대가 와서 대학으로 되돌아가고픈 심정을 처량하게 나타내는 것이었다.

주흥이 오르고 분위기가 무르익으면 산악회 대장인 대표적인 원로 인권변호사(뒤에 조선대학 총장)는 앉은 것도 아니고 선 것도 아닌 어정쩡한 자세로 두 손을 벌리면서 '물어물어 내가 왔네. 님 계신 곳을'을 노래했고 재야 비판적 언론의 표상이었던 송건호 선생(뒤에 한겨레신문의 창간 주역이며 초대 사장)은 청초한 목소리로 '인생이 철길이냐 철길이 인생이냐'를 불렀다. 김정남(문민정부 청와대 교육문화수석)은 '벤츠타고 가는 놈 너만 잘났냐, 시발택시 타는 놈 나도 잘났다. 쨍쨍쨍 젠틀맨이다'를 노래하면서 분위기를 높우었다.

지나고 볼 때 나의 교우관계에서 아쉬움으로 남는 것은, 학회 활동이 활발하지 못했다는 점이다. 경제사 학회나 노동경제 학회, 농업경제 학회 등에 더러 참여했지만 나의 주전공인 중소기업 관련 학회, 곧 한국중소기업 학회에는 참여하지 못했다. 여기에는 그럴 만한 사연이 있다. 당시 나는 활발한 중소기업 관련 저술활동 등으로 학계의 주목을 받고 있을 때였기에 그쪽에서 참여해 달라는 강력한 요구가 있었다.

박현채 교수와 상의했더니 열심히 연구 활동을 하면 되는 것이지 "그 쓰레기 같은 놈들하고 무슨 학회를 같이 하느냐"는 강한 질책이었다. 그것은 한국중소기업 학회가 경제학보다 경영학에 치우쳐 있을 뿐만 아니라 그 학회를 실질적으로 이끌면서 이 분야에 강한 영향력을 행사하고 있었던 황병준 교수와의 좋지 않은 개인적 관계 때문이기도 했다. 당시 박 교수는 서울대 상대에 강의를 나가고 있었는데 어느 저녁 모임에서 황 교수와 대단한 충돌이 있었다는 것이다. 강직한 성격으로 소문난 박 교수가 대선배 교수인 황 교수를 들이받았다는 이야기였다. 그 뒤 자택도 방문하고 연구실로도 찾아가 몇 차례 사과하고 화해를 시도했지만 황 교수가 이를 너그럽게 받아들이지 않자 그 앙금이 풀리지 않았던 터였다. 이런 옹졸한 것들과 무슨 학회를 같이 하냐는 것이 박 교수의 주장이었다.

지금 같아서는 박 교수의 강압적 충고를 뒤로하고 중소기업 학회의 권고를 받아들여 참여했어야 하는 것이 아닌가 하는 생각도 들지만 그 무렵 박 교수와 나의 관계로는 그의 강력한 의견을 거절하기 어려웠다. 또 한편 생각하면 연구란 반드시 학회활동을 해야 하는 것은 아니지 않느냐 하는 생각도 있어서 그 뒤 학회 측의 거듭된 참여 요구에도 받아들이지 않았다. 최근 언젠가 변 교수님과 식사자리에서 지난날 그런 사연을 말씀드렸더니 "황 교수는 경제학이 아니고 경영학이니까" 하시면서 긍정적 위로를 해 주셨다.

1980년대 초 '서울의 봄' 시절 각 대학은 무능교수 선별 등 대학 민주화의 진통을 겪었다. 나는 숙명여대에서 이만열 교수를 중심으로 소장교수로 8인 위원회를 구성하여 대학 민주화에 앞장섰다. 이 밖에도 당시 각종 지식인 선언에 참여했으며 연세대 이한열 군의 죽음을 애도하여 학내에서 모금하여 전달하기도 하였다. 김선식, 이만방, 강시호 등 젊은 교수들이 이 모금운동에 같이했다.

(3) 박현채 교수와 나

민족경제론의 이론체계를 만든 박현채 교수는 길고 오랜 세월 나와 아주 가깝게 지냈다. 그는 때에 따라 나의 뒤에 있었고 어느 때는 나의 앞에, 그리고 옆에 있었다. 그는 나의 고등학교(전주고)와 대학교(서울 상대) 선배였다. 군에서 제대한 뒤 대학교 상급학년 시절 전철환이 그를 나에게 소개하였고 그 이후 가깝게 지냈다.

잘 알려진 대로 그는 빨치산 출신이다. 1950년 6·25때 광주서중 4학년이었던 그는 17세 나이로 전남 백아산에 입산하여 1952년 체포될 때까지 빨치산 활동을 했다. 조정래 작가의 《태백산맥》에서 빨치산 소년전사로 나오는 조원재의 그 실제적 모델이 그다. 그뿐 아니라 1964년 제1차 인민혁명당 사건에도 깊이 연루되어 옥고를 치른 바 있다. 이처럼 그는 신원상의 특수성을 가진 사람이었다. 이러한 사연으로 1954년에 전주고에 3학년으로 편입학하였고 1955년에 서울 상대에 입학하였으니 나의 고교, 대학 선배이다.

하지만 빨치산 활동으로 공백기 2년이 있었기에 그는 동기보다 2년 늦게 대학에 진학한 '노년' 대학생이었다. 그는 생각이 굳고 믿음이 강하였으며 역사의식이 뚜렷했다. 또 민족을 사랑하는 마음이 누구보다 투철했다. 이것이 뒷날 학문적으로 민족경제론을 수립한 바탕이 되었다고 생각한다. 그러한 그의 믿음직스런 자세와 삶의 모습이 나에게 큰 호감을 주었고 그와 가까이 지내게 된 연유였다. 그 뒤 나는 그와 긴 세월을 친형제처럼 지냈다.

그의 신원상의 특수성 때문에 내가 그와 가깝게 지내는 것을 걱정하고 우려의 눈초리를 보내는 사람도 있었다. 하지만 그는 자신의 사정을 누구보다 잘 알았다. 항상 자기표현과 주위 사람들과의 관계에서 자제하는 자세를 견지했다. 자기 때문에 주위 사람들이 부담을 받지 않도록 하는 것이 그의 철저한 생활 자세였다. 수사기관의 눈초리가 그에게 집중되어 있는 것을 알고 있었으며 이에 스스로 알아서 처신했고 사회활동에서 철저히 선을 그었다. 가령 진보적 친구들과의 모임에서도 선도적, 지도적 위치에 있었지만 결코 자기를 나타내지 않았으며 꼬투리를 잡힐 일은 절대로 하지 않았다. 자기와 관련되어 있는 사실로 모임의 후배들에게 부담이 되어서는 안 된다는 철저한 경계심을 갖고 처신했다. 따라서 나는 긴 세월 그와 가까이 지냈지만 학문적으로나 일상생활에서 아무 부담 없이 자유롭게 지냈다.

학문의 길에서 그는 나의 안내자였고 후원자였다. 그는 근대경제학에 익숙해 있는 나에게 정치경제학의 씨앗을 심어 주었고 그로 말미암아 균형 잡힌 연구의 길을 갈 수 있도록 안내해 주었다. 또 나의 학문 활동의 뒤를 돌보아 주었다. 예컨대 내 저서를 낸 출판사(까치, 풀벗, 창작과 비평사, 지식산업사)를 소개해 주었고 대한상공회의소 경제연구센터의 연구총서 집필을 처음 소개해 주기도 하였다.

그와 사생활에서 깊은 친교를 맺고 지낼 수 있었던 데에는 신촌이라는 생활권에서 같이 거주하고 있었던 것도 큰 요인이었다고 생각된다. 이런 일도 있었다. 1970년대 중반 어느 여름으로 기억된다. 내가 연남동에 살 때이다. 일요일에 쉬고 있는데 박 교수가 전화를 주었다. 이현재 선생님과 같이 있는데 무조건 돈을 준비해서 신촌으로 나오라는 것이었다. 나갔더니 스포츠센터에서 정구라켓과 운동복을 사도록 반강제로 권유했다. 그 뒤 이 선생님과 박 교수, 나 셋이서 정구모임이 결성되었다. 주말이면 어김없이 셋이 모여서 정구를 즐겼고 상당히 긴 세월 이어졌다. 동교동, 상수동, 연남동 그리고 성산동이라는 신촌 생활권이 만들어 낸 인연이었다.

이 교수님의 친화력과 박 교수에 대한 믿음에 박 교수의 이 교수님에 대한 존경심까지 겹친 이 모임에 나도 끼어 한동안 즐겁고 유익한 생활을 했다. 이 교수님의 박 교수에 대한 사랑과 믿음은 그가 박 교수를 H대 교수직을 위해서 오랫동안 끊임없이 노력해 준 데서도 알 수 있다. 결국 이루어지지는 못했지만 그 이유는 박 교수의 신원상의 특수성 때문이었던 것으로 생각되었다. 이 교수님은 박 교수를 통 큰 지도자감으로 여겼고 언젠가는 지나는 말로 두 김씨보다 박 교수가 더 통이 크다고 말한 적도 있을 정도였다. 뒷날 이 교수님이 총리직을 떠나 호암재단 이사장을 맡고 있을 때였다. 한번 들르라는 서면 전갈이 있어서 재단 사무실로 방문한 적이 있다. 그 자리에서 이 교수님은 옛날 신촌의 테니스 모임시절을 "그때처럼 정스러운 시설은 다시 오시 않을 서야."라고 회상한 적도 있다.

박 교수는 나를 '거시기 산악회' 등 비판적 지식인 모임에 안내하였고 많은 사람들과 폭넓게 교분을 갖는 데 도움을 주었다.

학문의 길에서 그리고 일상 삶의 길에서 박 교수와 나는 깊고도 폭넓게 지냈다. 1960년대 중반 이후 1995년 그가 세상을 떠날 때까지 약 30년 동안 인연이 이어졌다. 그가 떠난 후 나는

1996년 하반기부터 병마에 시달려야 했고 결국 1997년에는 대장암 수술을 받고 지루한 투병의 길에 서야 했다. 그의 민족경제론의 이론체계가 형성되는 과정을 누구보다 가까이서 지켜봤던 나에게 그의 학문적 업적을 승계·발전시켜야 한다는 의무감도 있었다. 그러나 나에게 닥친 벽은 당장 투병에서 이기고 살아남아야겠다는 절박함이 무엇보다 앞섰다. 박 교수와의 인연에서 나에게 주어진 과제를 스스로 챙길 겨를이 없었다. 하지만 건강을 지켜야 하는 제약, 그리고 나만의 길인 중소기업 경제이론 형성의 문제를 짊어진 나에게 그것까지는 감당하기 어려운 능력의 한계도 있었다.

(4) 노년기의 교우관계

이와 같은 흐름에 힘입어 결국 민주화는 달성되었고 비판적 지식인의 세월이 가고 노년기에 접어들면서 모두가 시들해졌다. 여기서는 2018년에 이루어진 교우 이벤트 하나를 소개하고자 한다. 2018년 10월 31일부터 11월 5일까지 〈서울대 상대 58회 입학 60주년 기념전〉이 인사동에 있는 갤러리 미술세계에서 열렸다.(사진 2-5) 나는 여러 대학 동기 친구들과 함께 저서 11권을 출품하여 전시하였다. 이 전시회를 주관한 강웅식 화백의 강력한 출품 권유에서였다. 강 화백은 군 생활에서 피력한 대로 제6사단 제2연대 공민학교에서 같이 생활한 인연으로 나와는 남다른 교분이 있는 친구다. 그는 공민학교 시절에 있었던 일을 스케치한 것을 기념전에 출품하기도 했다.

나는 현대미술에 소양이 부족하여 인사동 갤러리는 가 본 적이 없고 생소하기 그지없었다. 내가 출품을 사양하자 그러면 자기

<사진 2-5> 서울대 상대 58회 입학 60주년 기념전

<사진 2-6> 서울 상대 입학 60주년 기념전에
출품·전시된 필자의 주요 저서 11권

<사진 2-7> '숲길회' 200회 기념사진. 앞줄 왼쪽 맨 끝이 필자.

에게 내가 기증한 저서만이라도 출품하겠다는 것이었다. 이에 끌려 할 수 없이 나의 저서 가운데 일부를 기념전에 내놓기로 하였다.(사진 2-6)

여기에는 동기생뿐만 아니라 가족의 작품도 출품할 수 있게 하였다. 본인 작품 21점과 가족 작품 8점을 합하여 29점이 전시되었다. 전시작품은 그림, 서예, 도서(저서), 국가기록물 등 다양했다. 30명 가까운 대학동기들과 같이 기념전을 하면서 새로운 교우관계를 생각하게 되었다.

근년에는 팔순이 넘은 노년기에 고등학교 동기생 모임인 '숲길회'에 나가서 교우관계를 새롭게 맛보고 있다. 2013년에 시작된 뒤 신정용 회장이 이끄는 이 모임에는 약 20명 안팎의 친구들이 참여하고 있는데 현재 240회를 넘기고 있다.(사진 2-7) 1997년 대장암 수술 후 나는 고등학교 동기생들과도 친교관계가 거의 없었다. 2016년 1월 무렵 어느 초청모임에 나갔다가 고교 동기생 송영상 친구를 만났다. 그는 나더러 "야 현철이도 나오고 있으니 너도

나오라."는 권유였다. 처음에는 의례적으로 그렇게 하겠다고 답하였
고 모임에 나가지 않았다. 그를 다른 모임인 '일목회'에서 다시 만
났는데 왜 '숲길회'에 나오지 않느냐고 채근했다. 그래서 하는 수
없이 나가게 되었다.

매주 금요일에 지하철 4호선 대공원역 3번 출구에서 만난다.
약 12,000보 걷기를 하면서 친구들은 즐거운 담소를 나눈다. 될
수 있는 대로 정치, 종교 등 편향된 이야기는 하지 않는다는 불
문율이 있어서 좋다. 처음에 나가면서 나는 전문적인 이야기, 예
컨대 경제에 관한 것 등은 하지 않기로 선언하였다. 하지만 내가
경제학을 전공한 대학 교수이기 때문에 드문드문 이에 대한 질문
을 받고 즉흥적으로 응답하는 때도 있지만 될 수 있는 대로 이를
삼가고 조용히 걷기운동을 하려고 다짐했다.

3. 유익하고 즐거웠던
   미국 럿거스대 객원교수 생활

(1) 국비지원 교수로 럿거스대에 가다

1984년에 나는 숙명여대 기획실장의 임기를 마쳤다. 그동안 생
각해 왔던 미국에서 연구계획을 추진하기로 했다. 국내에서 박사
학위를 했기 때문에 자칫 우물 안 개구리가 되기 쉬웠기 때문이

었다. 선진국 경제학의 흐름을 나이가 더 들기 전에 접할 필요성을 느꼈다.

당시에는 교수가 해외연수를 하려면 휴직을 하는 수밖에 없었는데 그렇게 해서라도 미국의 대학에서 연구생활을 하고 싶었다. 어렵기는 하지만 좋은 기회가 없는 것은 아니었다. 문교부가 선진학문 흡수를 교수들에게 장려하려고 만든 제도가 있었다. 한 대학에 한두 명의 교수에게 국비지원 해외연구를 실시하는 것이었다. 숙명여대에는 한 명이 배당되었다.

기획실장 임기 말에 김광웅 교무처장과 박민식 사무처장에게 내 의사를 전달하고 추천될 수 있도록 부탁을 했다. 두 교수는 원래 나와 개인적 친분이 두터웠고 2년 동안 같이 대학본부에서 업무일 때문에 호흡을 나눈 사이여서 긍정적 답변을 얻었다. 총장은 내가 기획실장 임기 중 열심히 보좌했기 때문에 그 공로를 인정해 줄 것으로 생각되었다. 깊은 논의 끝에 총장의 결정이 났다. 문교부 국비지원 교수로 선정된 것이었다.

다음에는 가야 할 대학을 선정하는 문제였다. 내가 미국에 가려고 한다는 소식을 어떻게 들었는지 럿거스대에 교수로 재직 중인 동생(경태)에게서 연락이 왔다. 자기 대학으로 와서 1년 동안 같이 지내자는 것이었다. 미국 안에 더 괜찮은 대학을 생각 중이었지만 동생의 권유를 뿌리치기도 어려웠다. 내가 미국에 객원교수로 가는 것은 학문적 의미도 있지만 또 선진국에서의 생활상의 요구도 있었기 때문에 어느 점에서 동생의 판단이 옳은 면도 있었다.

럿거스대는 뉴저지 주립대학으로 아주 우수한 명문은 아니지만 주립대학 안에서는 명성과 학문적 평가를 얻고 있으니 괜찮은 선택이기도 했다. 또 동생네 식구들과 우리 식구들이 미국에서 한

해 동안 같이 지내면서 즐거운 생활을 할 수 있다는 큰 의미도 있었다. 내 동생은 서울대 공대에서 기계공학을 전공하고 미국 메디슨에 있는 위스콘신대학으로 1972년에 유학의 길을 떠났다. 거기서 기계공학 박사를 받고 럿거스대 기계공학과 교수로 재직 중이었다. 한국인으로서는 미국 주립대학에서 기계공학과 교수로 재직하는 것이 드물고 특히 자동차엔진 분야에서 우수한 업적을 내고 있었다. 경제학과 학과장을 만나 내 이력과 사정을 말하고 초청장을 받아서 보내왔다.

국비지원 교수에게는 당국에서 적격 시험을 실시했고 3박 4일의 합숙연수도 하였다. 미국은 그 대상이 덜 했지만 일본이나 유럽 등지에 가는 교수들에게는 불필요한 사람과 접촉하지 말라는 등 안보상 유의점을 강조하기도 했다. 1980년대 초 한국사회의 그 딱딱하고 어두운 실정의 반영이기도 했다.

1984년 여름에 미국행 비행기에 나 혼자 올랐다. 가족은 12월에 미국으로 오기로 했다. 아내가 재직하는 학교에서 안식 휴가제도가 허용되지 않았고 지금과 달리 그것이 당시 우리 교육계의 일반적 현실이었다. 20년 가까이 모범교사로 재직한 공로를 인정받아 안식 휴가를 어렵게 얻었지만 담임을 맡았기 때문에 8월은 안되고 12월에 학년을 마감하고 가라는 것이었다. 거기에다 미국에 가 있는 동안 대학에서 전공과목 하나를 수강하고 과정을 이수하여 학점을 얻어 오라는 조건도 붙였다.

가족이 미국에서 생활할 수 있는 모처럼의 좋은 기회였지만 반쪽자리일 수밖에 없었다. 미국 뉴욕의 케네디공항에 마중을 나온 동생도 혼자서 온 사연을 듣곤 아쉬워하면서 뉴저지에 있는 집으로 갔다. 도착 후 제수(동생의 아내)가 형님이 오신다고 며칠 전부터 동생이 집안청소를 하고 밤잠을 설치더라는 이야기도 했다. 동생이 형과 미국생활을 하게 된 것에 대한 설렘이었을 것이다.

도착한 뒤 습관대로 긴장도 풀 겸 담배 한 대를 피우려고 하는 순간이었다. 정색을 하면서 동생 내외가 여기서는 담배를 피우시면 안된다는 것이었다. 카페트에 화재 염려도 있고 모두 금연한다는 말이었다. 난감한 일이었다. 그렇다고 화를 낼 수도 없었다. 담배 피우기를 접었다. 미국행 비행기 안에서 켄트 담배를 샀는데 개봉하자마자 쓸모없는 것이 되었다. 미국행 준비를 하면서 미국에 가면 양담배를 마음껏 피워야겠다고 다짐하면서 상아파이프(빨부리)도 준비했던 터라 마음으로는 불쾌하기도 했지만 겉으로 내색할 수도 없었다.

동생은 그렇다 치고 제수는 동생과 결혼 후 나와는 두세 번밖에 만난 적이 없는 서먹한 사이였다. 유학 중인 동생이 국내에 와서 규수를 골랐는데 고향인 군산 출신에다 집안끼리도 잘 아는 사이라서 세브란스병원 정신과에서 3년차 레지던트로 근무하는 제수와 결혼했다. 그 뒤 그들은 바로 미국으로 갔으니까 언제 만나서 부드러운 관계가 될 틈이 없었다. 그러니 정색을 하고 금연을 주장하는 제수와 동생의 말을 거역할 수가 없었다.

나는 골초는 아니었지만 담배를 제법 즐기는 편이었다. 원고를 쓰는 나는 글이 막히면 애꿎은 담배에 손이 가는 것이 습관이었고 술판에서도 담배는 필수적이었다. 그런 처지에 담배를 피우지 못하게 되었으니 마음으로야 난감할 수밖에 없었다. 그 뒤 내가 동생 집에 약 한 달 동안 기거했는데 그런 형편은 계속되었다. 그뿐이 아니었다. 대학 연구실에 나가도 모두 금연이었고 도서관에서도 마찬가지였다. 담배를 피우려면 별도로 정한 흡연구역에 가야만 해서 주위 사정이 흡연에 우호적이 아니었다. 더구나 낯선 미국 생활을 시작하다 보니 긴장의 연속이었고 담배 맛도 쓰기만

했다. 결국 금연을 하게 됐고 그것이 내가 그 후 담배를 피우지 않게 된 계기이다.

1년이 지난 뒤 동생 내외가 웃으면서 당시의 금연 권유 사정을 털어놓았다. 내가 금연하도록 계획적으로 그리했으니 섭섭함이 있다면 노여움을 푸시라는 말이었다. 그랬구나 하면서 서로 웃었고 나는 동생 내외의 금연 권유가 두고두고 고맙게 생각되었다.

금연 이외에 미국 객원교수 생활에서 지금까지 이어지는 일이 있는데 아침에 샤워를 하는 습관이다. 그곳에 도착한 뒤 바로 동생이 당부한 말이 있었다. 한국 사람은 김치, 마늘 등 음식문화에서 오는 독특한 체취가 있는데 미국 사람들이 이것을 역겨워한다는 것이었다. 그래서 아침에 샤워를 하고 식사 후에는 반드시 양치질을 하라는 부탁이었다. 또 향수를 약간 사용하라는 권고도 했다. 그리고 아침식사는 라면에 쌀밥, 단무지가 주 식단이었다. 미국에 간 뒤 얼마 동안은 주말이면 친구들과 모여서 사우나를 가고 시원한 맥주잔을 기울이던 생각이 드문드문 났다.

하지만 생활환경이 다른지라 그것은 불가능했고 아침에 샤워를 하는 습관은 금연과 함께 30년 이상 지속하고 있다. 그래서 요즘도 나는 동네 목욕탕을 이용하는 일이 거의 없다.

(2) 객원교수 생활의 과제

여름방학이 끝나고 개학이 되어 럿거스대학에 나가 경제학과장에게 부임인사를 하고 환영의 이야기도 들었다. 그런데 미국에 객원교수로 가는 거의 모든 사람에게 어려운 일이 있는데 그 하나가 연구실을 보장받는 문제였다. 김옥렬 총장은 미국에서 공부를 했던 분이라 이런 사정을 잘 알고 있었다. 만약 연구실이 마련되지 못하면 대학 도서관의 공간이 여유가 있으니까 거기를 활용하라는 도움말도 주었다. 다행히 나는 동생의 부탁도 있고 해서 연구실을 제공받았다. 허름하기는 하지만 두 사람이 같이 쓰도록 된 아담한 연구실이었다.(사진 2-8)

<사진 2-8> 럿거스대학교 정문 앞에서 아내와 필자

나와 연구실을 같이 쓰게 된 사람은 중국에서 온 여자 교수였다. 나이가 든 듬직한 분이었는데 영어를 꽤 유창하게 구사했다. 당시 중국의 사정을 유추할 때 좀 이례적이라는 생각이 들었다. 그래서 사연을 물어보니 어렸을 때 선교사한테서 영어를 배웠고 그 덕분에 지금도 영어를 할 수 있고 또 미국에 객원교수로 오게

되었다는 설명이었다. 그때 그에게 들은 놀라움이 또 있었다. 명절 때는 중국과 적대관계에 있는 대만에서 온 유학생과 같이 모여 축하하고 자유롭게 토론한다는 것이었다. 그래서 통일문제도 논의의 대상이냐고 물었더니 스스럼없이 그렇다고 대답했다. 내가 미국에 올 때 받은 우리의 안보교육과는 너무 동떨어져 나를 놀라게 했고 우리 사회가 너무 굳어 있다는 것을 느꼈다.

연구실을 얻고 안정된 뒤 나는 미국 생활에서 객원교수로서 해야 할 과제를 시작했다. 첫째는 한국에서 가져온 과제 두 가지를 끝내는 일이었다. 〈마셜(A.Marshall)의 산업이론에 대한 연구〉와 공저로 약속한 《경제학사》 근대편을 집필하는 일이었다. 둘째는 한국에서 구하기 어려운 문헌과 연구논문 등 자료를 수집하는 작업도 있었다. 그리고 여기에 더하여 중요한 과제이기도 한 선진국 경제학의 흐름을 파악하는 것이었다. 이 세 가지를 차근차근 시작했다.

이러한 과제를 안고 있었지만, 객원교수 생활은 여유 있고 자유로웠다. 대학 측에서 객원교수에게 주는 부담이 거의 없었기 때문이었다. 그들은 자기들이 연구비를 지원하는 외국인 교수에게는 철저히 연구과정과 진행 등을 알아보고 살피지만 그렇지 않을 때는 거의 신경을 쓰지 않았다. 나는 후자의 경우이기 때문에 대학에 별로 부담을 갖지 않고 연구생활에 전념할 수 있었다.

처음 도서관에 가서 열람증을 만들고 서가를 둘러보고는 눈이 휘둥그레질 수밖에 없었다. 거의 모든 학술지(journal)가 구비되어 있을 뿐만 아니라 그것이 창간호부터 최근까지 하나도 결본 없이 소장되어 있는 것을 보고 놀라지 않을 수 없었다. 최근에 간행되기 시작한 것은 물론이고 19세기 말 무렵에 창간한 것도 결본 없이 정리·소장되어 있었다. 당시 우리 대학 도서관의 열악한 사정과는 너무 거리가 있었다.

열심히 학술지에서 고전적 논문 등을 복사했다. 전문서적이나 논문의 각주에서 볼 수 있는 논문을 실제로 원본을 보고 복사할 수 있으니 감회가 깊지 않을 수 없었다. 닥치는 대로 찾아서 복사를 했다. 한번은 도서관 여직원이 나더러 "너 도서관을 전부 복사하니?"라고 농담을 할 정도였다. 복사기를 자동으로 이용할 수 있는 상태여서 복사에 아무 제약이 없었다. 단행본도 희귀본은 복사했다. 많은 복사 논문과 단행본이 쌓였고 이것들은 귀국 후 두고두고 나의 연구 활동의 밑거름이 되었다.

다음에는 선진국 학문의 흐름을 파악하는 과제였는데, 그것을 위해서 대학 경제학과가 주기적으로 실시하는 세미나에 가끔 나갔다. 경우에 따라서는 비전공이고 너무 깊이 있는 내용이라서 이해가 어려울 때도 있었다. 하지만 전체적으로 교수들의 주요 관심 분야와 연구 수준을 짐작하는 데 도움이 되었다. 또한 나의 전공 분야에서 그 대학이 사용하는 교과 내용과 교수 요목(syllabus)도 수집하였다. 귀국 후 학생교육에 도움이 되었고 특히 대학원 과정의 교수 요목은 강의에 크게 도움을 주었다.

그 다음 두 개의 연구과제 가운데 《경제학사》 공동집필 건은 그 출판이 1985년 신학기에 맞춘 것이어서 1984년 11월 말까지는 원고가 도착해야 한다는 것이었다. 서두를 수밖에 없었다. 〈근대경제학의 형성〉에 관한 부분이었는데 여기에는 그 성립과 특성, 오스트리아학파, 로잔느학파, 북구학파, 슘페터, 신고전학파 등 잡다하고 까다로운 내용들이 포함되었다. 또 교과서이기 때문에 신중하게 집필해야 했다.

내가 동생 내외의 만류를 뿌리치고 서둘러서 내 거처를 한 달만에 옮긴 것도 그 작업 때문이었다. 동생 내외는 12월 말 아내

<사진 2-9> 우리 가족이 기거했던 하일랜드파크 아파트 앞에서.
석우, 은정, 아내.

와 석우, 은정 등 가족이 올 때까지 자기 집에 같이 있자는 것이
었다. 이국땅에 온 형이 동생 집을 놓아두고 혼자 기거한다는 것
이 말이 되지 않고 주위의 시선도 있으니 자기들 의사를 따라 달
라는 것이었다. 하지만 동생 집에 있으면 내 생활은 편할지 몰라
도 맡은 연구 과제를 기일 안에 끝내는 것은 어렵다고 판단했다.
그래서 서둘러 집을 구하도록 동생에게 독려했고 하일랜드파크
(High Land Park)라는 동네에 방 두 개(two bed room)짜리 아담한
아파트(사진 2-9)를 구했다.

낮에는 연구실에서, 밤에는 집에서 늦게까지 작업을 계속했다.
혼자 있으니 진도는 제대로 이루어졌다. 또 두 번째 과제도 될 수
있는 대로 가족이 올 12월 말까지는 윤곽을 잡아야겠다고 생각
했다. 그래야 부담 없이 가족과 미국생활을 즐길 수 있었기 때문

이었다. 약속한 대로 11월 말까지 탈고하여 우편으로 원고를 보냈고, 1985년 3월 1일자로 대명출판사에서 《경제학사》가 출간되었다.

〈마셜의 산업이론에 대한 연구〉는 비교적 시간 여유를 갖고 진행하였다. 이 연구에서는 그때까지 간과하고 있던 A.마셜 산업이론의 새로운 측면을 알 수 있었다. 산업현상에 대한 생물학적 접근과 유기적 성장(organic growth) 이론이 그것이다.

산업현상을 유기체로 보고 산업구성체를 생물의 유기적 구성에 비유하였다. 산업구성체는 생물유기체와 같이 유기적 관련을 맺으면서 성장한다는 것이다. 중소기업(소기업)이라는 산업구성체도 다른 산업구성체와 유기적 관련을 맺고 그 속에서 잔존하고 성장·쇠망한다고 보았다.

이러한 내용을 주로 한 연구는 다음 해에 〈산업조직에 대한 학설사적 연구〉라는 제목으로 숙명여대 경제연구소 논문집에 실렸다. 그리고 영문요약을 붙여 럿거스대 경제학과 학과장에도 보내주었다. 물론 내가 럿거스대 객원교수 기간에 연구한 결과라는 설명도 붙였다. 그는 이 논문을 높이 평가하면서 앞으로도 계속 학문적으로 연락하면서 좋은 관계를 갖자는 말과 함께 격려 답장을 주기도 했다.

(3) 미국생활에서 느낀 소회

객원교수 생활 초기에 언어의 불편을 덜고자 럿거스대 어학연구원에서 영어회화 공부를 해보았다. 그러나 별 성과를 보지 못하고 그만두었다. 역시 어학은 나이 들어서는 어렵다는 생각을 했고 또 언어란 생활관습의 산물이라는 생각도 새삼 들었다. 몇 개월 사이 생활이 적응되어가면서 의사소통에는 큰 지장 없이 지내게 되었다.

미국에 와서 처음 느낀 소회는 웅대한 규모의 건물과 사회간접자본, 특히 고속도로를 비롯한 도로망 등에 압도되는 것이었다. 내가 1969년 일본총리부 초청으로 일본에 연수 갔을 때도 그런 느낌을 받았지만 미국에서 그것은 그때와 비교가 되지 않을 정도였다. 여기에 미국 자본주의 사회의 물질적 풍요로움은 상상을 초월하는 것이었다. 고기, 과일, 야채 등 값싼 각종 식료품의 풍요로움은 정말 나를 깜짝 놀라게 했다. 그 당시 한국에서는 미국에서 바나나를 선물로 가져와 나누어 주는 수준이었다. 30여 년이 지난 지금 한국의 모습은 그때 미국의 그것을 따라가지는 못해도 많이 개선되었다. 예컨대 과일, 야채의 다양함과 풍요로움에서 비슷하다고 하겠다. 그야말로 금석지감이다.

맑은 공기와 잘 정비된 자연환경도 큰 감명을 주었다. 더욱이 어느 곳에 가나 잘 가꾸어진 잔디를 보고는 놀라지 않을 수 없었다. 자연이 주는 복지의 양이 그만큼 큰 나라임을 알 수 있었다.

가장 앞선 민주주의 나라가 누리는 크나큰 자유의 물결은 감명을 준 또 하나의 요인이었다. 방만하기까지 한 개인의 자유는 그것 자체가 미국사회의 활기를 보장하는 바탕으로 보였다. 이런 자유가 강력한 힘으로 응집되는 데는 철저한 법과 질서의식이 있었다. 일상생활에서 질서의 상징인 차례 지키기와 양보가 철저했다. 아무리 기다려도 차례를 지켰고 끼어들기는 없었다. 한번은 이런 일이 있었다. 추수감사절에 뉴욕에 있는 친지의 초대를 받아 뉴저지에서 출발하였는데 교통체증이 보통이 아니었다. 링컨터널을 통과하는 데 1시간 반은 걸렸을 것이다. 이 짜증스러운 교통체증에도 끼어들기는커녕 경적 소리 한 번 듣지 못했다. 힘들지만 참고 견디면서 질서를 지키는 모습이었다. 또 자동차의 나라 미국에서 성숙한 자동차문화를 엿볼 수 있는 대목이기도 했다.

그해 12월에 아내와 석우, 은정 등 가족이 미국에 왔다. 집은 마련되어 있으니 동생 집에서 휴식 후 저녁을 먹고 내가 운전하는 자동차로 아파트에 갔다. 자동차를 타면서 가족들이 다 놀라는 것이었다. 서울에서는 포니를 타다가 대형 시보레를 몰게 되었으니 그럴 만도 하였다. 정말 궁전 같은 느낌이었다. 동생이 안전을 생각해서 대형자동차를 구입해 주었기 때문이다.

가족이 모두 합류하자 우선 해결해야 하는 것은 석우, 은정의 전학이었다. 언어도 통하지 않고 낯선 미국학교에 어떻게 적응할지 걱정이 되었다. 그때 석우는 중학교 2학년, 은정은 국민학교 6학년이었다. 미국은 1월이 학년의 시작이니까 바로 편입학 수속을 밟아야 했다. 동생의 도움으로 무사히 절차를 마쳤다. 그런데 학교에는 외국인 전학학생을 위한 특별 프로그램이 있어서 아이들 적응에 도움을 주었다. 미국 교육제도의 선진성과 우월성을 엿볼 수 있는 대목이다. 석우, 은정은 잘 적응해 주었다.

그때만 해도 한국에서 아이들이 외국학교에서 공부하는 것은 큰 혜택으로 생각하던 때였다. 특히 은정은 영어를 전혀 해 보지 못한 국민학교 학생이었으니까 처음 영어를 배우는 처지였다. 그때 미국식 본토 발음으로 영어를 배워서 그 뒤 영어공부에 도움을 받았다. 석우는 뒷날 MIT에 갈 때 단기간이지만 어렸을 적 미국에서 외국인과 같이 경쟁, 생활해 본 경험이 있으니 별 두려움이 없다고 술회한 적이 있다. 어쨌든 한 학기의 단기 미국학교 생활이지만 석우, 은정의 뒷날에 큰 도움이 된 것은 사실이다.

그 다음 문제는 아내의 등록이었다. 재직하는 학교에서 한 학기 수강과 학점취득을 조건으로 안식년 휴직을 허락받았기에 어떻게든 수강신청을 해야 했다. 그러나 조건이 맞지 않아 쉽지가 않았다. 학기 초 등록일에 맞추어 등록 장소에 갔다. 창구에서 접수를 받는 직원은 어렵다는 반응이었다. 한창 상담을 하고 있는데 뒤에 앉아 있던 책임자 같은 사람이 나와서 사정을 물어보았다. 꼭 한 과목을 이수해야 한다는 설명을 했더니 한참 생각한 뒤에 다음 날 오전 9시에 본부 어느 곳으로 오라는 것이었다.

그래서 다음 날 그곳에 갔더니 등록절차를 밟도록 해 주었다. 미국의 선진행정의 한 모습을 보는 듯했다. 어떻든지 민원사항은 긍정적으로 보고 판에 박힌 규정보다는 일이 되도록 하는 방안을 찾아 주는 것이었다. 이로써 아내는 수강신청을 마쳤고 강의를 이수하여 학점을 따고 귀국 후 근무학교에 결과를 제출할 수 있었다.

(4) 즐겁고 유익했던 미국생활

1985년 봄에 LA로 일주일 동안 가족 여행을 가기로 했다. LA에는 사촌인 원영형이 살고 있어서 그에게 연락을 했다. 크게 반겨 주었다. 경의가 가족을 데리고 LA에 온다면서 감격스러워하더라는 말씀을 형수가 들려주었다. 원영형은 나와 중학교 때부터 같이 하숙하고 고등학교를 거쳐 대학에 가서도 하숙과 전세방 생활을 같이 한 친형제와 같은 사이였다. 부잣집 막내로 태어나 결혼 후에도 많은 상속재산을 받고 서울에서 여유롭게 살았다. 국영기업에 근무하던 그는 갑자기 미국 이민 바람이 불자 LA로 이주하였다. 처음에는 고생했지만 사업에 성공하여 아메리칸드림을 이룬 여유 있고 성공한 이민세대였다.

<사진 2-10> 1985년 봄. 디즈니랜드 정문 앞에서 우리 가족.

<사진 2-11> 그랜드캐니언 국립공원 앞에서 우리 가족.
오른쪽 맨 끝은 조카 성준 군.

원영형 가족은 반갑게 우리를 맞아 주었고 머무는 수일 동안 편안하고 후한 대접을 받았다. 형과 큰아들 성욱이가 교대로 운전하면서 서부의 관광명소를 구경시켜 주었다. 후버댐, 그랜드캐니언, 디즈니랜드(사진 2-10), 라스베거스와 부자동네 비버리힐즈도 관광하였다. 더욱이 그랜드캐니언은 꿈에도 나타날 것 같은 웅장함에 압도되었다.(사진 2-11) 나는 대학에 대한 관심이 있기에 명문 UCLA와 UC어바인대학을 방문하기도 했다.

그해 초여름에는 나와 아내, 둘이서 2주간 유럽여행을 했다. 그동안 석우, 은정은 동생 집에 있기로 했다. 뉴욕에 있는 한국인이 경영하는 여행사에 예약을 했다. 뉴욕 케네디공항을 떠나 대서양을 건너 영국 런던의 히드로 공항에 도착하였다. 전통과 고풍스런 신사의 나라, 영국에서는 템스강변의 정경, 유서 깊은 이튼 컬리지, 대영박물관 등을 관광하고 물버스로 도버해협을 건너 네덜란드로 이동했다. 여기서부터는 대형 고급 벤츠버스로 유럽 각국을 관광하는 것이었다.

네덜란드에서 그림에서만 보던 풍차, 잘 육성된 화훼농업, 프랑스 파리에서는 웅장한 에펠탑과 개선문(사진 2-12), 몽마르트 언덕으로 상징되는 아름다운 문화의 거리, 세느강변의 낭만과 루브르 박물관, 독일의 활기찬 국가건설의 모습, 문화의 보고로 알려진 이탈리아에서는 콜로세움으로 상징되는 고대문화에서부터 중세이후 르네상스 휴머니즘(인본주의) 문화, 수중도시 베네치아, 로마가톨릭의 장엄한 성 베드로 성당, 아름다운 자연과 청정의 나라 스위스에서는 만년설로 뒤덮인 알프스의 정상을 케이블카로 오르던 일, 제네바대학 앞의 벽에 새겨진 칼 마르크스의 석상, 물기둥이 하늘 높이 솟고 있는 레만 호수변을 걷던 낭만, 그림처럼 아름다운 소공화국 모나코에서 그레이스 켈리 왕비가 교통사고로 사망

<사진 2-12> 1985년 초여름 파리 개선문 앞에서 아내와 필자.

한 거리, 지중해연안 니스해변의 전경들이 30여 년이 지난 지금도 그때 유럽 관광에서 본 추억어린 광경들은 파노라마처럼 생생하게 떠오른다.

아내의 강력한 권유로 이루어진 유럽관광이었다. 그때 한국에서는 오늘날과 달리 유럽관광이 쉽지 않은 실정이었고 지금도 그때 유럽관광의 기회를 잡은 것은 참 잘했다는 생각이 든다.

미국 생활에서 최예봉 사범과 그 가족의 호의와 친절을 잊을 수가 없다. 최 사범은 나의 국민학교 2년 후배이고 그의 부인도 같은 군산시 개정면 출신이니 나와 같은 고향이었다. 최 사범은 일찍이 태권도로 서독에 진출했고 부인은 파독 간호사로 독일에 갔을 때 거기서 만나 사귀었고 동향이고 하여 교제가 급진전, 결혼에 이르렀다. 그들은 캐나다를 거쳐 미국 뉴저지에 정착해서 여유롭게 살고 있었다. 최 사범은 당시 태권도장을 3개나 운영하고 있었다.

가족이 오기 전 나 혼자 있을 때 최 사범은 나의 외로움을 달래 준다면서 점심이면 드문드문 연구실이나 자료 수집 중인 럿거스대 도서관으로 찾아오곤 했다. 입에 맞는 음식을 고른다고 중국집에 자주 갔던 기억이 난다. 가족들이 온 뒤에는 자기 집에 초대하여 호의를 베풀곤 했다.

<사진 2-13> 1984년 10월 하버드 교정에서 최예봉 사범과 필자

번화가 뉴욕 맨해튼 32번가 뒷골목의 모습을 구경시켜 준 것도 그였다. 샌님인 대학교수 동생을 대신하여 어려운 뒷골목을 그가 안내한 덕분에 그 실상을 소상히 볼 수 있었다. 내가 보스턴의 하버드대(사진 2-13)와 MIT를 가볼 수 있었던 것도 그의 호의 덕분이었다. 태권도 승단심사를 하고자 보스턴, MIT대학 태권도부에서 초청하였는데 나에게 동행하자는 것이었다. 그 덕분에 세계적 명문인 두 대학을 둘러볼 수 있는 소중한 시간을 가질 수 있었고 그 뒤 석우가 MIT에서 박사학위 후 20년 가까이 지냈던 보스턴을 가볼 수 있었다.

최 사범의 안내로 귀한 정치행사에도 참여할 수 있었다. 하나는 뉴욕에서 있었던 김대중 선생(15대 대통령)의 서예전에 참석하였다. 김대중 선생은 당시 전두환 정권의 탄압으로 미국에 망명 중이었는데 후원해 주는 교민을 위해 서예전을 열었던 것이다. 다음에는 김대중 선생의 귀국환송회가 뉴욕에서 열렸는데 거기에도 참석하였다. 그날 행사는 뒤에 전라북도 지사를 지낸 유종근 박사가 사회를 보았다. 유박사는 내가 미국에 도착한 3일 뒤 동생 집에 있는 나를 찾아왔었다. 거기서 김대중 선생과의 깊은 관계를 설명해 주었던 기억이 난다.

김대중 선생 귀국환송회 행사에는 수천 명이 참석했던 것으로 미루어, 당시 김대중 선생의 미국 동부 교민사회에서 지지 열기를 가늠할 수가 있었다. 사실 국비지원 교수인 내 처지에서 이런 정치행사에 참석하는 것이 좀 조심스럽기는 했지만 용기를 내어 참여했던 것이 돌이켜 보면 좋은 추억으로 남았다.

뭐니 뭐니 해도 나의 미국 객원교수 생활과 가족의 미국 생활을 즐겁고 윤택하게 한 데는 동생 내외의 깊고 넓은 형제애와 현실적 보살핌이 있어서 가능했다. 내 가족들이 낯선 미국 생활에

적응하도록 도와 주었고 그 뒤 세세한 생활에서도 동생 내외는 큰 도움을 주었다.(사진 2-14)

혼자 있던 4개월도 그랬지만 가족이 미국에 온 뒤에도 주말이면 어김없이 형제 두 가족이 만나서 즐거운 시간을 보냈다. 가까운 거리에 있는 가 볼 만한 곳을 관광했으며 또 틈을 내어 미국 동부지역의 명승지를 돌아보기도 했다. 워싱턴의 스미소니언박물관, 백악관, 웨스트포인트 육군사관학교도 관광하였다. 뉴저지에서

<사진 2-14> 1985년 12월, 뉴욕 록펠러 빌딩 앞에서 우리 가족, 경태, 철환의 가족

<사진 2-15> 1985년 여름, 나이아가라 폭포 앞에서 아내와 필자.

10시간 주행거리에 있는 캐나다 접경의 나이아가라 폭포를 볼 수 있었던 것도 동생이 애써 준 안내 덕분이었다.

내 상식을 뛰어넘는 나이아가라 폭포는 꿈에도 나타날 것 같은 웅장함을 보였다. 큰 강이 흘러가다가 낭떠러지에서 물줄기가 뚝 떨어지는 광경은 장관이 아닐 수 없었다.(사진 2-15)

가족과 함께 보냈던 윤택했던 객원교수 시절은 나에게 길이길이 아름다운 추억으로 남는다. 그 모든 것은 동생 내외의 헌신적 보살핌이 있어서 가능했고 또 최예봉 사범의 친절과 호의의 결과였다. 깊이 고마운 마음을 간직하고 있다. 즐거웠던 객원교수 생활이었지만 다른 한편에서는 소외감과 외국인으로서 미국사회와의 괴리감도 지울 수가 없었다. 젊은 나이라면 이 풍요롭고 넓은 세계에 도전하고 적응하면서 살아보겠지만 중년의 나이에 이른 나에게는 그냥 잠깐 다녀가는 나그네의 삶일 뿐이라는 생각이 들었다. 썩 정들고 다시 가고픈 생활환경은 아니었다. 영원한 이방인이었기 때문이 아닐까 생각한다.

4. 대장암과의 투병 : 생활의 대전환

(1) 대장암 진단과 대수술

1996년 늦가을이었다. 대장에 이상이 느껴졌다. 처음에는 약국에 가서 내가 흔히 복용하던 정로환, 그리고 건위고장환을 구입하여 먹어 보았다. 그전 같으면 대장 이상이 중단되었는데 이번에는 그렇지 않았다. 시간이 지나면 괜찮겠지 하고 시간을 끌었다. 하지만 증세는 가라앉지 않았다.

동네 병원에 가 보았다. 약을 먹고 주사를 맞으면 일주일 정도는 증세가 없어졌다가 다시 되풀이하였다. 대장을 잘 본다는 다른 내과병원에도 가 보았지만 별 효과가 없었다. 네 번째 내과에서는 장 사진을 한번 찍어 보자고 했다. 그래서 신촌로터리에 있는 방사선과 병원에 갔다. 연세대 교수 출신이라는 여의사였다. 하얀 약(액)을 항문에 주입하는 검사를 실시했다. 결과는 이상이 없다는 것이었다.

그 사이 대장의 병세는 점점 나빠졌다. 장이 뭉치고 때에 따라서는 통증이 왔다. 자다가 통증과 장 뭉침 때문에 잠을 깨고 쑥진팩이라는 온열구로 통증을 달래는 정도에 이르렀다. 그러나 아직 혈변의 증세는 없었다. 동네 병원에서는 역시 과민성 대장증후군과 같은 증세라고 하면서 약을 처방해 주었다. 약을 복용하고 주사를 맞은 뒤 며칠간은 증세가 덜 했지만 병세는 그치지 않고 더욱 심해지고 체중도 감소했다.

동네 병원을 전전하면서 3~4개월을 보냈다. 장에 통증이 오고 꼬이고 체중이 감소하는 증세는 이어졌다. 지금의 의학상식으로는 당장 종합병원에 가서 대장 검사를 해 보았을 것이다. 왜냐면 우리 집에는 대장암 가족력이 있기 때문이다. 이미 여동생과 아버지가 대장암 수술을 했던 것이다. 그때에 동네 병원에서는 대장암을 의심하지도 않았고 과민성 대장증후군과 비슷하고 또 방사선 검사 결과에도 이상이 없다면서 대장암 가족력은 묻지도 않았다. 또 나의 식습관에 대한 것도 물어보지 않았다. 예컨대 우리 집은 육식을 즐기는 습관에다가 나는 술을 매우 즐기는 애주가였는데 이런 것에 대한 관찰은 전혀 없었다. 당시 대장암에 대한 병원의 인식 수준이 그랬고 의학상식의 한계도 있었다.

동네병원을 전전하다 그럭저럭 시간을 보냈고 막연히 과민성 대장증후군이라는 진단만을 받은 채 병세는 지속되면서 1997년을 맞았다. 개학을 앞둔 2월에 큰 종합병원에서 확실한 진단을 받고 새 학기에 임해야겠다는 생각이 들었다. 집에서 가까운 세브란스병원 소화기 내과에 예약을 했다. 담당교수는 김원호 박사였다. 김교수는 당시 우리나라 내시경 검사를 선도하는 엘리트 교수였고 뒷날 대장 진료 명의 반열에도 오른 소장교수였다. 김교수는 그 뒤 20년 가까이 나의 대장내시경 검사를 담당해 주었고 그 은혜를 잊을 수가 없다.

2월 20일 무렵으로 기억된다. 김 교수의 진료를 받을 차례가 왔다. 그동안 동네 병원 검사결과와 과민성 대장증후군이라는 소견, 그리고 방사선과 사진촬영 결과를 제출하고 별 이상소견이 없었다는 이야기도 전했다. 방사선 촬영결과를 검토하더니 괜찮을 것 같다고 말하고 약품처방을 해 주겠다고 했다. 그래서 신학기 개학을 앞두고 확실한 검진결과를 알고 싶다고 청했더니 그러면 1퍼센트의 가능성이라도 찾아 보자면서 대장내시경 검사를 예약토록 했다.

내시경검사 날이 왔다. 1퍼센트의 가능성을 말한 터라 별 이상이 없을 것으로 생각하고 마음 편하게 검사를 맞았다. 힘든 장청소 뒤라 힘이 빠져 있었고 몇 달 동안 대장 통증에 시달린 뒤라서 지쳐 있었다. 내시경검사가 시작되었다. 한참 진행하다가 김 교수의 검사가 잠시 멈추었다. 옆방에서 위내시경을 마치고 지나가던 박인서 교수가 모니터를 들여다보더니 놀란 표정으로 "이거 뭐야." 하는 소리가 들렸다. 김교수도 "그래요. 그래서 쳐다보고 있는 중입니다."라고 대답했다. 대장암이라는 진단이 나왔다. 1퍼센트의 가능성이 현실로 된 것이다.

청천벽력이었다. 당장 입원 명령이 떨어졌다. 학기가 다가오니까 진단서를 첨부하여 병가를 신청했다. 하지만 대장암이 얼마나 무서운 병인가? 당시 진단서를 발급하던 간호사도 병명을 사실대로 기재할까를 망설이고 나에게 어떻게 할지를 문의할 정도였다. 사실대로 기록해 달라고 말했다. 대장암 선고를 받자 아내를 비롯한 가족은 말할 것 없고 학교 총장 이하 교수들도 어찌할 바를 몰랐다. 하지만 나는 담담했다. 운명으로 받아들이고 투병할 수밖에 없었다. 지난날 방만한 식생활과 음주습관 등 잘못된 생활태도의 결과 내려진 업보로 생각할 수밖에 없었다.

입원실이 부족하여 입원 절차가 진행되지 않았다. 하는 수 없이 우선 특실에 입원하기로 하고 절차를 마쳤다. 절망적 상태를 앞두고 입원비 등 병원비 문제가 아니었다. 그때는 의료보험제도도 정착되기 이전이었으니 더욱 그랬다. 소식을 듣고 놀란 이경숙 총장은 연세대 김병수 총장과 김원호 교수에게 직접 전화로 부탁을 했다. 김 교수는 자기 총장과 숙대 총장에게서 전화를 받았다는 사실을 나에게 말해 주었다.

수술은 외과 원로교수인 민진식 박사에게 받기로 했다. 민 박사는 우리나라 초기 암수술에 개척자이기도 했다. 수많은 부대검사를 진행해서 암이 간이나 다른 장기에 전이되지 않았는지도 샅샅이 살펴보는 듯했다. 다른 장기에 전이는 없이 대장의 S결장 부위에 대장암이 발생했다는 진단이었고 따라서 직장암 증세에서 볼 수 있는 혈변 등의 징후는 심하게 나타나지 않았다. 소화기 내과에서 김교수는 암이 아닌 용종(포립)은 자기가 절제해 주겠다고 해서 장청소를 거듭하였고 그때마다 말할 수 없는 고통이 따랐다. 다행히 절제한 용종에서는 암세포가 발견되지 않았다고 했다.

수술 날이 다가왔다. 수술을 위한 대장청소와 주위 정리 작업이 진행되었다. 수술 전날 나와 아내가 마주 앉았다. 내일 새벽에 수술실에 들어가기 전날 밤이었다. 수술 진행에 따라서는 생명이 어찌될지도 모르는 절박한 시간이었다. 내가 아내의 손을 잡고 "너그럽지 못한 남편을 만나서 그동안 고생 많이 했소."라고 마지막이 될지도 모르는 심정으로 말했다. 아내는 "살아 있는 사람이야 그런대로 살겠지만 둘이 만나 낳은 남매를 결혼도 못 시키고 있으니 나 혼자 어떻게 하란 말이냐"고 울먹였다. 마음이 미어

지는 것 같았다. 수술이 끝나고 항암치료를 하는 기간 두 남매의
결혼을 서두른 이유이기도 했다.

(2) 고통스러웠던 항암치료

수술은 성공적으로 끝났다. 대장의 3분의 1을 잘라 내는 대수
술이었다. 하지만 수술 후 검사 결과는 절망적이었다. 주변 조직
을 검사한 결과 다른 장기로는 안 옮겼지만 임파에 암세포가 전
이되었다는 것이었다. 말하자면 대장암 3기라는 것이다. 그때 대
장암 3기는 거의 완치가 불가능한 것으로 알려져 있었기 때문이
다. 집도를 담당한 민 교수의 배려와 주선으로 수술 후 특실에서
외과병동 1인실로 입원실을 옮겼다. 이때 나의 병세를 알고 외과
병동에서 20년간 근무했다는 수간호사의 아래와 같은 위로가 생
각난다.

자기가 오랫동안 여러 사람을 지켜봤는데 대장암 4기(말기) 환자
가 살기도 하고 또 1기 환자가 죽기도 하니, 너무 낙심하지 말라는
위로였다. 3주간의 입원을 마치고 퇴원을 하루 앞둔 전날 내과의사
의 진료가 있다는 간호사의 전갈이 있었다. 나는 언뜻 김원호 교
수가 진료 온다는 섯으로 들었다. 그게 아니고 항암치료를 위하여
점검하러 온 암센터의 의사였다. 전공의 한 명을 대동하고 온 의사
는 젊은 정현철 박사였다. 그는 그 후 나의 항암치료를 전담해 주
었고 뒷날 우리나라 암 표적치료에 선구적 업적을 내기도 했다.

민진식 교수의 결정과 요청에 따라 1년간의 항암치료가 시작되
었다. 그때만 해도 암세포만을 골라서 공격하는 표적치료법은 개
발되지 않았기 때문에, 암세포는 물론 모든 세포를 공격하는 항

암치료법이 시행됐고 또 항암치료 과정에서 고통을 덜어 주는 보조약물도 개발되지 않은 시기였다. 정말 꿈에도 생각하기 싫은, 다시 하라면 죽어도 않겠다는 정도로 고통을 주는 항암치료가 시작되었다. 한 달에 6일씩 약물주사를 맞고 이런 과정을 12개월 동안 계속하는 항암치료법이었다.

약물치료 뒤 나머지 25일 동안은 열심히 먹고 체력단련을 하여 다음 치료에 대비해야 했다. 대비하는 기간에는 고통이 많이 회복되었지만 다음 번 치료에 한 번 주사를 맞으면 핑그르 돌았다. 약물이 독해서 미식거리기 때문에 음식을 잘 먹지 못했다. 짜고 시거나 개운한 음식만을 먹을 수 있으니 거기에 맞추어 간병하는 아내의 고생도 이만저만이 아니었다. 아내는 내가 대장암에 걸려 수술 후 간병을 위해 33년간 정들었던 성심여고를 퇴직했다. 주치의인 민 교수는 퇴직을 만류했지만 아내는 남편의 생명이 중요하지 직장이 중요한 게 아니라는 생각에서 단호했고 나의 간병에 전념했다.

항암치료를 위해 암센터에 가면 처음 물어보는 것이 체중이었다. 암환자, 더욱이 소화기계통 암환자에게 체중 감소는 경고의 큰 신호였기 때문이다. 그 뒤 나는 체중에 무척 마음을 쓰게 되었고 체중 노이로제에 걸릴 지경이었다. 지금도 체중을 체크하는 습관은 이어지고 있다. 다음에는 혈액검사를 한다. 수치가 일정 이상이어야만 항암치료를 할 수 있고 기준 이하인 경우에는 다음 주로 항암치료를 연기하곤 했다. 그렇게 해서 지옥 같은 1년 12번의 항암치료를 무사히 마치고 암센터에서 다시 민 교수에게 주치의를 넘겨주었다. 1년 동안의 항암치료는 정현철 교수가 담당하였다.

수술 후 보통 5년 동안 암이 재발하지 않아야 완치될 수 있다고들 한다. 그런데 나는 수술과 항암치료 후 예후가 좋지 않았다.

재발 가능성을 가늠하는 대장암표지(CEA)가 기준보다 계속 높게 나타났기 때문이었다. 5 이하가 정상인데 나는 10 이상이었고 어느 때는 17이 되기도 했다. 암표지가 정상으로 돌아오지 않는 것이다. 그러니 계속해서 2~3개월 간격으로 검사를 받아야만 했다. CT, 초음파, 뼈검사, 나아가서는 PET.CT(양전자방출 단층촬영) 등의 검사를 번갈아가면서 받아야만 했다. 검사 결과 암 소견은 나오지 않았지만 재발 가능성이 있는 환자이기 때문에 계속 검사를 할 수밖에 없다는 것이었다. 더구나 나는 암세포가 임파에 전이된 대장암 3기 환자였기에 재발 가능성은 그 만큼 높았다.

CT의 경우 보통 5mm 단층 촬영이기 때문에 그보다 작은 암덩어리는 잡히지 않는다. CT검사에는 잡히지 않지만 CEA가 기준보다 높은 환자는 몸 부위 어느 곳에선가 암세포가 작동하고 있어서 그것이 성장하면 언젠가는 검사에 잡힐 수 있다는 전제에서였다. 한 2년쯤 지났을 무렵, 진료를 끝내고 아내와 내가 복도 의자에 걱정스런 표정으로 앉아 있는데 지나가던 민 교수가 안되었는지 2년간 이렇게 철저히 검사해도 나오지 않으면 대개는 괜찮으니 너무 걱정하지 말라고 위로해 주기도 했다. 하지만 그것은 위로일 뿐 검사는 계속되었다. 검사 때면 결과가 어떻게 나올지 말도 못하게 초조했다. 만일 재발되면 끝장이기 때문이었다.

(3) 절망적 투병과 생활의 대전환

암센터에서 항암치료를 마치고 다시 민 교수에게 주치의가 넘겨진 얼마 뒤 일이었다. 주치의에게 강단에 다시 설 확률이 몇 퍼센트쯤 되느냐고 물었다. 대장암 3기 환자로서 차마 생존율이 얼마나 되느냐고 물어볼 수는 없었다. 창가를 쳐다보고 있더니 "한 20퍼센트?"하는 것이었다. 내 표정이 굳어지는 것을 보더니 다시 "한 30퍼센트?"로 수정하는 것이었다. 20퍼센트의 생존 가능성을 보고 투병해야 하는 것이었다. 절망적이지만 살기 위해 투병해야 했다.

투병이란 한마디로 암에 대한 면역력을 높이는 것이다. 그래서 몸 안에 있을 수 있는 암세포의 활동을 억제하는 것이다. 여기에는 두 가지 방법이 있다. 하나는 식이요법이고 다른 하나는 운동을 해서 체력을 단련하는 길이다. 암에 좋다는 음식을 섭취하여 항암의 체질로 바꾸어서 암세포를 이겨 내는 것이다. 다음에는 꾸준한 운동으로 암세포를 이겨 낼 수 있는 체력을 길러 내는 것이다.

민간요법에서는 수많은 것들이 추천된다. 절망 속에서 투병을 해야 하는 암환자로서는 귀를 기울이지 않을 수 없다. 말할 것도 없이 의사들은 이를 찬성하지 않는다. 이런 일이 있었다. 항암 치료 기간인데 정현철 교수가 정색을 하면서 무엇을 먹고 있느냐고 물었다. 그때 나는 암에 좋다는 고가의 상황버섯을 다려서 먹고 있던 중이었다. 사실대로 말했더니 그럴 돈이 있으면 자기에게 달라는 질책이었다. 괜히 쓸데없는 짓 하지 말라는 경고였다. 하루에 종합비타민 한 알 정도 먹고 정상적 식생활을 하면 된다는 것이다.

그 후 민 교수에게 항암에 좋은 것이 무엇인가를 물었더니 신선한 야채와 과일, 그리고 살코기 정도를 추천해 주었다. 어쨌든 암환자의 투병에 좋은 음식은 까다로웠다. 그래서 보통 사람과 다른 식단을 준비하여 식이요법을 해야 했다. 아내는 이 힘든 일을 담당해야 했고 야채, 과일도 신선도는 물론 청정한 것으로 골라서 식단을 짰다. 점심은 이에 알맞은 도시락을 준비했다. 일반 음식점의 메뉴는 피할 수밖에 없었고 외식은 거의 하지 않았다.

그러니 교우관계를 거의 단절할 수밖에 없었다. 술친구는 말할 것도 없고 친목모임에도 참석치 않았고 거절하기 어려운 지도교수의 위로 점심 약속 요청도 정중히 사양해야 했다. 그러면서 체력단련에 노력을 집중적으로 기울였다. 새벽 6시에 기상하여 집 앞에 있는 성미산을 올라야 했고 퇴근 후에는 성미산에 설치되어 있는 운동시설을 이용하여 체력단련에 노력했다. 약 1시간 운동을 했다. 거기에는 무게별로 역기가 있었는데 처음에는 25kg부터 시작하여 나중에는 70kg을 들 정도로 체력이 늘었다.

20퍼센트의 생존확률을 갖고 또 암지표(CEA)가 기준보다 높은 암 수술환자의 생활은 이처럼 힘들게 진행되었다. 어느 때는 생명에 대한 불안이 엄습하여 심리적 고통이 오기도 했다. 그럴 때면 출생 후 지금까지 살아온 지난날을 회고하기도 했다. 해방, 6·25, 4·19, 5·16, 6·29 등 살아온 격동의 세월을 돌이켜 보면 "참 오래 살았구나. 이제 가도 여한이 없지."하는 생각이 들면서 마음의 위로를 찾았다. 대장암 수술 5년 뒤 절망 가운데 투병 끝에 대장암지표는 정상으로 돌아왔지만 그 뒤에도 검사는 계속되었다. 1년에 한 번씩 복부 CT 촬영과 혈액검사, X레이 검사를 정기적으로 받고 있다. 근년에는 복부 CT 검사만 2년에 한 번씩으로 바뀌었다.

이 과정에서 내 생활은 크게 달라졌다. 주치의가 '당신 술 먹으면 생명은 보장할 수 없다'고 경고했기 때문이다. 내 주위 친구들은 모두 술을 좋아하는 분들이었다. 저녁때 만나면 등심에 소주부터 시작하는 것이 일상적이었다. 이제 생명을 지키려면 그런 생활을 접어야 했다. 술을 먹지 않으려면 친구를 만나지 말아야 했다. 술꾼들의 속성은 상대방 사정을 생각하지 않고 이제 '조금 마셔도 된다'는 식이었고 술이 꿀맛인 나로서는 그것을 거부하지 못하고 은근히 따를 가능성이 있었기 때문이었다. 그뿐이 아니었다. 주치의가 권한대로 항암을 위한 식이요법을 하자면 친구와 주변의 교우관계를 단절해야 했다.

그 대신 생업인 대학교수직과 연구 생활에만 전념하기로 작정을 했다. 대장암과의 투병이 가져온 생활의 대전환이었다. 하지만 이것은 생명을 지키려는 결심이기도 했다. 그 대신 나의 본업과 평생의 과제인 중소기업 경제이론의 연구에는 더욱 속도가 붙었다. 대장암과 투병을 시작한 뒤 20여 년의 세월이 흘렀다. 그때 단호한 생활의 전환이 없었다면 오늘의 내가 있고 연구업적이 있을까 생각할 때 외롭고 고달팠던 아쉬움보다는 살아서 내 평생의 과제에 전념하여 오늘의 실적을 달성할 수 있었다는 흐뭇함이 더 크다.

투병 중 외부와의 교분을 될 수 있는 대로 단절하고 생활하는 가운데 주말이면 가끔씩 전철환 친구가 찾아와 나와 시간을 같이 보냈다. 그는 운전을 즐겨 했기에 승용차로 경기 일원의 명승지와 유원지를 방문하는 시간을 가졌다. 전철환, 여동생 경자, 아내 그리고 나, 넷이서 정겨운 시간을 보냈다. 한국은행 총재로 재직하는 동안에도 틈을 내어 나와 시간을 같이했다. 그 유명한 승용차 〈프라이드〉를 타고서 말이다. 그는 공사 구분이 분명하여 사적으로는 총재 전용차를 이용하지 않았기 때문에 비좁지만 소형 승용차 낡은 프라이드를 이용했다.

그의 청렴결백은 지나칠 정도였다. 오죽하면 어느 기자가 신문에 그를 '추기경급 청렴도를 가진 분'이라고 평할 정도였다. 나도 그에 맞추어 주었다. 그가 총재 재직시절 4년 동안 나는 딱 한

<사진 2-16> 1984년 12월. 미국 대서양 연안에서 철환 가족과 우리 가족.

번 한은총재실을 방문한 적이 있다. 내가 그에게 사적인 부담을 주지 않으려고 총재 재직 기간 한국은행 근처에도 얼씬하지 않는 다고 선언했는데 어느 날 비서와 승용차를 보내서 그때 할 수 없 이 한번 총재실을 예방했다.

내가 투병생활을 할 때 그는 "땡감이 먼저 떨어질지 홍시가 먼 저 떨어질지는 알 수 없으니 너무 절망하지 말고 용기를 내라."고 나를 위로하였다. 그런 그가 총재직 4년 임기를 마치고 공적자산 관리위원장을 맡고 있을 때 2004년 6월 그만 세상을 떠났다. 슬 픔과 허전함은 이를 데 없었고 나의 외로움과 은둔생활은 더욱 깊어질 수밖에 없었다.(사진 2-16)

서울대 장례식장에서 있었던 일이다. 조문하러 온 고인의 옛 동료인 전윤철, 이규성, 진념, 이진설 등 전직부총리와 장관들이 한자리에 앉았다. 전 총재가 공적자산관리위원장직을 고사하였다는 전윤철 장관의 후일담이 있었고 그에 대한 생전의 공적이 논의되었다. 그들을 응대하던 나에게 이규성 장관(나와 서울 상대 경제학과 동기)이 전 총재가 훈장을 받은 적이 있는지 가족에 문의해 보라는 것이었다. 문의 결과 없다고 하니 그 자리에서 당시 이헌재 재무장관에게 전화해 훈장 신청을 부탁했다. 그래서 다음 날에 재경부 차관이 와서 무궁화훈장을 추서했다. 영정 옆에 걸려있는 훈장을 볼 때마다 그때 일이 생각나고 이장관에게 고마운 마음을 갖게 된다.

5. 현저동으로 이사·공덕동 연구실 마련

(1) 서대문구 현저동으로 이사

2003년에 27년간 살았던 성산동에서 서대문구 현저동으로 이사했다. 성산동은 석우, 은정이가 초등학교, 중·고등학교, 대학교를 다녔고 결혼도 그 집에서 했다. 나는 그 집에서 대학교수 생활도 했다. 또 1997년에 대장암에 걸려서 투병하고 이겨 냈던 곳도 성산동이었다. 집 앞에 있는 성미산은 나의 체력단련의 도장이기도 했다. 말하자면 제2의 고향 같은 곳이다. 또 여기를 떠나는 것은 1959년 이후 수많은 추억이 서린 44년 동안 신촌생활권을 벗어나는 것이기도 했다.

긴 세월 애환과 희로가 겹쳐 정들었던 생활의 터전을 떠나는 것이 쉬운 일은 아니었다. 하지만 이곳을 떠나게 된 데는 그럴 만한 사연이 있었다. 딸 은정이의 살림을 보살펴 주어야 하는 아내의 사정 때문이었다. 강북 삼성병원의 초임 의사 시절에 부모의 도움 없이는 직장생활이 어려웠다. 멀리 떨어져 살면 아내가 왕래하는 것도 힘이 들었고 가까이 살아야 할 이유는 많았다. 흔히들 말하기를 늙으면 자식 따라 간다고 말하는데 나도 그런 것이다. 자식 따라 정든 성산동을 떠나 현저동으로 이사를 하게 된 것이다.

성산동 집은 단독주택이었다. 신축한 집을 사서 들어갔지만 27년을 거주하고 보니 낡은 고옥이 되었다. 비가 많이 오면 여기저기서 누수현상도 발생했다. 냉·난방도 제대로 되지 않았다. 그렇다고 그 자리에 개축이나 신축하는 것도 나의 샌님 주변으로는 어려웠다. 그런저런 사연으로 이사를 하지 않을 수 없었다. 남들은 왜 인기지역인 강남으로 이사하지 않느냐고들 했지만 내가 집을 옮기는 사연은 그와 달랐다. 자식 따라 이사를 한 것이다.

현저동 집은 아파트였다. 말하자면 단독주택에서 아파트로 이사했으니 주거형태가 달라진 것이다. 사실 단독주택은 독립성이 보장되어 생활의 자유가 있는 장점이 있었지만 집 관리가 힘들었다. 더구나 오래 살다 보니 집이 낡아서 관리하기 보통 힘든 게 아니었다. 그리고 냉·난방에도 여간 힘들지 않았다. 결국은 아파트로 이사를 하게 되었다. 단독주택에서만 살았던 나에게 아파트 생활은 생소하기 이를 데 없었다. 그래서 많이 망설였던 것이다.

망설이고 있을 때 친구이자 매제인 전철환이 아파트 이사를 강력히 권하였다. 그도 단독주택에 살았던 오랜 경험이 있는 터였다. 아파트로 이사하면 단독주택에 살 때보다 10가지는 장점이 있다고 나를 설득했던 기억이 난다. 이사했을 때 처음 얼마 동안은 적응하는 데 힘이 들었다. 공동주택이라서 독립성도 없고 같은 동에 사는 주민들과 관계도 어색했으며 공중에 둥둥 떠 있는 기분이 한동안 들었다. 편리한 점도 한두 가지가 아니었다. 우선 주택 관리에 신경을 쓸 필요가 없었고 냉·난방 걱정을 하지 않아도 되었다. 그럭저럭 적응해 나갔다.

직장이나 연구실과 거리 등은 성산동에 살 때나 비슷했다. 바로 옆에는 연세대 뒷산인 안산이 있고 또 앞에는 서대문구 역사박물관을 낀 조그마한 공원이 있다. 아침저녁으로 체력단련 운동하기에 좋은 환경이었다. 산과 공원을 끼고 있으니 공기도 맑은 편이었다. 또 도심에서 가까워 편리한 점도 많았다. 가까운 거리에 세브란스병원과 강북삼성병원이 있어서 병원 다니기도 편리했다. 나이가 들면 도심에서 가깝고 병원이 가까이 있어야 한다는 조건에서 적합한 곳이다. 최근에는 안산에 자락길이 만들어져서 등산, 산책하기도 좋은 환경이 되었다. 그럭저럭 현저동에 정이 들고 생활도 익숙해졌다. 환경이 잘 맞아서인지 나처럼 노년기에 있는 사람들이 비교적 많이 거주하고 있다.

(2) 정년퇴임과 개인연구실 마련

2004년 27년 동안 재직했던 숙명여자대학교를 명예교수로 정년퇴직했다. 남다른 감회가 많았다. 무사히 퇴직할 수 있도록 재직 중에 도움을 받은 동료 후배들과 학교 당국에 감사했다. 정년을 보지 못하고 재직 중에 세상을 떠난 김삼수, 박민식, 오수현, 심현성, 김종영 등 선배교수들을 생각하니 나의 감회는 더욱 컸다.

사실 나도 먼저 간 선배 교수들의 전철을 밟을 가능성이 있었다. 1997년 대장암 투병 끝에 고비를 넘기고 정년을 맞이했으니 말이다. 터가 좋지 않다는 징크스를 내가 깬 셈이었다. 투병 중에 나를 격려해 주고 여러 가지 호의와 배려를 해 준 이경숙 총장과 경제학과 후배 교수들에게 한없는 감사를 드릴 뿐이다.

정년을 할 때 학과에서는 5년 더 강의를 계속해 주길 바랐지만 나는 2년만 하기로 했다. 정년퇴직한 선배 교수가 강의를 나오는 것이 후배들에게 부담이 될 것 같아 될 수 있는 대로 빨리 강의를 끝내야겠다는 생각이 들었다. 새로운 사람들이 새로운 학문의 흐름을 들여와야 한다는 생각도 있었다. 하지만 더욱 큰 것은 재직 중 끝내지 못한 나의 과제가 있었기 때문이었다. '중소기업 경제이론의 체계화'의 과제가 큰 틀에서는 연구·정리되었지만 아직도 남겨진 연구과제가 있다고 생각되었다.

그래서 마포구 공덕동에 오피스텔을 분양받아 개인연구실을 마련하였다. 대학 시절 연구실 규모와 거의 같은 크기이다. 연구실 마련에는 또 다른 이유도 있었다. 수십 년 동안 연구의 필요성에 따라 수집 보관해 온 문헌과 자료의 정리, 보관 문제도 있었다. 이 많은 분량의 문헌과 자료를 집으로 옮기는 것은 불가능했다. 그렇다고 대학 도서관에 기증하는 것도 한계가 있었다. 대학 도서관도 공간에 제한이 있는지라 이전과 달리 퇴임 교수의 장서를 수용할 수는 없는 일이었다. 이것은 숙명여대만의 사정이 아니고 모든 대학의 공통된 형편이었다.

우선 수집·보관했던 자료와 문헌을 정리해야 했다. 퇴임 이후에도 연구 과제를 이어가는 데 활용할 문헌과 자료만을 남겨 놓고 선별하여 지체 없이 정리하였다. 필요에 따라 비싼 값으로 땀 흘려 수집하여 보관해 오면서 대학연구 생활을 풍요롭게 해 주고 그 속에서 내가 포근하고 안정되게 자리 잡고 있었던 그 귀한 자료와 문헌을 정리하기란 쉬운 일이 아니었다. 하지만 냉정한 마음으로 기준을 정하여 정리하였다. 그리고 가려 뽑은 자료와 문헌을 공덕동 연구실로 옮겼다.

그 뒤 나는 홀가분한 처지에서 연구에 몰두하였다. 강의의 부담에서도 벗어났고 또 투병 중 생활의 대전환으로 친구와의 교분도 많지 않았던지라 연구에 전념할 뿐이었다. 재직 중 중소기업 경제이론에서 '이론만의 체계화'는 이루어졌지만 이를 완성하기 위해서는 나머지 과제가 있었다. 사회과학에서 이론체계를 갖추기 위해서는 이론·정책·역사의 세 분야가 종합해서 하나의 체계를 이루어야 하기 때문이다. 그래서 남겨진 이 과제, 즉 중소기업문제

<사진 2-17>
만년필

에 대한 경제사적 접근과 정책론적 연구에 집중하였고 그 결과를 얻게 되었다. 공덕동 연구실 생활은 결실을 맺어갔다. 또 이 연구실은 노년기에 나의 생활을 풍요롭게 해 주는 공간이기도 했다.

나의 학문인생을 마감하면서 특별히 회고해야 할 연구 도구가 있다. 파카 만년필(PAKER 51)이다.(사진 2-17) 1978년 내가 서울대에서 경제학 박사학위를 받을 때 아버님께서 주신 선물이다. 그 후 40년 가까이 이 만년필은 연구 생활의 동반자였다. 요즈음과 달리 200자 원고지에 논문과 저서를 담아야 하는 〈원고세대〉인 나에게 이 만년필은 큰 힘이 되었다.

그동안 수많은 원고와 저서는 이 만년필의 펜촉에 의지했다. 집필에 힘들고 지칠 때는 아버님께서 이 만년필로 격려를 해 주시는 듯 했다. '중소기업 경제이론의 체계화'에 숨은 공로자라고나 할까?

이번 회고록으로 이 만년필과의 인연을 끝내야 할 것 같은 생각이 드니 오랜 세월 나의 연구 생활과 함께한 이 '생명 없는 도구'에 감사와 감회가 깃든다.

제2부 나의 살아온 길(II)

제3부

중소기업
경제이론
형성의 길
(I)

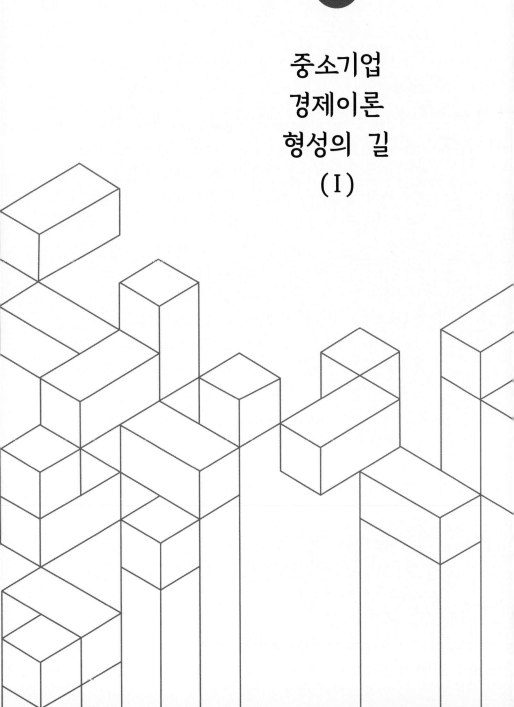

1. 중소기업은행 조사부에 근무하다

졸업을 앞두고 취업 선택이 과제였다. 공개경쟁 시험이 보장된 금융기관에 진출하기로 결정하였다. 금융기관은 크게 국책은행과 시중은행으로 구분할 수 있었는데 나는 국책은행 쪽을 택하였다. 당시 국책은행으로는 한국은행, 산업은행과 중소기업은행 등 3개 은행이 있었다. 앞의 두 은행은 전통이 있고 지명도가 높기는 했지만 그만큼 연륜이 깊어 진출성이 약하게 보였다. 그래서 설립된 지 5년이 안 된 중소기업은행을 택하기로 하였다.

시험은 무난히 합격했다. 나는 중소기업은행 입행 3기였다. 그때 같이 입행한 친구가 15명 정도였던 것으로 보아 꽤 경쟁이 심했던 것으로 안다. 그런데 첫 부임지가 부산 초량지점이었다. 신입행원은 대체로 연고지 발령이 원칙인데 나는 부산과 아무 연고가 없었다.

뒤에 들리는 말로는 입행 성적 1등에서 3등까지는 조사부 발령으로 인사안이 올라갔다는 것이다. 전무까지 결재가 나고 은행장 결재단계에서 당시 서진수 행장이 우수한 행원일수록 젊어서 일선 은행업무 경험을 해야 한다며 3명 모두를 일선 지점으로 발령하라고 지시했다는 것이다. 인사안이 전부 짜여진 상태여서 3명은 연고지 발령이 어려웠고 그 가운데 한 명인 나도 연고가 없는 부산 초량지점으로 발령냈다는 것이다.

1964년 2월 말, 하는 수 없이 부임지인 부산행 열차에 몸을 실었다. 열차 안에서 뜻밖에 김천식 친구(뒤에 서울문고 사장)를 만났다. 사연을 말했더니 부산이 연고지가 아니지 않느냐는 것이었다. 그는 부산 동래고 출신으로 한일은행 부산지점에 발령을 받았다. 자기 집 동래에 가서 우선 하루를 지내자는 것이었다. 깊은 우정을 느꼈다. 그날 친구 집에서 하루를 묵었다. 저녁 식사자리에서 근엄한 그의 아버님이 새 출발하는 우리에게 주신 가르침이 기억에 생생하다.

다음 날 초량지점에 출근했더니 서무주임이 이미 숙소 등을 마련해 주어서 초량지점 생활이 시작되었다. 그 당시는 모든 계산이 주산으로 이루어졌고 은행 업무는 계산이 필수이기 때문에 주산 숙련이 매우 중요하였다. 주산을 손에 잡은 지가 언제였던가? 난감했다. 예금계 업무를 맡았는데 계산이 서투르니 계정원장이 수정을 많이 해서 엉망이었고 매일 아침 감사에 지적을 받았다.

안 되겠다 싶어서 매일 아침 40분씩 일찍 출근해서 주산 연습을 하기로 결심했다. 그 결과 나중에는 3급 자격까지 딸 수 있었고 이 정도면 은행 업무를 하는 데 큰 지장이 없었다. 그래서 맡은 업무에 익숙해졌고 지점 생활을 그럭저럭 이어갔다. 서울 법대 졸업생 이원국 선배(기은 1기)가 많은 격려를 주었던 기억이 난다. 빨리하려고 하지 말고 정확히 하는 것이 은행 업무에서는 무엇보다 중요하다는 충고였다.

부산 생활에서 잊지 못할 사람이 있는데 김광조 선배 행우이다. 그는 예금계 주임으로서 나를 도왔을 뿐만 아니라 나의 부산 생활을 윤택하게 해 준 주인공이기도 하다. 부산 시내 유흥가를 구석구석 누비는 멋쟁이였다. 그는 서울에서 온 총각 행원이 쓸쓸하게 지내면 안 된다며 곳곳을 안내하여 나의 부산 생활을 즐겁고 낭만적으로 끌어 주었다. 지금 살아 있다면 90을 앞둔 나이인지라 노후에 건강하고 안락한 삶이 있기를 기원한다.

부산 근무 1년 뒤 조사부 발령을 받았다. 1965년 2월 말 부산역에서 8시 서울행 열차에 몸을 싣고 같이 근무하며 정들었던 행우들의 환송을 받으면서 1년 동안 많은 추억을 뒤로하고 부산을 떠났다.

조사부에서는 중소기업정책 수립과 실태조사를 비롯하여 다양한 연구조사 업무를 하였고 〈조사월보〉를 매월 발간하였다. 1963년 1월 이후 매월 중소기업에 관한 논술과 국내 및 해외중소기업 동향, 그리고 각종 통계자료를 수록하였다. 그리고 중소기업정책을 연구하고 수립하였다. 과도정부 아래에서 1960년 7월에 상공부 안에 중소기업행정 전담기구로 중소기업과가 신설되고 1968년에는 중소기업국으로 확대 개편하였지만 중소기업정책 수립과 관련 업무를 총괄하기에는 역량이 부족하였다. 이에 중소기업은행 조사부가 그 업무를 주도, 보완하였다. 또한 여러 가지 중소기업정책 과제를 이론적으로 연구하고 실증적으로 분석하여 다양한 정책 자료를 집필·발간하였다.

1966년부터는 해마다 중소기업에 관한 〈연차보고서〉를 집필·간행하였는데 초년에는 《중소기업백서》라는 이름으로 시작하였다. 이 보고서는 중소기업기본법이 정한 법정사업으로 해마다 중소기업정책의 효과를 분석하고 새로운 정책을 모색하였다.

같은 법정사업인 중소기업 실태조사를 실시하였다.(사진 3-1) 주로 정책사항에 관한 실태조사로 정책수립의 기초자료를 제공하는 것이 그 목적이었고 1966년부터 실시하였다. 경영개선이 중소기업 정책의 우선 과제임을 감안하여 중소기업경영 실태조사도 매년 실시하고 중소기업의 흐름을 파악하기 위한 중소기업 동향조사도 매월 실시하였다. 기타 조사부에서 발간하는 여러 가지 간행물을 편집·간행하고 문헌자료를 정리 보관하는 편수 작업도 조사부 업무의 일환이었다. 이처럼 조사부는 중소기업정책 관련 업무를 총괄적으로 연구하고 실증적으로 조사 분석하는 기능을 하였다.

이런 광범하고 다양한 업무는 조사과와 통계과 그리고 편수과 등 세 과가 분화하여 담당하였다. 이 일을 담당하는 조사 연구원이 70명에 이르렀고 여기에 자료 집계·수집요원도 20명 정도 배속되었다. 이러한 업무 때문에 지적인 성향을 추구하는 젊은 연구자들에게 당시 국책은행 조사부는 선망의 대상이었다.

조사부에 부임하여 첫해 맡은 업무는 '중소제조업 생산성 실태조사'였다. 생산성은 중소기업정책의 알파요 오메가라고 해도 지나

<사진 3-1>
중소기업은행 조사월보·
연차보고·실태조사
제1회본

침이 없는 중요한 문제였다. 경제개발 초기였던 그때나 지식집약산업 사회인 지금이나 중소기업의 가장 큰 어려움은 낮은 생산성에서 비롯되기 때문이다. 중소기업의 낮은 소득과 저임금 그리고 대기업과의 격차 문제도 결국 생산성 격차에 그 근본원인이 있기 때문이다.

대학을 막 졸업한 뒤 중소기업은행 조사부에 부임하자마자 이 막중한 문제에 직면하였다. 실태조사와 결과분석을 하면서 1년간 노력 끝에 1965년 말 《중소제조업 생산성실태조사보고》를 단행본으로 발표하였다.(사진 3-2) 이 보고서는 그 탁월성을 크게 인정받았다. 내 학문 인생에 첫 작품인 이 보고서를 바탕으로 1966년 초 〈중소제조업 생산성 요인분석〉이라는 논문을 《조사월보》에 최초로 발표하였다.

국민경제와 관련하여 경제성장은 생산성의 증가에 의존하며 국민경제의 성장과 안정에 관건이라는 이론적 설명을 하면서 그 생산성 규제요인을 분석하였다. 여기서 주목받았던 것은 그 과정이다. 계량적 모델과 그것을 원용한 실증분석을 시도한 것이다. 더욱이 생산성 요인을 규모별로 분석하는 데 상관관계 분석을 하였고 그 요인으로 자본장비율, 더 구체적으로는 기계장비율이라는 점을 실증적으로 분석하였다. 이러한 결과는 오늘날 중소기업 생산성과 중소기업과 대기업과의 격차를 분석하는 데도 원용될 수 있는 것이었다.

이러한 계량적 분석기법과 그를 통한 결론 도출은 그때 조사부 연구 수준을 훨씬 뛰어넘는 것이었다. 나의 연구능력과 자질을 주위에서 크게 인정하게 되었고 조사부 생활, 나아가서는 중소기업 경제이론을 연구할 수 있는 토양이 마련되었다. 쟁쟁한 엘리트들이 모인 당시 국책은행 조사부에서 운신의 폭이 넓어지고 좀 더

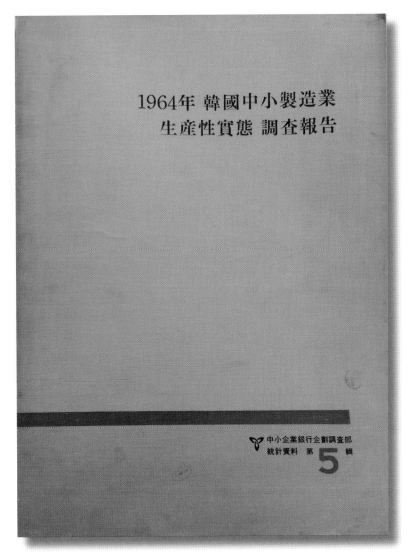

<sié 3-2> 중소제조업 생산성실태조사보고

자유로운 연구 활동을 할 수 있게 되었다. 말하자면 조사부 연구 업무 외에 나의 개인적 이론 연구에서도 전념할 수 있는 직장 내 분위기가 조성되었다. 그래서 대학원에 진학할 수 있었고, 나아가서 중소기업 경제이론을 체계적으로 연구할 수 있게 되었다.

돌이켜 보면 나 스스로도 이 작품의 우수성에 놀라기도 한다. 대학을 졸업한 뒤 은행의 일선 지점에서 1년간 실무에 종사했기에 이론적으로나 실무적으로 학문적 숙련은 거의 마련되지 않았던 상태였다고 볼 수 있다. 젊은 연구원의 패기로 과감한 시도를 하였고 그 결과 첫 작품은 성공적이었다.

그 뒤 능력을 인정받아 쟁쟁한 선배들을 제치고 '전국제조업사업체시설 실태조사' 사업의 총괄기획 업무를 담당하였다. 여기서 조사표 디자인을 맡았다. 이 사업은 당시 중소기업은행 조사부뿐만 아니라 은행 안에서 전무후무한 대규모 연구조사 프로젝트였다. 앞의 생산성 요인 분석에서도 알 수 있듯이 중소기업뿐만 아니라 제조업의 시설 낙후와 전근대성은 낮은 생산성과 중소기업 근대화를 가로막는 기본요인이었다. 이것을 극복·개선하는 것은 중소기업 개발과 경제발전에 중요한 정책과제였다. 여기에는 시설 실태를 파악하는 것이 관건이었고 그를 통한 정책 자료를 제시하는 것이 이 사업의 목적이었다.

한국표준산업분류에서 제조업을 대상으로 1966년 7월부터 8월까지 조사한 결과는 1966년 12월에 《전국제조업사업체시설실태조사》(사진 3-3)라는 보고서로 발간되었다. 이 사업의 추진과정에서 나는 과로로 쓰러져 당시 명동 성모병원에 3주간 입원한 적도 있다. 나로서는 최초의 장기입원이었지만 젊은 시절이어서 그런지 곧 회복되었다.

이때 이 프로젝트를 진행하면서 외부 자문위원을 위촉하였는

<사진 3-3> 전국제조업사업체시설실태조사

데 나는 변형윤, 이현재 두 교수님을 추천하였다. 그것이 뒷날 두 분과 개인적으로 친밀한 관계를 맺는 계기가 되었다. 사실 대학시절에는 교수님들과 가까운 관계를 갖는 것이 쉬운 일이 아니었다. 당시의 허술했던 대학교육의 분위기나 더욱이 시골 고등학교 출신인 나에게 그런 기회는 쉽지 않았다. 더구나 고등고시 공부에 매달리고 제대 후에는 취업시험에 몰두했던 나의 대학생활에서는 더욱 그러했다. 이 프로젝트에서 기획업무를 맡았던 것이 훌륭한 두 은사님과 돈독한 관계를 가질 수 있게 하였고 그 뒤 나의 학문 인생에도 중요한 디딤돌이 되었다.

그 뒤 우리나라에서 처음 실시한 '국부통계조사'에 참여했다. 국부國富란 한 나라의 경제주체(정부, 기업, 가계)들이 소유하고 있는 자산의 총합을 말하며 1968년 12월31일을 기준일로 전국적으로

〈사진 3-4〉 왼쪽부터 조재연, 이종각, 홍일표, 그리고 필자

조사를 실시하였다. 이 조사는 통계청(당시 경제기획원 통계국)이 주관하고 한국은행, 산업은행, 기업은행이 참여하였다.

그것을 계기로 1969년 여름 일본총리부 초청으로 동경을 한 달 동안 연수 방문했다. 국부통계조사 연수가 목적이었다. 이 연수에는 각 기관에서 한 명씩 참여했는데 통계국에서 조재연 서기관, 한국은행에서 홍일표, 산업은행에서는 이종각, 기업은행에서 이경의 등 4명이었다. 조 서기관을 제외하면 세 명은 서울상대 58학번 동기였다.(사진 3-4)

일본에서 연수는 힘든 과정이 아니었다. 일본의 경험을 우리가 공유하는 정도였다. 특별한 통계조사기법을 연수하는 것이 아니고 자료를 수집하고 그들의 경험을 듣는 정도의 일이었다. 그래도 당시로서는 해외연수나 출장이 흔한 일이 아니었고 나로서도 처음 외국에 나가는 경험을 얻은 기회였다.

당시 동경에는 김천식 친구(현 서울문고 대표)를 비롯하여 7~8명의 대학 동기들이 진출하고 있었다. 특히 김천식 친구는 지오다구(千代田区)에 있는 한일은행 동경지점에서 근무하고 있었으며 우리가 동경에 있는 동안 가장 많은 편의와 도움을 주었다. 나는 앞서 밝힌 대로 대학 졸업 후 부산에 처음으로 부임할 때 첫날 그의 동래 집에서 1박 하는 호의를 받은 바 있기에 그의 친절과 우정에 더욱 고마움을 느꼈다.

나는 틈을 내어 동경대학과 동경의 유명한 서점가인 진보초神保町를 방문하여 학문적 분위기를 탐지하는 데 힘썼다. 동경대학을 보고 놀란 것은, 동숭동에 있는 서울대 문리대가 흡사 동경대학의 축소판 같았다는 점이다. 경성제국대학의 설립이 일본 식민지 지배의 산물이었음을 실감할 수 있었다. 진보초를 방문하고서는 일본에서 폭넓은 학문의 자유를 느낄 수 있었다. 당시 우리나라에서는 상상도 할 수 없을 만큼 엄격한 금서로 되어 있던 사회주의 계통의 서적이 절반은 되지 않을까 싶어서 눈이 둥그레졌다. 가령 김일성 주체사상이나 모택동전집 등이다.

거기서 나는 몇 권의 중소기업 관련 전문서적을 구입하였다. 예컨대 《일본경제의 분석》(廣文社, 伊東光晴 執筆·編集)과 《일본경제의 기초구조-일본경제의 현상과 관계》 (제1집)(春秋社) 등이었다. 이때 구입한 몇 권의 저서는 그 뒤 내가 중소기업 연구를 하는 데 큰 도움이 되었다.

우리가 일본에 있는 동안 김천식 친구는 자기 집에 직접 초대하였고 귀국 시에는 당시 국내에서는 귀한 전기밥통까지 선물하여 가족들의 고마움을 샀다.

그때 일본은 컬러TV를 개발하여 도처에 탑을 세워 이를 선전하였고 택시는 반 정도가 에어컨이 있는 수준이었다. 우리나라는 시발택시를 이용하는 정도였으니 많이 앞서가 있었다. 농촌에는 집집이 자가용 짐차와 승용차가 있었고 농업관개(灌漑)는 파이프가 설치되어 농민의 농사일이 수월했다.

잘 정비된 관광시설과 사회간접자본 등 발전된 일본경제가 결국 식민지 수탈과 한국전쟁에서 얻은 특수의 결과가 아닌가 하는 생각에 마음이 썩 편하지는 않았다.

1975년 9월에는 《제4차경제개발5개년계획 중소기업부문(안)》(사진 3-5)을 작성하기도 했다. 우수한 엘리트 행원 세 명이 참여하고 내가 팀장을 맡아 작성하였다. 총량적 분석에 이어 계획내용에서는 수출 진흥과 내포적 공업화, 적정 사업 분야 확보 및 능률적 산업체제의 지향, 능률적 경영단위와 새로운 산업조직의 실현, 협동적 존립기반의 강화, 부존자원 활용의 극대화된 유통근대화 등 큰 틀에서 중소기업정책의 과제를 담았다.

80/100 對外秘

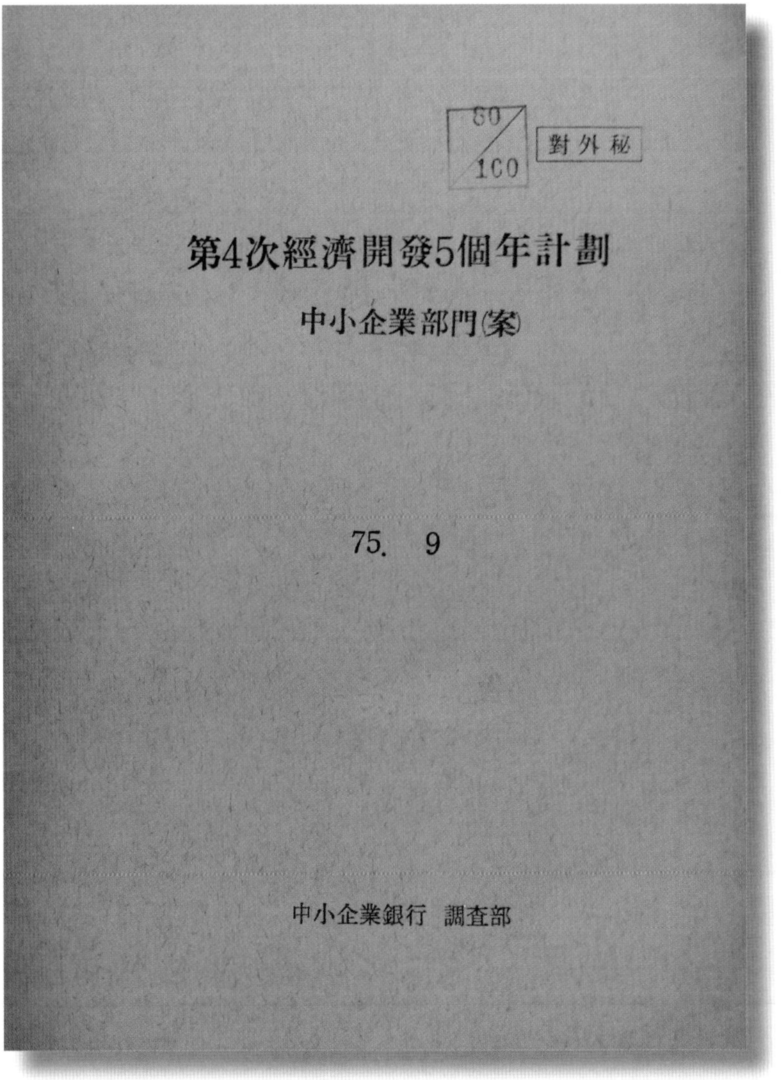

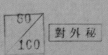

第4次經濟開發5個年計劃

中小企業部門(案)

75. 9

中小企業銀行 調査部

<사진 3-5> 제4차 경제개발 5개년계획 중소기업부문(안)

이어서 계획수행을 위한 주요 정책으로는 중소기업 구조정책과 조직정책, 기술진흥 및 고용정책, 중소기업의 국제화정책을 큰 흐름으로 정하였다.

내 연구과정에서 보면 이 보고서는 그때까지 섭렵해 오던 이론적 연구내용과 정책구상을 정리해서 담았다는 점에 의미가 있었다.

1975년 조사과장으로 발령을 받아 1977년 은행을 떠나 숙명여대로 자리를 옮길 때까지 12년간 조사부에 근무하면서 중소기업 실태와 정책의 실제적 경험을 쌓은 것은, 그 후 중소기업이론 연구의 중요한 바탕이 되었다. 그런 점에서 조사과장을 맡은 것은 영광이었고 그 뒤 학계에 있으면서도 나의 평생의 자랑이었다.

조사부는 내가 학계에 진출할 수 있는 계기를 마련해 주었다. 여기서 주경야독을 하면서 석사과정 2년과 박사과정 3년의 대학원 과정을 이수할 수 있었다. 그러한 혜택을 누릴 수 있게 해 준 곳도, 오늘의 나를 있게 만들어 준 것도, 나의 학문적 성과가 나오게 해 준 곳도, 그 바탕은 조사부였다. 주위 선후배들의 도움이 없었다면 불가능한 일이었다. 중소기업은행 조사부와 당시 같이 동고동락했던 동료·선후배에게 깊은 고마운 마음을 가진다.

2. 중산층 논쟁과 중소기업문제의식의 형성

(1) 중산층 논쟁의 발단

여기서는 중산층 논쟁에 대하여 좀 더 상세한 설명을 하려고 한다. 그 이유는 이 논쟁과 거기서 형성된 중소기업문제의 인식이 내가 중소기업이론 연구를 시작한 절실한 계기가 되었기 때문이다. 그때까지 중소기업문제의식이 깊이 성숙되지 않았고 그렇기 때문에 중소기업이론 형성의 요구도 거의 없었다. 하지만 이 논쟁을 계기로 정책적으로나 학문적으로 중소기업문제 제기가 본격화되었고 이는 당연히 그것을 논리적으로 설명하는 이론을 체계적으로 연구할 필요와 당위성을 만들어 냈다. 또 1980년대 후반에 제기되었던 중산층의 진보성 문제도 길게 보면 이 논쟁에 뿌리를 두고 있기 때문에 거기까지를 검토해 보고자 한다.

이 논쟁은 1966년 1월25일부터 29일까지 《조선일보》가 특집 칼럼으로 다룬 〈근대화와 중산층〉에서 비롯되었다.(사진 3-6) 이 칼럼은 진단적 서론에서 대통령 연두교서를 기점으로 나타난 여당과 야당의 상반된 정책기조의 대상이 된 중산층, 좁게는 중소기업문제를 이슈로 제기하였다. 포괄적으로는 부의 축적과 부의 균능분배라는 서로 다른 두 개의 현실관과 정책 방향이 무엇이 선행되어야 하며 또 병행될 수 있는가의 문제 제기로 시작하였다. 그것을 중산층, 좁게는 중소기업문제로 부각시켰다.

다음으로 당시 여당이었던 공화당 김성희 정책연구실장과 야당이었던 민중당 김대중 대변인(뒤에 15대 대통령)의 글이 이어졌다. 사회학적으로는 김채윤 교수(서울대 문리대), 경제학적으로는 임종철 교수(서울대 상대), 정치학적으로는 윤근식 교수(경희대)의 칼럼이 실렸다. 이것이 중산층 논쟁이 유발된 발단이었다.

여당(공화당)의 대공업개발주의 또는 대기업건설주의에 대하여 야당(민중당)이 대중大衆자본주의 또는 중소기업주의로 대응한데서 비롯된 이 논쟁은 '근대화와 중산층'이라는 시각으로 전개되었다. 정책의 측면에서 보면 1966년에 〈중소기업기본법〉이 제정되어 중소기업정책이 체계적, 본격적으로 시행되는 시점이어서 큰 의미를 지녔다. 그러나 체계적 중소기업정책을 뒷받침할 이론체계는 없었고 내가 이론체계의 필요성을 절감한 것도 그 때문이었다. 우선 《조선일보》 칼럼에서 나타난 여당과 야당의 중소기업문제의식과 정책방향을 보기로 한다.

대기업 중심의 공업화와 부의 축적을 위하여 '선성장·후분배'가 필요하다는 공화당의 경제정책이 반대중적이고 반사회적인 빈부의 양극화 현상을 가져오고 있다고 비판한 민중당이 중산층의 정당임을 자부하면서 중소기업의 보호육성과 부의 균등한 분배를 주장하는 정책기조를 제시한 데서 논쟁이 비롯되었다. 민중당은 중소상공인, 중농, 봉급자, 지식인 등 중산층의 안정과 이익의 증진 없이 민주주의는 영원히 토착화될 수 없으며 사회 안정을 바랄 수도 없다고 하였다. 이를 실현하려면 먼저 농촌경제의 발전을 조장하면서 중소기업은 물론 대기업의 주식 소유가 널리 대중에게 분산 귀속되고 경제적 부의 축적이 광범한 국민 대중에게 돌아가도록 하는 자본의 대중화와 중소기업의 우선육성주의를 경제정책의 방향으로 제시하였다.

공화당도 한국의 근대화와 사회 안정을 위하여 중산층의 확대, 보호를 주장하고 이를 위해 중소기업 육성의 당위성을 강조하였다. 하지만 그 접근방법에서는 두 정당 사이에 근본적인 차이가

<사진 3-6> 근대화와 중산층

<사진 3-7> 근대화와 중산층

있었다.

공화당의 중소기업 육성방안은 다음과 같다. 중소기업은 기간산업과 계열화로 육성되어야 하며 대기업으로부터 단절되거나 분리된 중소기업만의 단독 육성정책은 역사에 역행하는 것이다. 또한 중소기업은 수출산업과 수입대체산업으로 전환되어야 하며 계열화한 중소기업을 위해 수출공업단지를 조성하고 수출을 촉진할 것을 그 방향으로 제시하였다.

이에 대하여 김대중 대변인이 밝힌 민중당의 정책 방향은 다음과 같다.(사진 3-7)

① 일부 국영기업을 제외한 국영과 민영의 주식을 분산시키고
② 신규 건설에서는 대규모 자본의 조성보다 중소규모에 주력 하는 동시에 국가의 모든 혜택을 중소기업 육성 강화에 집중하며
③ 농촌경제의 병행 발전, 특히 중농中農의 보호와 세농細農의 중농화에 치중하고 공산품의 시장 확대를 기하며
④ 자본이 영세하고 기술과 경영능력이 미숙한 바탕 위에서 대기업 건설주의는 특혜와 낭비, 국민의 희생을 강요하지만 중소기업주의는 우리의 기업능력에 알맞은 동시에 기업의 소유가 많은 사람과 지역으로 확산될 수 있으며
⑤ 이러한 중소규모의 노동집약적 기업건설은 우수하고 저렴하며 풍부한 노동력이 성공을 뒷받침해 주면서 고용효과의 급속한 증대를 기할 수 있고
⑥ 국제시장에서 선진국을 누르고 판로를 확대시킬 수 있는 것은 노동집약 산업인 중소기업이라는 것이다.

(2) 중산층 논쟁의 진전 : 중소기업 소멸론과 육성론

두 정당의 정책 차이에서 시작된 이 논쟁은 초기에는 광범하게
진전되었으나 결국에는 경제개발 과정에서 중산층, 곧 중소기업의
'필연적 소멸'을 주장하는 견해에 대하여 '중소기업의 육성'을 주
장하는 비판적 견해, 곧 '소멸론의 육성론'으로 수렴되면서 논쟁은
가열되었다.

논쟁 초기에 참여했던 주요한 글과 필자를 소개하면 다음과
같다.

《정경연구》 1966년 4월호(통권 15호): 서설은 〈근대화의 비전과
중산층문제〉였다.

육성론의 견해를 밝힌 글로는:

① 〈한국중산층의 실제와 육성책〉(구범모)

② 〈한국근대화와 중산층의 개편〉(신용하)

③ 〈중간계층의 사회적 배경〉(고영복)

④ 〈중산계급의 확대와 안정〉(민홍석)

　이어서 소외론을 주장한 글로는:

① 〈소외의 사상과 대중적 인간〉(이정식)

② 〈중산층의 몰락, 그 필연성〉(임종철)

③ 〈중산층의 지위와 기능〉(김영모)

④ 〈국사를 통해 본 중산층의 지위〉(강만길)

다음에 《정경연구》 1966년 5월호(통권 16호)에 〈중산층육성론자
에게 묻는다〉(임종철)가 실렸다. 《정경연구》 1966년 6월호(통권 17호)
에는 〈독점형성과 중소공업의 위치-중소기업 소멸론의 물음에 답

함〉(신용하)이 실렸고, 《정경연구》 1966년 8월호(통권 18호)에는 〈중
산층논쟁에 부친다-임종철·신용하, 양 교수의 논쟁을 보고〉(이규
동)이 수록되었다.

이어서 《정경연구》 1966년 9월호(통권 19호)에는 〈중산층에 대한
각계의 의견〉을 실었는데, 여기에는 이은복, 김입삼, 신종현, 박용
규, 김정석, 조범행, 이한두, 김충수, 김성두, 이용남, 최경택, 권선
길, 김두한, 이계남 등 비학계 인사들의 의견이 수록되었다.

《정경연구》 외에 《청맥》(1966년 4월호)에도 〈중소기업 소멸론은 탁
상공론 : 대기업 계열화에 의하여 중소기업은 육성되어야 한다〉(박
희범)는 논쟁적 글이 게재되었다. 《청맥》 1966년 5월호에는 〈중산
층의 정치적 의의〉(배성동), 《청맥》 1966년 6월호에는 〈중산층육성
론에 관한 재론-임종철 교수 소론에 부친다〉(박희범)가 실렸다.

내가 중산층 논쟁 당시에 수집해서 보관하고 있는 자료이다.
중산층 논쟁에 대한 상세한 내용은 《한국논쟁사Ⅱ》(손세일편, 1976)
에 수록되어 있다. 언젠가 평화민주당 정책강연에 연사로 참여하
여 김대중 총재를 만났을 때 1966년 중산층 논쟁을 말하니 그
자료를 보내 달라고 해서 전해준 기억도 있다.

이처럼 중산층 논쟁은 광범하게 전개되었지만 결국은 경제적
측면에서 중소기업의 소멸론과 육성론으로 수렴되면서 가열되었다.
사실 중소기업의 소멸과 육성의 문제는 초기적이고 고전적인 중소
기업문제이다. 그것이 우리나라에서는 1966년대 중반에 학계의 논
쟁으로 부각된 것이다. 1950년대 말에 이미 관료독점자본(대기업)
과 중소기업 사이에 구조적 모순이 형성된 시점에서 제기된 문제
였다.

먼저 임종철 교수의 견해에 따라 중소기업 소멸론을 보기로 한다.
첫째, 독립적인 생산수단의 소유자 가운데 하나인 중산층은 경

제적으로는 중소기업의 형태로 나타난다. 이들 중소기업은 효율적인 생산단위인 대기업의 발달이 불완전하여 시장수요를 충족시킬 수 없을 때 그 부분을 공급함으로써 생존할 수 있다. 따라서 중소기업을 보호 육성하는 것은 효율적인 생산을 할 수 있는 대기업의 발전을 저해하게 한다. 중소기업은 역사적으로 반동적反動的 역할을 하기 때문에 중소기업이 도태되어 그 시장점유가 줄어들수록 소비 대중에게는 값싼 생산물이 공급될 수 있다.

둘째, 중소기업 존립의 제2 조건은 저임금에 있다. 노동법의 그물을 피하여 전근대적인 노동 착취를 함으로써 중소기업은 대규모 생산경제의 이점을 가진 대기업과 대항한다. 그러나 노동자 희생이 사회정의에 비추어 볼 때 오래갈 수도 없고 역사의 흐름도 이를 오래 두지 않는다. 저임금에 발을 디딘 중소기업의 소멸이 하루가 빠를수록 복지사회의 도래 역시 하루가 빨라진다.

셋째, 반동과 부정의 화신인 중소기업도 한편으로 생각하면 경제적 희생자이다. 대기업과의 계열화에 연명하는 중소기업이 맞닥뜨린 제3의 조건이 이를 밝혀 준다. 중소기업이 대기업에 계열화함으로써 그 사이에는 자본 및 조직 면에서 주종主從관계가 생기고 경제원칙의 냉혹한 작용으로 부등가교환이라는 착취 관계가 생긴다. 그뿐만 아니라 경기순환의 쿠션(cushion)이 되어서 대기업을 위해 불황의 총알받이로 쓰러진다.

이러한 이유로 한국경제의 근대화를 위해서는 중소기업의 소멸이 불가피하며 대기업 육성에 우선순위를 두어야 한다는 것이다.

그러나 이러한 주장은 자본의 집적·집중에 따라 중소기업은 필연적으로 소멸의 운명에 처해있다는 고전적 이론을 배경으로 하지만, 실증적 자료는 이를 뒷받침하지 않는다는 것을 19세기 말 "수정자본주의 논쟁" 결과에서도 볼 수 있다. 이에 중소기업의 우선

육성을 주장하는 입장은 자본의 집적·집중에서도 중소기업은 오히려 비대화하고 있다는 각 나라의 현실을 제시하고 있다. 신용하 교수의 주장을 살펴보자.

첫째, 자본의 집적·집중에 따라 대자본에 의한 소자본의 구축과 수탈이 이루어지고 그 결과 중소기업은 역사적·필연적으로 몰락할 운명에 있다는 것이 고전적 견해이다. 그러나 독점자본주의 단계에서 이러한 주장을 하는 것은 고전적 이론을 너무 직선적으로 해석하는 것이며 이론적 발전과 실증적 반증을 외면하는 것이다. 독점의 진전에도 오늘날 중소기업은 선진자본주의에서도 소멸하지 않을 뿐만 아니라 절대적 수가 오히려 늘어나고 업종도 다양화하고 있다.

둘째, 독점자본 단계의 중소기업문제는 이를 좀 더 동태적으로 파악할 필요가 있다. 독점자본 그 자체가 중소기업의 잔존을 요구하는 성향이 있으며 국민경제 안에서도 중소기업이 잔존할 측면이 남아 있기 때문이다. 그러나 개별자본으로서 중소기업은 매우 불리하고 취약하기 때문에 끊임없이 몰락·도태·소멸되지만 다시 탄생한다. 독점의 진전에도 중소기업의 수적 증가라는 반대 경향이 나타나는 것은, 대기업에 의한 중소기업의 구축이라는 일반적 경향이 관철되고 있지만, 그것이 중소기업의 잔존 및 새로운 탄생이라는 반대 경향과 교차하는 가운데 진행되기 때문이다. 곧 한국 경제에서 독점이 진전되어도 중소기업은 여전히 잔존할 것이다. 하지만 그것은 대기업의 압박 속에서 언제나 불안정한 상태로 소멸과 탄생을 반복할 것이다.

셋째, 한국의 중소기업은 독점이 고도로 진전된 뒤에 잔존하는 형태의 중소기업과는 다른 특수성을 지니고 있다. 우리나라 대기업은 중소기업이 발전하면서 형성된 것이 아니라 대부분이 정치권력과 결탁하여 특혜 속에서 출현한 것이다. 한편 중소기업은 대기업과 관계없이 국민경제의 방대한 생산부족을 충당하기 위하여 출생하였으며, 거의 모든 업종에서 생산을 분담하고 있다. 곧 초기자본주의 시대의 생산 형태가 아무런 유기적 관련 없이 동시적으로 공존하고 있다. 그리하여 우리나라 중소기업의 지위와 역할은 매우 크다.

넷째, 중소기업의 비중이 크지만 그 안정성은 매우 취약하여 대부분은 대기업의 진전으로 개방적인 경쟁 관계에 있다. 더욱이 대기업은 외국자본에 위압되거나 종속되어 외국자본과의 경쟁을 피하면서 대내적으로 시장을 개척한다. 중소기업의 생산영역을 침범함으로써 단기간에 폭리를 추구하는 경향을 가지고 있다. 곧 외국자본에 종속된 대기업이 국내시장을 기반으로 생성한 중소기업의 영역을 침식함에 따라 양자 사이에는 경쟁 관계가 형성된다.

이때 기술주의로 말미암아 개별기업과 국민경제를 혼동해서는 안 된다. 기업에서는 생산성의 증대가 바로 그 기업생산의 극대화를 가져온다. 그러나 국민경제에서는 생산의 극대화가 노동생산성의 향상과 더불어 고용의 증가를 통해 이루어진다. 대기업의 육성으로 생산성이 증대되어도 중소기업이 몰락하여 실업자가 발생하고 고용이 감소하면 한국경제의 효율적 근대화는 이룰 수 없게 된다.

한국의 근대화를 촉진하기 위해서는 중소기업을 육성하되 자본이 부족하고 노동이 과잉된 조건에서 대기업과 중소기업이 상호보완적으로 성장할 수 있도록 구조를 개편할 필요가 있다. 그리고 중소기업과 대기업이 외국자본의 종속에서 탈피하여 독자적 주체성을 확보, 민족산업자본으로 기능하도록 개편되어야 한다는 것이다.

(3) 근대화와 민족산업자본

중산층 논쟁에서 신용하 교수가 민족산업자본의 개념을 제시한 것은, 중소기업의 민족자본적 시각을 반영한 것이어서 당시 중소기업문제의 인식에 새로운 방향을 준 것이고, 그 뒤 중소기업 연구에도 도움이 되었다. 곧 한국경제의 근대화 과정에서 중소기업의 역할을 강조하는 근거로서 중소기업의 민족자본적 성격을 지적한 것인데 그 내용을 보면 다음과 같다.

근대화와 중산층의 관계를 말하기 위해서는 반드시 근대화와 자본의 기능관계를 밝히지 않으면 안 된다. 왜냐하면 중산층은 기본적으로 자기의 자본을 운용하는 과정에서 근대화를 위하여 공헌하는 측면을 갖기 때문이다. 자본주의를 전제로 할 때, 역사적으로 경제의 근대화는 근대자본주의의 성립을 의미하며 기술적인 측면을 강조하면 한마디로 공업화라고 말할 수 있다. 이런 의미에서 근대화를 측정하는 보편적 기준은 국민총생산 규모(특히 제2차 산업 상품의 규모)이며, 이것은 기본적으로 노동생산성의 향상, 고용량의 증대를 동시에 추진하여 이룰 수 있다.

이러한 근대화를 추진할 수 있는 자본형태는, 엄밀한 의미에서, 산업자본뿐이다. 우리는 종종 자본형성이 공업화라는 선입견을 가지고 있으나 그것은 착각이다. 자본의 사회적 기능 분화 가운데 산업자본만이 가치를 증식하는 기능을 가지고 있다. 곧 산업자본만이 생산과정에서 노동력과 생산수단을 결합하여 가치가 증식된 재화를 생산하고 새로운 사회적 부를 창출한다.

한편 상업자본은 가치를 증식하거나 새로운 부를 창출하지 못하고 단지 산업자본이 생산한 재화를 시장에서 판매하여 상업이윤(또는 양도이윤)을 추구하는, 오직 가치나 부의 소유를 이전시키는 사회적 기능을 수행할 따름이다. 상업자본은 산업자본에 종속되어 그 순환을 원활하게 할 때 한해서만 산업자본을 통하여 근대화에 보조적 역할을 할 수 있다.

근대자본주의의 '근대'라는 의미는 산업자본이 지배하는 사회경제체제를 의미한다. 만일 상업자본이 산업자본에 종속되지 않고 산업자본을 자기에게 종속시키는 경우에는 자본주의는 근대성을 상실하고 전근대적 자본주의가 성립되며 근대화는 저지된다.

이러한 사실은 각 나라의 역사적 경험을 통하여 잘 입증된다. 중산층은 초기자본주의 시대에는 근대화의 주도적 담당계층이었으며, 그 가운데서도 베버(M.Weber)가 말하는 산업적 중산자층(industriller Mittelstand)이 근대화의 핵심이었다. 산업적 중산층을 중심으로 한 신흥산업자본은 그들의 자유로운 자본축적 활동을 저해하는 봉건제도, 고율의 지대地代, 상인자본의 지배, 지방주의, 중세적 이데올로기 등에 대항하여 싸우면서 이를 붕괴시켰다. 한편 자기들을 주체로 하여 경제적 자유주의와 정치적 자유주의를 창조하고, 국민적 통일을 이루었으며, 근대 공장제를 중심으로 거대한 기계문명을 탄생시켰다.

그러나 이처럼 산업자본이 근대화의 추진력이라는 역사적 사실이 증명되었다고 하더라도 외형적으로 모든 산업자본이 근대화를 담당할 수 있는 것은 아니다. 오늘의 후진자본주의에서는 가장 강조해야 할 조건이 있다. 그것은 산업자본이 주체성을 가지고 독립하여 산업이윤을 추구할 때만이 산업자본 본래의 기능을 수행할 수 있다는 것이다. 곧 후진국에서 근대화를 추진할 수 있는 자본형태는 민족산업자본뿐이다. 만일 한 나라의 산업자본이 외국의 대산업자본이나 금융자본에 종속되면 그것은 외형적으로 산업자본의 형태를 갖출지라도 그 내용은 외국자본을 위한 상업자본의 기능을 수행하는 것으로 되고 만다. 이 경우 종속적 산업자본은 자국의 부를 증식시키기보다는 타국의 부를 증식시키기 위하여 자국 안에서 외국자본의 시장을 개척하고 타국 상품의 가공을 청부받는 기능을 담당하게 된다. 이러한 종속적 산업자본은 타국의 근대화를 위하여 공헌할지는 몰라도 자국의 근대화를 저해하게 될 것은 명약관화한 일이다.

이러한 사실에 비추어 볼 때 한국의 자본주의적 근대화를 추진할 수 있는 담당계층은 한국의 민족산업자본임을 알 수 있다. 한국의 중산층에서 산업자본에 해당하는 것은 수공업자와 중소광업자이며 상업자본에 해당되는 것은 중소상인이다. 중소상인은 근대화의 측면에서는 공헌하지 못하고 수공업자는 산업자본의 형성과정에서 스스로 분화되어 버린다. 그러므로 한국 근대화를 추진할 수 있는 중산층은 외국자본에 종속되어 있지 않은 한국의 중소광공업자라는 것이다.

중소기업문제를 민족자본문제로 제기한 것은 1950년대 초 일본에서였다. 미국의 지배 아래 있던 당시 일본의 내외 정치정세분석 및 그 정치노선과 결부되어 민족자본의 이론이 나왔다. 중소기업층의 대다수가 일본의 비독점적·비매판적 대자본가와 함께 식민지 종속국인 일본의 민족혁명에 노동자계급의 동맹군이 되어 민족부르주아를 이룬다는 것으로 실천적 성격을 지닌 것이었다.

중산층 논쟁 가운데 근대화 과정에서 중소기업의 역할을 강조하면서 중소기업을 민족자본으로 본 것은 후진자본주의의 근대화와 관련하여 주목할 만한 내용이다. 1960년대 한국경제의 근대화 과제는 먼저 전근대적인 생산력 기반을 근대적으로 개선하는 동시에 종속적 경제구조를 벗어나 자립경제의 기반을 확립하는 것이었다. 더욱이 1950년대 관료독점자본의 형성으로 빚어진 전기적前期

的 또는 초기 독점적 경제구조의 파행성을 극복하는 것이 무엇보다 우선적 과제였다. 근대화와 관련하여 그 주체로서 민족산업자본의 개념을 정립하고 중소기업을 민족산업자본으로 규정하면서 그 적극적 역할을 강조한 것은 자주적 근대화와 경제의 구조적 모순을 시정하는 방안을 제시한 점에서 주목할 만한 일이었다.

(4) 중소기업의 역할·계열화·매판화

이 논쟁에서는 중소기업의 역할과 계열화, 그리고 매판자본買辦資本에 대한 논의도 있었다. 중산층의 육성을 주장하는 사람들은 중소기업의 역할을 긍정적으로 보고 더욱이 후진자본주의에서 그 역할을 강조하였다. 먼저 신용하 교수의 주장을 살펴보자.

첫째 상업자본 및 유통부문이 기형적으로 비대화하면서 상업자본과 산업자본이 대항관계를 이룬 것이 한국경제의 현실이다. 상업자본이 산업자본을 지배하는 상업자본주의적 현상이 만연하는 가운데, 독점자본은 중소기업을 압박하면서 그들의 제품판매를 위하여 유통 부분의 비대화를 조장하는 경향이 있다. 그러므로 한국의 내자동원內資動員을 위해서는 상업자본을 산업자본으로 바꾸는 것이 1차적 과제인데, 중소광공업은 산업자본의 기능을 할 수 있기 때문에 이 과제를 담당하면서 한국 근대화에 크게 공헌하고 있다.

둘째 한국은 국민총수요에 견주어 총생산이 언제나 부족한 과소생산 상태에 있으며 대기업의 생산시설만으로는 총수요를 충당할 수 없다. 이러한 조건에 중소광공업은 부족한 국민총생산의 높은 비율을 부담하고 있다.

셋째 한국은 노동의 무제한공급이 가능한 상대적 과잉노동 상태에 있으며 국민총생산의 극대화는 노동생산성 증대뿐만 아니라 고용량 증대를 동시에 추진해야 이룰 수 있다. 중소기업은 상대적으로 노동생산성이 낮지만 노동집약적 생산방법을 통하여 유휴노동력을 흡수함으로써 국민총생산의 극대화에 큰 역할을 하고 있다.

넷째 한국경제는 최근 독과점의 진전에 따라 부富의 편중과 독점자본의 소비대중 수탈이 가속적으로 이루어지고 있어 국내시장을 스스로 파괴하는 작용을 하고 있다. 중소기업은 소득의 불평등 분배를 완화하고 국내의 유효수요 창출을 조성함으로써 국민소득의 원활한 순환을 크게 돕고 있다.

다섯째 한국의 독점자본에 따른 대기업은 자본과 기술과 원료의 많은 부분을 외국자본에 의존하고 있지만, 중소광공업은 외국자본에 대한 의존도가 낮으며 국내의 다른 산업과 긴밀히 관련되어 국민경제 속에 깊이 뿌리내리고 있다. 따라서 중소기업은 한국경제의 자립도를 높이고 투자효율에서도 파급효과가 대기업보다 크다는 것이다.

이 논쟁에서는 중소기업문제로서 계열화에 대하여도 논의되었다. 계열화는 이 논쟁의 발단이 되었던 '근대화와 중산층'난에서 공화당이 적극적 중소기업 육성방안으로 제시한 것이었다. 중소기업을 기간산업과 계열화하여야 하며 기간산업과 계열화하지 않은, 곧 대기업과 단절 내지 분리된 중소기업의 단독 육성은 실패를 가져올 뿐만 아니라 시대역행이라고 규정하였다.

이에 대하여 임종철 교수는 중소기업은 대기업과 계열화함으로써 그 사이에는 자본 및 조직 면에서 주종관계主從關係가 생기고 경제원칙이 냉혹하게 작용하여 그들 사이에는 부등가교환이라는 착취관계가 생기며 경기파동의 쿠션이 된다고 비판하였다.

이와 반대로 박희범 교수는 근대화 과정에서 계열화에 대하여 적극적이고 긍정적인 해석을 내놓았다.

첫째, 인적자원이 과잉상태를 나타내고 있는 아시아의 후진국가에서는 고용 면에서 노동집약적 기술형을 택하거나 아니면 자본집약적 기술의 노동집약화, 곧 대기업과 중소기업의 계열화를 하게 된다.

둘째, 시장조건이 제약되기 때문에 대부분의 경우 대량생산을 회피하지 않을 수 없고 가격문제를 생각하는 한 현대 기술을 도입하지 않을 수 없게 한다. 곧 양산量産을 피하면서 현대기술이 갖는 생산성의 장점을 아울러 고려하면 자본집약적 기술의 노동집약화, 곧 계열화가 필요하게 된다.

셋째, 계열화가 이루어져 중소공업이 근대화에 이바지하려면 상대적 저임금이 전제가 되는데 이때 조립을 담당하는 대기업의 구매독점적 성격으로 중소기업은 수탈의 대상이 될 수 있고 그리하여 경기변동의 쿠션이 되는 것도 사실이다. 그러나 그것은 정책의 문제이지 계열화 자체를 다룰 문제는 아니다.

넷째, 대기업주의가 중소기업주의를 대칭하여 대기업과 중소기업의 계열화를 중소기업주의로 생각하는 것은 잘못이다. 대기업 없는 중소기업만의 계열화는 불가능하기 때문이다. 중소기업의 계열화는 자본집약적 선진 기술을 들여오면서 이를 노동집약적으로 변형한 것으로 해석해야 한다.

다섯째, 중소기업이 대기업의 쿠션으로 이용되고 있는 경우 정기적 경기파동의 이면에서 그것이 대기업의 착취적 대상이 될 수 있는 잠재성이 있지만, 장기적 경기상승의 국면에서는 경기변동의 쿠션이 크게 문제될 것이 없다. 중요한 것은 계열화에 따라 일본이나 독일이 지금까지 번영을 이루고 있다는 사실이다.

여섯째, 대기업과 중소기업의 계열화는 대기업의 장점을 살리는 동시에 생산능률을 더 높이고 아울러 고용문제를 해결하여 준다. 노동집약적 기술로 변형하지 않고 매판적 소비재 가공업에서 대기업이 무자비하게 중소기업을 도산시키는 것은 오히려 자원의 낭비이다. 대기업이 진출할 곳은 매판적 소비재 가공업이 아니라도 얼마든지 있고 매판성을 탈피하여 민족자본으로 전환할 수 있는 투자기회가 얼마든지 있는 것이다.

또한 박희범 교수는 매판자본에 대하여도 독특한 견해를 피력하였다. 무엇보다 대기업은 매판자본이고 중소기업은 민족자본인 것처럼 도식적으로 나누는 것은 잘못이라는 것이다. 소비재 가공업에 집중하여 선진국 대자본과 하청적 산업관련下請的 産業關聯을 맺음으로써 그 경제적 과실의 대부분을 선진국에 귀속시키는 것이라면 대기업이든 중소기업이든 매판자본이 된다. 따라서 해외로부터 도입되는 반제원료半製原料를 단순히 가공하여 국내시장을 주대상으로 판매하는 기업이라면 매판자본의 범주에서 벗어나지 못한다고 규정하였다.

그러나 매판자본이라고 해서 그것을 반드시 죄악으로 규정할 수는 없다고 보았다. 계획적 고려가 없는 자유시장경제에서는 그 근대화 조기에 선진자본에 예속되는 매판적 가공업의 건설을 피할 수 없기 때문이다. 이러한 체제의 경우 매판자본이 없다고 하면 그것은 벌써 후진국이 아니라 선진국인 것이다. 이에 대한 평가기준은 바로 그 매판성을 탈피하는 과정에 있느냐, 아니면 더욱 예속화하는 과정에 있느냐에 있다. 자유경제체제에서 근대화 내지 경제개발 초기에 산업구조의 매판성이나 예속성은 피할 수 없는 것이며, 또 그것이 기업규모의 크기에 따라 나누어지는 것도 아니라는 주장이다.

이처럼 중산층 논쟁에서는 다양한 중소기업문제가 논의되었다. 하지만 그것을 설명할 이론은 체계화되어 있지 않았다. 이러한 중소기업이론의 불모지 상태에서 나는 중소기업이론 연구를 절실한 과제로 안게 되었다.

3. 정책은 있는데 이론은 없는 중소기업이론의 불모지

(1) 체계적 중소기업이론 연구의 필요성: 대학원 진학

1960년대 중반 중소기업정책은 활발하게 진행되고 있었고 또 중산층 논쟁에서 중소기업문제의식이 강력히 제기·정리되면서 중소기업이론의 체계적 연구 필요성은 절실하게 제기되었다.

원조경제 아래에서 1956년 상공당국은 중소기업에 대한 종합대책으로 〈중소기업육성대책요강〉을 마련하였고 1959년에는 7개년 계획의 전반계획으로 〈경제개발 3개년계획(안)〉을 수립하기도 하였다. 민주당 정권 아래에서 1960년 7월에는 상공부 안에 중소기업행정을 전담하는 기구로 중소기업과를 신설하고 정책의 자문기구로 중소기업심의회를 설치하기도 했다.

1961년 3월에는 〈중소기업육성을 위한 종합대책〉이 발표되었다. 그 주요 내용을 보면 ① 중소기업의 조직강화책, ② 중소기업의 체질개선책, ③ 중소기업 전담 금융기구 설치와 중소기업신용보증법의 제정 등 금융대책, ④ 공동판매제도, 밀수의 방지, 군수물자 국내조달과 판로개척 등 판로의 확충, ⑤ 조세부담의 경감책 등이 담겨 있었다.

경제개발이 본격화하면서 1962년에 시작된 〈제1차 경제개발5개년계획〉에는 "중소기업, 수공업은 초기에는 동업조합 조직을 통하여 발전을 획책하되 점차 대기업의 성장과 더불어 하청공업제를 육성한다"로 간단하게 중소기업정책의 큰 방향만을 제시하였다. 이어서 1967년부터 시작하는 〈제2차 경제개발5개년계획〉에는 좀 더 적극적이고 다양한 중소기업정책이 규정되었다.

중소기업부문에 대하여
① 생산 면이나 수요 면에서 상호 지원적인 수요와 투자의 창조효과를 크게 하는 부문은 중소기업부문이다.
② 대부분 기존시설인 중소기업은 전全 산업에 대한 비중이 크므로 대기업에 대하여 중소기업의 계열화 및 전문화가 이루어지면 두 부문은 완전히 생산 면에서 상호보완적 관계에 서게 된다.
③ 중소기업 가운데서 수출산업으로 전환이 가능한 것은 수출산업으로 개발하면 새로운 투자 소요 없이도 경제성장에 기여한다.
④중소기업은 대부분이 노동집약적이어서 이 부문의 성장개발은 수많은 노임의 지급과 소득을 높은 수준으로 유지토록 하여 수요를 촉진하고 수요 유형을 변화시킨다.

중소기업부문에 대한 이러한 진단의 결과 다음과 같은 정책과제를 제시하였다.

국제경제 환경의 변화와 개방체제로의 이행에 따라 국내산업의 경쟁력을 강화하도록 계속 노력하되
① 중소기업을 육성하기 위하여 대기업과 중소기업의 계열화를 촉진하고 기존시설의 활용과 설비의 신설 개량을 통하여 가동률을 높이고 생산성을 증대시킨다.
② 수출 및 수입대체산업으로 발전할 업종과 노동집약도가 높은 중소기업을 지원하는 데 중점을 두며
③ 이를 위해서는 공장 확장 및 운영에 필요한 자금공급, 경영 합리화를 위한 기술지원, 원활한 원료공급, 시장 확대 등 정책수단을 강구한다.
④ 대기업에 의한 시장독점으로부터 중소기업의 보호를 유도하여 자립적 성장의 바탕을 마련한다.
⑤ 지역 간의 소득격차를 해소하기 위하여 지역별 특화산업을 육성하고 공장의 지방 분산을 촉진하여 지역개발을 꾀한다.

위에서 살펴보듯이 1950년대 중반 이후, 그리고 경제개발이 본격화한 1960년대 중반까지 적극적이고 다양한 중소기업정책이 펼쳐지게 되었다. 그것은 중소기업의 국민경제에서 차지하는 비중이 높고, 경제개발에서 그것의 적극적인 역할이 가능하다고 보았기 때문이었다.

하지만 당시 이를 뒷받침할 중소기업이론은 없었고 말하자면 학문적으로 보면 이 분야는 중소기업 경제이론의 불모지였다. 이에 나는 체계적인 중소기업이론 연구의 필요성을 절실히 느끼게

된 것이다.

1967년 가을 무렵 나는 서울대학교 상과대학 경제학과 변형윤 교수를 찾아갔다. 그는 당시 대학원 경제학과 주임교수이기도 했다. 중소기업 연구가 평생의 연구과제가 될 수 있는지를 조심스럽게 여쭈었다. 깊은 생각 끝에 긍정적인 답변을 주셨다. 나는 바로 체계적인 중소기업이론 연구를 위하여 대학원 진학의사를 밝혔고 변 교수는 이를 수용했다. 변 교수는 대학원 입시에서 제2외국어 시험이 까다로우니 단단히 준비하라는 당부 말씀도 주었다.

그렇지만 당시 내 처지에서 대학원 진학이 쉬운 일은 아니었다. 먼저 직장을 가지고 있었기 때문에 직장 안의 이해가 무엇보다 중요했다. 주경야독을 해야 했기 때문이다. 당시 중소기업은행 조사부 분위기는 근무환경이 비교적 부드러웠고 자유로웠다. 예컨대 원고를 쓰다가 막히면 머리를 식히기 위해서 근무시간 중에도 장충동에 있는 서울운동장에 가서 중소기업은행 실업야구팀 경기를 관람, 응원하는 것이 용인되는 정도였다. 그래서 나는 다른 동료직원의 그런 여유시간을 대학원 수강시간으로 활용할 수 있지 않을까 하는 생각을 했다.

더구나 나는 조사부 부임 뒤 몇 년간 쌓은 업적 덕으로 깊이 있는 이론적인 연구를 할 수 있고 또 그럴 만한 자질을 가진 사람으로 대제로 인성을 받았기 때문에 눈치껏 그런 분위기를 이용해야겠다는 생각이었다.

다음에는 입학시험 공부였다. 제2외국어는 고등학교 때 독일어를 배운 것이 다. 그런데 당시 나는 상과대학 진학을 하려고 했기 때문에 선택과목으로 상업경제를 택하여서 제2외국어인 독일어 공부는 소홀히 했다. 게다가 졸업 후 손을 놓았던 경제학이론도 문제였다. 5~6년 동안의 간극이 있었고 굳어진 머리며. 또 더욱 중요한 것은 새롭게 발달·전개된 경제학의 흐름에서 뒤떨어져 있었기 때문이었다. 뒤늦게 학문의 길에 뛰어들려는 만학도의 길이 밝지만은 않았다.

우선 제2외국어 실력을 늘리는 것이 첫 번째 과제였다. 사무실 가까운 을지로 2가에 있는 독문과학원에 등록했다. 퇴근 후 6시부터 8시까지 2시간을 기초과정부터 수강했다. 어린 학생들 틈에서 굳어진 머리로 초급 제2외국어를 공부하는 어려움은 컸다. 하지만 결심이 섰는지라 점차 중급 독일어에서 고급 독일어까지 과정을 마쳤고 그동안 열심히 공부했다. 내가 생각하기에도 상당한 수준에 이르렀고 이때 기른 독일어 실력은 뒷날 대학에서 학문을 할 때도 큰 도움이 되었다.

그 덕분에 대학원 입시는 전공, 영어, 제2외국어 등 세 과목 모두 합격했다. 하지만 제2외국어 등 서울대 대학원 입시가 나에게는 너무 부담되었던 것이 사실이었다. 나이는 들어가고 더 늦으면 학문의 길도 그만큼 멀어진다는 절박감이 있었다. 중소기업이론 연구에 대한 집념이 강했기에 그해 대학원 입학시험은 서울대만이 아니라 연세대와 고려대에도 지원·응시하여 모두 합격했던 비화가 있다. 물론 서울대를 택했다.

석사과정의 공부는 정말 힘들었다. 7~8명의 후배와 같이 강의를 들었다. 강의는 주로 발표·토론의 방식이었다. 5~6년 후배들과 같이 강의를 듣는다는 것, 더구나 직장에 있으면서 주경야독해야 하는 처지 등이 나를 힘들게 했다. 후배들은 끼리끼리 틈나는 대로 모여 정보와 지식을 교환하고 도우면서 과정을 진행했는데 나는 직장에 다니고 또 그들과 나이 차이도 있고 하여 그것이 쉽지 않았다.

직장에서 이런저런 눈치를 보면서 틈을 내어 강의시간에 맞추는 일도 쉽지 않았다. 조사부는 지방 출장도 잦았는데 수업시간과 출장이 겹칠 때는 보통 난감한 일이 아니었다. 수업에 빠지는 경우 그 부분을 서먹한 후배동료에게 부탁하여 메우는 어려움도 적지 않았다.

가장 큰 어려움은 석사과정 수업에서 다루는 경제학 이론 수준에서 뒤떨어져 있을 때였다. 졸업 후 6년의 공백과 그간에 진전된 경제학 이론 수준을 습득하지 못한 데서 오는 결과였다. 한번은 이런 일이 있었다. 정병휴 교수의 미시경제학 강의는 돌아가면서 발표하는 토론식 수업이었다. 내 발표순서가 왔다. 교재의 내용이 대게 독과점 등 시장구조에 관한 것이었기에 그냥 우리나라 독점금지법에 대하여 검토·발표하였다. 그런데 큰 범주에서는 맞지만 이론의 핵심을 파악하지 못하고 한 발표였다.

사실 내가 제대 후 학교에 돌아와서 배운 미시경제학은 정병휴 교수가 도표로 가격이론을 설명하는 수준이었다. 미시경제학의 큰 응용분야인 산업조직론은 그 개념도 있지 않았다. 그러니 난감할 수밖에 없었다. 그래서 교수의 질책을 받았던 일이 있었다. 그 덕에 나는 산업조직론에 대하여 크게 관심을 갖고 공부를 더 했고 대학에서 강의도 했으며 중소기업이론과의 관련성에 대해서도 깊이 연구했다.

내가 중소기업은행 조사부에서 신입행원 시험 출제위원을 더러 했다. 이때 난이도를 위하여 유효경쟁을 출제한 적이 있다. 산업조직이론에서 나오는 주요한 핵심적 개념이었다. 서울대 경제학과 출신인 배경일 응시자만이 모범답안을 썼고 그의 우수성을 알 수 있었는데, 뒷날 그와 그때 이야기를 하면서 정담을 나누기도 했다. 그는 뒤에 미국 코넬대학에서 경제학 박사를 하고 돌아와 기업은행에서 이사를 역임했고 퇴직 후 수원대학교에서 강의한 우수한 후배였다.

선후배 사이에서 나이와 이론적 간극을 극복하면서 힘들게 석사과정 2년을 마쳤다. 하지만 논문 작성에서는 같은 과정의 동료학생들보다 단연 앞섰다. 원래 대학원 진학의 목적이 뚜렷했기 때문이다. 체계적 중소기업이론의 연구 동기가 있었기 때문이다. 따라서 석사학위논문 주제는 중소기업문제로 정하는 것이 당연한 수순이었고 이 점에서 논문제목 선정에 고심했던 다른 동료보다 수월했던 것 같다.

1969년 3월에 입학하여 힘들었던 2년의 과정을 거쳐 논문심사에 합격하였고 1971년 2월에 석사학위를 받았다.

(2) 석사학위논문과 《중소기업경제론》(1972년, 총 303쪽)

논문 제목은 〈중소기업 본질에 관한 연구-그 존립문제를 중심으로 하여〉(사진 3-8)였고 물론 변형윤 교수님이 지도교수를 맡아주셨다. 몇 차례의 발표과정을 거쳐 논문이 확정되었다. 변 교수님도 중소기업 연구에 깊은 소양이 없으신지라 어려움이 많으셨을 것으로 생각된다. 한번은 이런 일이 있었다. 논문에 인용된 참고문헌을 가져와서 논문의 실재 내용과 대조해 보자는 말씀이었다. 이론적 연구이기 때문에 인용된 참고문헌이 많을 수밖에 없었다. 우선 약 30권의 인용서적을 학교에 가지고 가서 검토했다. 그 후 됐다고 하면서 나머지는 면해 주셨다. 평소 학생지도에 그처럼 꼼꼼하고 철저했던 그의 존경스런 모습을 엿볼 수 있었다.

중소기업 본질을 연구하되 그 존립문제를 중심과제로 삼은 데는 나름대로 이유가 있었다. 앞서 본 바와 같이 그때까지 중소기

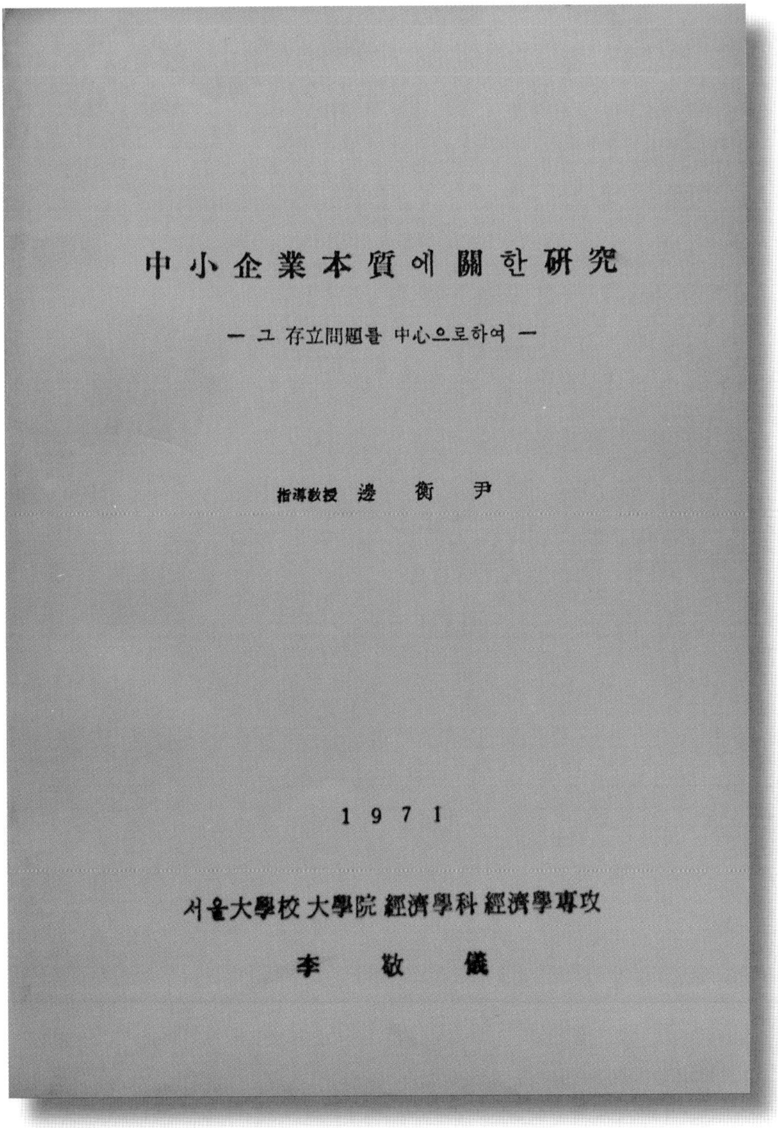

中小企業本質에關한研究

― 그 存立問題를 中心으로하여 ―

指導敎授 邊 衡 尹

1971

서울大學校 大學院 經濟學科 經濟學專攻

李 敬 儀

<사진 3-8> 중소기업 본질에 관한 연구

업정책과제와 이슈로 제기된 것은 아주 다양했다. 하지만 '중산층 논쟁'에서 밝혀진 바와 같이 중소기업문제의 가장 큰 과제는 '소멸론과 잔존론(존립론)'이었고, 말하자면 중소기업의 소멸과 잔존의 문제가 중소기업문제의 기본 연구과제인 것이다. 오늘날에도 그것은 변함없이 지속되고 있다.

석사학위논문은 논문주제에 맞는 이론을 정리하고 탐구한 이론적 연구였다. 중소기업문제는 자본주의 발전과정에서 발생하는 산업구조상의 특징 또는 구조적 모순으로 보고 먼저 그 문제의식을 일본의 경제사적 흐름에서 형성된 내용을 검토하였다.

먼저 일본의 재래산업문제는 메이지(明治) 초기 위로부터의 공업화정책인 '식산진흥업정책'이 시행되면서 생긴 일본 고유공업과 근대적 이식공업인 기계제공업의 관계에서 열등한 위치에 있던 재래산업에 발생하는 문제를 의식한 것이다. 그 뒤 수공업문제는 산업자본주의가 성립하면서 형성된 근대적 기계제 대공업과 전기적 수공업, 농촌가내공업의 경쟁적 관계를 살펴본 초기적 중소기업 본질관이었다. 중소공업문제는 독점자본주의 단계에서 근대적인 거대 독점기업과 비독점기업인 중소기업과의 관계에서 전자가 후자의 독립성을 상실하도록 억압된 위치에서 잔존하는 중소기업문제를 살펴본 것이다.

또한 중소기업문제는 경제사적 발전단계와 함께 각국의 국민경제의 특성, 곧 각 국민경제의 발전과정에서 형성된 산업구조의 특성에 따라서 서로 다르게 형성된다고 보았다. 그러면서 미국, 독일, 일본 등 국가에서 있었던 중소기업의 본질을 고찰하였다.

중소기업이론이란 중소기업문제를 설명하는 논리인지라 그 이론도 여러 유형을 가지고 있다. 하지만 본질적 특징은 중소기업 존립문제에 귀결된다. 이에 대한 여러 이론으로는 기업 내적인 측면을 강조하는 이론이 있고 또 기업 외적인 측면을 강조하는 이론도 있다. 전자는 대기업에 견주어 중소기업 존립의 독자적 유리성을 강조하는 미시적 관점이고, 후자는 중소기업을 둘러싼 여러 경제 여건, 곧 시장구조의 불완전성, 산업구조상 중소기업의 존립영역 문제, 그리고 중소기업과 대기업의 관계를 고찰하는 거시적 관점이다.

한편 중소기업문제를 자본주의 발전에 따라 필연적으로 발생하는 자본운동 법칙의 결과로 보는 입장에서는, 대기업과 중소기업의 관계를 주로 관찰하게 되는데, 이러한 관계는 '기업이 갖는 이중성'에 따라 두 가지로 나누기도 한다. 기업은 개별자본으로서 독립된 경제단위라는 일면이 있지만, 다른 한편으로는 기업을 운영하는 경영단위, 곧 기술적 단위라는 측면을 지닌다. 두 가지 측면을 감안하여 개별자본의 독립성을 강조하면 지배종속관계(또는 상호대립관계)로 파악할 수도 있고 경영기술적인 측면을 주로 보면, 협동관계(상호의존관계)로 파악할 수 있다. 전자의 관점을 생산관계적 관점이라 하고 후자의 관점을 생산력적 관점이라고 한다.

중소기업문제의 이러한 여러 측면을 반영하여 형성된 중소기업이론을 총괄적으로 범주화하여 그 존립문제의 관점에서 정리·검토한 것이 석사학위논문이었다. 좀 더 살펴보면 독점구조적 중소기업론, 불완전경쟁론, 적정규모론적 중소기업론, 중소기업 존립조건론, 사회경제정책적 중소기업론 등이 그것이다. 돌이켜 보면 나의 중소기업 경제이론 연구의 초기 단계인 석사학위논문에서 다루었던 이들 이론은, 비록 그것이 모든 이론을 깊이 있게 탐구한 것은 아니었지만 그 뒤 줄곧 내 연구의 토양이 되었다고 생각된다. 이 논문은 내가 1969년에 석사과정에 입학한 2년 뒤인 1971년에 발표한 것이었다.

大 學 全 書（經濟學講義）

中小企業經濟論

趙　觀　行
　　　　　共著
李　敬　儀

博　英　社

<사진 3-9> 중소기업경제론

나의 석사학위논문이 발표된 뒤 조사부에서 오랜 연구 생활을 했고 그 뒤 조사부장을 역임한 조관행 조사역이 교과서 발간을 제의해 왔다. 조사부에서 근무하는 동안 많은 글을 썼고 이 분야에서 일가견을 가지고 있었기에 교과서를 출판하고 싶은 마음이 있었지만, 그 체계를 갖추려면 총론 부문에 해당하는 중소기업문제를 총괄하는 정리된 이론이 있어야 했다. 그는 나의 논문 발표로 그것이 이루어졌다고 보고 교과서 출판이 가능하다고 판단했던 것이다.

앞부분에 이 논문을 게재하고 뒷부분에서는 그가 써온 부문별 내용을 수록하였다. 하청관계와 계열화, 여기서 전문화문제를 포함하여 기업 사이 관련 관계로 묶었다. 또 협동조합과 협업제도, 사업조정문제를 묶어서 중소기업의 조직제도로, 여기에 중소기업의 금융제도, 영세기업문제를 수록하였고 마지막으로 중소기업정책도 서술되었다.

이런 체계를 갖춘 중소기업 관련 교과서를 《중소기업경제론》이라 이름 붙여 1972년에 출간하였다.(사진 3-9) 그 당시 중소기업 분야 관련 대학교과서가 없었던 터라 대학교재 출판으로 가장 권위 있는 박영사에서 출판을 맡아 주었다. 한국 최초로 경제이론을 바탕으로 한 중소기업 관련 교과서였다. 나의 석사학위논문이 작성·발표되었기에 이런 의미 있는 출판도 가능했으며 중소기업 경제이론의 체계화에 초기적 작품이라고 할 수 있다.

4. 더 높은 이론의 탐구 : 박사과정 입학

(1) 서울대 신제 경제학 박사과정 제1호로 등록

박사과정에 진학하기로 마음먹었다. 석사과정을 거치면서 아무래도 경제학 이론 수준이 충분하지 못하고 중소기업 경제이론을 깊이 있게 체계화하려면 더 높은 이론의 탐구가 필요하다고 느꼈기 때문이다.

지도교수와 상의 아래 긍정적 답변을 받았다. 석사과정에서 보여 준 나의 학문적 소양과 중소기업이론의 탐구에 대한 열정을 인정하였다고 생각했다. 문제는 입학시험이었다. 시험과목은 석사과정과 같이 전공, 영어, 제2외국어이었는데, 이 가운데 제2외국어 시험이 이번에도 문제였다. 할 수 없이 을지로 2가에 있는 독문화학원 고급과정에 등록하였다. 오후 6시부터 시작하여 2시간 동안 하는 강의였다. 나이 먹은 아저씨(?)가 어린 학생들 틈에 끼어 수업을 듣는다는 것이 여간 거북한 일이 아니었다. 하지만 목표가 있는지라 인내력을 갖고 열심히 했다.

1972년 초에 치러진 시험에서 합격했고 등록했다. 3년 기간의 박사과정이 시작된다. 솔직히 말해서 당시 나는 박사학위과정에 등록했지만 학위를 취득할 마음의 준비는 별로 되어 있지 않았다. 그냥 높은 수준의 경제학 이론을 습득하고자 함이었다.

그 당시 박사학위를 받는 길은 두 가지가 있었다. 하나는 구제旧制 취득이고 다른 하나는 신제 취득이었다. 전자는 연구경력과 업적이 높은 사람(주로 교수)이 논문을 제출하고 심사하여 통과되면 박사학위를 얻는 제도였다. 학제가 신제 학위 습득과정으로 이행되면서, 지금까지 학계에서 경험과 업적을 쌓은 분들에게 학위 취득의 길을 열어 주는 과도기적 제도라고 할 수 있다.

이에 견주어, 신제 학위제도는 박사과정 3년을 이수하고 자격시험에 합격한 뒤 논문을 제출·통과하면 학위를 주는 제도였다. 바로 나는 이 신제 박사학위제도에 따라 박사과정에 입학한 것이다. 하지만 당시 서울대 대학원 경제학과 박사과정은 제도는 설치되어 있었지만, 실제로 운영되지는 않았다. 그때까지는 아무도 입학하여 과정을 이수하면서 박사학위를 받고자 한 사람이 없었기 때문이다.

이 벽을 뚫고 내가 용기를 내 도전을 한 것이다. 말하자면 서울대 경제학과 신제 박사과정 제1호로 등록한 것이다. 혼자서 아무도 가본 적이 없는 미지의 세계를 개척자(?)의 심정으로 시작했다. 처음 가는 이 길은 불안했고 어려움이 많았다. 앞서 걸어온 선배의 경험이 전혀 쌓여 있지 않았기 때문이었다. 어느 정도, 어느 만큼의 이론 수준을 습득해야 하는지 알 수가 없었다. 그저 지도교수를 비롯한 강의를 담당한 교수들의 지도에 따를 수밖에 없었다.

과정을 혼자서 하기 때문에 강의시간을 정하는 데 따르는 어려움은 적었다. 석사과정과는 달리 개별면담 강의였기 때문이다. 하지만 과정의 이행에서 어려웠던 것은 교재 확보의 문제가 컸다. 학기 초에 교수들과 강의면담에서 교재가 정해진다. 한 학기에 보통 3과목인데 교재가 대부분 새롭고 고급이론을 다룬 것들이어서 국내에서 구하기 힘든 것들이 많았다. 그렇다고 지금처럼 복사기술이 발달하지도 않았으니 교수가 소장한 저서를 복사해서 공부할 수도 없었다. 하는 수 없이 주로 미국에 있는 친지들에게 부탁해서 구할 수밖에 없었다. 그러다 보면 한 달이나 한 달 반 이상

걸리는 경우가 허다했다. 실제로 강의는 늦게 시작될 수밖에 없었고 방학기간이 다 되어야 학기를 마감하는 경우도 많았다.

박사과정의 강의는 석사과정과 달랐다. 높은 수준의 이론 습득만이 아니었다. 그 밖에 소논문(paper)의 작성이나 큰 과제를 맡아 끝내야 하는 경우가 허다했다. 변형윤 교수는 경제발전론 강의에서 '경제발전과 이중구조 모형'이라는 과제를 주었다. 이것을 한 학기 안에 끝내야 하는 것이었다. 수많은 관련 논문과 참고문헌을 수집하고 탐독하여 이 과제를 진행했다.

이중구조이론은 원래 사회학에서 동남아 등 후진사회가 이중사회구조라는 지적에서 비롯되었지만 경제발전이론에 본격적으로 도입된 것은 1954년 A.루이스(A.Lewis)에 의해서였다. 그는 후진경제를 전근대적인 농업부문과 근대적인 공업부문으로 구성된 이중구조로 보았다. 농업부문에는 한계생산력이 영(零)에 가까운 잠재실업이 무제한으로 있는데 이들을 생존수준 임금으로 공업부문에 이동하면, 공업부문에 저임금노동이 공급되고 자본축적이 이루어져 경제의 근대화와 공업화가 된다는 이론틀이었다.

이 이론은 그 후 수많은 연구를 거쳐 '전환점 이론'까지 이르게 되었고 일본경제를 대상으로 일본경제의 발전과정에서 전환점이 언제냐는 연구단계까지 진행되었다. 그 과정을 연구하여 결과를 집약하는 것이 경제발전론에서 내가 받은 과제였다. 힘든 과제였고 열심히 했지만 쉽게 매듭지어지지 않았다. 더구나 수집한 논문 가운데는 계량적 분석을 한 것도 많이 있어서 난해하기도 하니 쉽게 진전되지 않았다. 학기 말이 다 되어 결과를 제출할 기일이 촉박하였다. 여기에 출장까지 겹쳐 부산 출장지 여관방에서 밤을 새워 작업을 했던 기억이 난다.

이 과제는 당시 본격적으로 추진하고 있던 한국 경제개발의 이론모형을 설명하려는 것으로 보였다. 이때 공부한 것은 뒷날 내가 중소기업이론을 연구하는 데도 큰 도움을 주었다. 1950년대 말 일본에서 중소기업 근대화정책을 시행하면서 대기업 부문을 근대 부문으로, 중소영세기업 부문을 전근대 부문으로 하는 이중구조론을 중소기업 개발의 이론적 기초로 했기 때문이다.

그 뒤 변 교수께서는 이중구조론 이야기가 나오면 이경의 교수한테 물어보라는 말씀을 하시곤 했다. 조순 교수는 경제정책론 강의에서 소논문의 작성·제출을 요구하였다. 그때 작성한 것이 〈산업조직 정책의 성격과 그 유형에 관한 연구〉였다. 그 뒤 좀 더 보완하여 숙명여대 경제연구소가 발행하는 논문집에 이를 게재한 적이 있다. 화폐금융론 강의에서 조순 교수는 학기 말에 시험을 치르게 했다. 시험문제를 주고 2시간에 걸쳐 답안을 작성한 적이 있는데, 상당히 이례적인 것으로 기억이 난다. 미국에서 수학하고 강의한 분의 꼼꼼한 측면을 읽을 수 있었다.

이현재 교수(재정학)는 당시 대통령이 참석하는 평가교수단에서 대표로 한국경제에 대한 브리핑을 하게 되었는데 그 원고(안)를 내가 작성한 적이 있다. 물론 많은 수정을 거쳤지만 동교동 교수 자택에서 밤늦게까지 이를 수정·보완 작업을 했던 일도 있다.

강명규 교수의 경제사 강의에서는 그때까지 전혀 접해 보지 못했던 경제사의 새로운 흐름을 알 수 있었다. 이른바 신경제사의 흐름인데 계량적 분석으로 경제사를 실증·연구하는 내용이었다. 그때 선택해 준 교재는 철도의 발전이 미국경제 발전에 미친 영향을 실증적 자료와 계량적 분석으로 검증한 내용이었다. 지금까지 역사적 사료와 문헌의 고증에 의존했던 경제사 연구의 패턴과는 아주 다른 내용이었다. 경제학사를 전공하기도 한 강교수는 구수하고 차분한 입담으로 세계 석학들과 만났던 일도 강의시간에 들려주곤 했다. 예컨대 영국 캠브리지대학에서 J.로빈슨(J.Robinson) 여사를 만났던 이야기 가운데 하나다. 중국을 방문하여 마오(毛澤東)로부터 선물 받은 마오식 복장을 입고 강의하더라는 것이었다. 그와 대담하다가 일본 동경에 들르는 길에 한국에도 와달라고 초청을 했더니 한국경제는 미국경제가 버려 놓은 경제인데 가 볼 필요가 없다는 대답이었다는 것이다. J.로빈슨 교수는 잘 알려진 대로 근대경제학의 대가이면서 마르크스 경제학에도 조예가 깊은 석학이기 때문에 나온 답변이 아닌가 생각된다.

그 무렵 변형윤 교수께서는 서울대 경제학과에서 한국경제론 강의를 했는데, 그 강의 방법이 독특했다. 총론과 결론 부분은 변 교수께서 직접하고 각론 부분은 해당 분야에서 실무경험을 오래 쌓은 전문가를 초청하여 강의토록 하였다. 이때 중소기업을 부분별 강의의 한 분야로 정하고 나에게 담당하도록 했다. 한 2주 정도 강의한 것으로 기억하는데 변 교수의 이러한 결정은 나의 중소기업 연구에서 중요한 의미를 갖는 것이었다. 한국 경제학계에서 최초로 중소기업을 경제학 연구의 한 영역으로 정하는 결정이었기 때문이다. 말하자면 중소기업을 연구하는 학문의 마당[場]을 마련해 주는 조치였다고 생각했다.

이 마당을 얼마만큼 잘 메우느냐는 것은 그것을 연구하는 사람의 몫이다. 지도교수가 마당을 마련해 주었으니 이제 마음껏 연구에 매진하여 중소기업이론을 체계화하라는 지도교수의 결정으로 받아들여졌다. 뒷날에 나는 대학교 교수로 재직하면서 지도교수의 역할이 무엇이며 지도교수는 어떻게 해야 하는가의 가르침을 알 수 있었다. 이 강의를 종합하여 1977년에 출간한 《한국경제론》(유중출판사)에도 중소기업은 제12장에 수록되었다. 농업, 공업, 사회간접자본, 유통업, 금융, 재정, 외자도입, 국제수지, 무역, 외환, 기업경영, 물가, 소득분배, 경제개발계획 등 한국경제의 주요 부문이 수록되어 중소기업이 당당히 한국경제 연구의 한 부문으로 정착되었다.

그 무렵 어느 겨울 나는 종암동에 있었던 조순 교수 연구실을 방문한 적이 있었는데 아마 박사학위과정이 거의 끝나갈 때였다. 난롯가에서 블랙커피를 주셨다. 어찌나 쓴지 먹기가 거북했다. 그때까지 나는 그렇게 쓴 커피를 먹어 본 적이 없었다. 미국 생활을 오래한 조순 교수에게는 그런 커피가 익숙해져 있었던 것으로 보였다. 커피를 마시는 둥 마는 둥 하고 있는데 난데없이 질문을 했다. 박사학위 논문준비는 잘 되어 가느냐는 말씀이었다. 생각지도 않은 질문에 당황해서 나는 원래 박사과정의 이수의 목적이 학위 취득보다는 높은 경제학이론의 탐구에 있었다고 답했다. 그랬더니 정색을 하면서 무슨 소리냐, 학위과정을 했으면 당연히 박사학위를 받아야 한다는 말씀이었다. 미국에서 공부를 했고 또 교수직을 맡아 본 분이라서 하는 말씀이었고, 아마 내가 학위과정에서 보여준 성실성과 이론 습득의 수준을 감안한 것으로 생각된다. 그 뒤 나는 박사학위 취득의 가능성을 잠재적으로나마 인지하게 되었다. 생각해 보면 조순 교수의 이날 지적과 권유가 나에게는 학위 취득에 도움과 용기를 주었다고 생각되어 두고두고 고맙게 여겼다.

(2) 박사학위 취득과
《한국경제와 중소기업》(1982년, 총 264쪽)

학위 취득의 길은 기약이 없었다. 박사과정을 수료하고 무작정 기다릴 수밖에 없었다. 혼자서 그리고 처음으로 남이 가지 않았던

<사진 3-10> 경제발전과 중소기업에 관한 연구

미지의 과정을 했기에, 이전의 경험이나 사례가 없으니, 그 수준도 가늠할 수 없었다. 경제학과 안의 교수들의 평가나 지도교수의 결정을 기다리는 수밖에 없었다.

1976년 초쯤 지도교수께서 자격시험을 보아 놓으라는 지시를 했다. 과목은 역시 전공, 영어, 제2외국어였다. 이때도 제2외국어의 수준이 높으니 단단히 준비하라고 격려해 주셨다. 열심히 준비했지만 정말 이런 시험도 있구나 싶은 정도였다. 독일어사전을 시험시간에 가지고 들어가도 좋다는 것이었다. 짐작이 갔다. 번역문제가 출제되었는데 사전을 뒤져 가며 세 문제를 번역했다. 그런데 그 내용을 잘 이해하지 못할 정도의 문제였다. 지금 기억에 아마 희랍시대 미술철학사에 관한 내용이 아니었나 생각된다. 어쨌든 자격시험은 합격했다.

그 후 학위 취득의 가능성은 더 커졌다. 자격시험에 합격했기 때문이었다. 다음에는 논문제출 문제였다. 혼자서 대비하며 논문준비에 몰두했다. 물론 주제는 중소기업에 관한 것이었고 지도교수도 그것을 알고 있을 것으로 생각했다.

1977년 초 무렵 논문을 준비하라는 지도교수의 지시가 있었다. 1학기가 아니고 2학기 심사를 대비하라는 것이었다. 새로 작성한다고 생각하면 시간이 빠듯하여 어려울 것 같았다. 그렇지만 이미 발표된 부분도 있어서 얼심히 준비하였다. 논문 제목은 《경제발전과 중소기업에 관한 연구》(사진 3-10)로 잡았다. 한국경제의 발전과정에서 중소기업의 역할과 정책을 이론적 실증적으로 분석하려는 것이 목적이었다.

박사학위논문은 석사학위논문과는 달라서 이론적 정리·분석만으로는 되지 않았다. 이론뿐만 아니라 실증적 분석이 뒤따라야 했다. 곧 이론모형을 설정하고 그것이 실증분석을 통하여 어떻게 검증되는가를 살펴보고 그 결과가 결론으로 이어져야 했다. 더욱이 한국 중소기업문제는 정책적 실시가 선행되면서 인식되고 또 이론적 연구도 진행되었기에 정책의 문제를 같이 다루지 않을 수 없었다.

정책분석은 이미 발표된 바가 있었고 실증적 검증에 필요한 자료도 충분히 뒷받침할 수 있었다. 내가 10년 이상 중소기업은행 조사부에서 근무하면서 작성하고 분석하면서 접한 것이 그 부문이기 때문이었다. 문제는 이론모형의 구성이었다. 창의적 이론모형의 설정이 필요했다. 그렇다고 새로운 중소기업이론을 개발 연구하는 것은 어려웠다. 그래서 이미 발표된 중소기업이론을 한국 중소기업 분석을 위하여 요구되는 방향으로 재구성하기로 했다.

현실적으로 중요한 중소기업문제가 발생하는 계기는 대기업과 중소기업의 관계에서 비롯된다. 이 관계는 두 가지 측면을 갖는다. 하나는 둘의 상호협력관계의 측면이고 다른 하나는 서로 대립하여 지배종속에 이르는 관계이다. 이 두 측면이 한국 중소기업문제 분석에서 가장 큰 초점이 된다는 데 착안하였다. 전자는 생산력적 관계이고 후자는 생산관계적 측면이다. 이에 따라 중소기업이론을 생산력적 중소기업 개발이론과 생산관계적 중소기업 개발이론으로 재구성하여 분석에 필요한 이론모형을 창출하였다.

이 정도로는 이론모형의 틀이 충분하지 않았다. 너무 평면적이라고 생각되어 여기에 입체적 관점을 추가하기로 했다. 왜냐하면 한국 중소기업의 전개과정은 식민지 지배를 경험한 한국자본주의의 특징을 갖고 있고 해방 후도 원조경제와 차관경제를 거친 역사적 특수성이 있기 때문이었다. 그래서 고전적 자본주의 발전의 길을 걸은 선진자본주의와 달리 종속적 자본주의 길로 전개된 후진자본주의에서 중소기업문제를 분석하고 여기에 맞는 모형을 한국 중소기업의 발전과정에 도입하기로 했다.

그리하여 분석의 평면적·입체적 모형을 만들었다. 여기에 한국 중소기업 개발과정에서 정책적 인식의 중요성을 감안하여 한국 중소기업정책의 전개과정을 깊이 있게 분석·고찰하였다.

그런데 자본주의 형성의 선진적 유형을 고찰하면서 중산적 생산자층을 무리하게 원용한 아쉬움이 남았다. 이 점은 박사학위를 한 그해 경제사학회에서 발표할 당시에도 지적을 받은 바 있다. 돌이켜 보면 조급하고 무리한 경제사적 모형 선정에서 빚어진 결과로 생각된다.

박사학위논문은 자본주의 전개의 역사적 고찰에서 유추한 입체

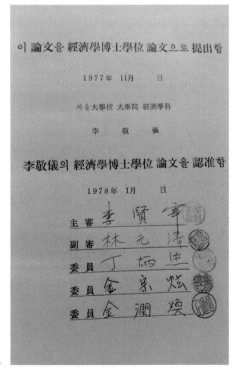

<사진 3-11>
심사위원들의
박사학위
인준 서명사진

<사진 3-12> 1978년 2월. 서울대 박사학위 수여식장에서 아내와 필자

적 측면과 두 측면으로 새롭게 구성된 창의적 중소기업 개발이론
을 기반으로 하고 풍부한 자료를 원용하여 이론적 실증적 검증이
이루어졌고 여기에 정책적 인식과 분석이 더해져서 완성되었다. 논
문은 1977년 가을학기 심사에 넘겨졌다.

주심은 이현재(재정학) 교수가 맡아 주셨고 심사위원에는 임원택
(정치경제학), 정병휴(미시경제학), 김종현(경제사) 교수 등 경제학과 교
수 외에 외부 심사위원으로는 김윤환(경제정책) 고려대 교수가 참여
하였다.(사진 3-11)

오랜 심사 끝에 1978년 1월에 인준이 완료되었고 나는 그해 2
월 졸업식에서 경제학 박사학위를 받았다.(사진 3-12) 서울대학교
대학원 경제학과 신제 경제학 박사학위 제1호가 탄생한 것이다.

1982년에는 나의 석사학위논문과 박사학위논문을 묶어서 《한

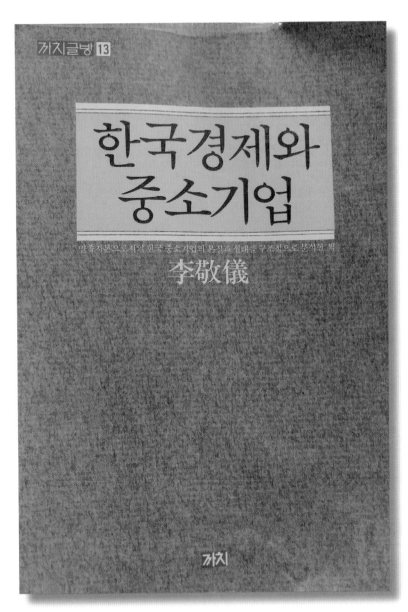

<사진 3-13> 한국경제와 중소기업

국경제와 중소기업》〈사진 3-13〉이라는 단행본으로 출판되었다. 제1부에서는 박사학위논문을 기초로 〈경제학과 중소기업〉 그리고 제2부에서는 〈중소기업의 본질과 존립문제〉로 편집되었다. 두 논문이 완성되면서 일단 나의 중소기업경제이론 체계의 초기 틀은 잡힌 셈이고 그것을 종합한 것이 이 책이었다.

5. 중소기업 금융문제의 연구 : 《경제발전과 중소기업금융의 효율화》
(1979년, 총 255쪽)

이어서 한국경제연구센터의 연구총서 5권을 소개하기로 한다.

1977년 숙명여대로 자리를 옮기고 1978년 박사학위를 받았지만 학위논문 준비와 신임교수로서 강의 준비 등 겨를이 없이 보냈다. 그러던 참에 대한상공회의소 조사부에서 연락이 왔다. 그 기관 산하 경제연구센터의 총서 집필을 맡아달라는 제의였다.

대한상공회의소는 대기업뿐만 아니라 중소기업도 회원으로 참가하고 있기 때문에 중소기업자의 이익 보호도 소홀히 할 수 없었다. 따라서 연구센터에서 간행하는 총서에는 당연히 중소기업 관련 이론과 정책제안이 포함되어야 했다. 당시에 경제개발이 본격화하면서 중소기업의 역할이 크게 부각되고 있었지만, 그에 대한 이론적 정책적 방향을 체계적으로 정리하여 제시할 만한 연구자가 마땅치 않은 것이 현실이었다. 그때 대한상의에는 정도영 이사와 박용상 조사부장(뒤에 전무)이 이 문제를 관장하고 있었다. 개인적으로는 박현채 교수의 소개와 친분도 있었지만 두 분은 나의 중소기업 연구실적과 이론적 수준에 대하여 높이 평가하고 있었다.

집필을 맡는 자리에서 총서에 담을 내용의 과제를 내가 선택할 수 있도록 해 달라고 제안했다. 원래는 총서의 과제와 주제는 용역을 주는 측(대한상의)에서 하는 것이 일반적이었다. 나의 제의에 좀 망설이기는 했지만 긍정적으로 답해 주었다. 그래서 내가 처음 선택한 과제가 중소기업 금융문제였고 그 이후 나는 5권의 총서를 맡아 집필하였으며 모든 주제를 내가 선정하였다. 중소기업이론의 체계적 연구라는 긴 과정에서 과제를 선정하였기에 나의 연구에 큰 도움을 주었다. 지금도 두 분의 어려운 배려에 깊은 감사의 마음을 갖고 있다.

처음 선정한 중소기업에 대한 연구주제는 《경제발전과 중소기업금융의 효율화》(사진 3-14)였다. 내가 중소기업은행 조사부에 장기간 근무하면서 실태조사 등을 통해 파악한 중소기업이 직면한 가장 큰 어려움은 자금난이었고 그 때문에 중소기업은행이라는 정책금융기관이 설립되기도 하였다. 중소기업은 일반 상업금융에서는 대기업과 자금조달 경쟁에서 취약한 위치에 있기 때문에 이를 보완해서 자금조달의 애로를 완화하고 나아가 경제개발에서 중소기업의 역할을 높여 보고자 한 취지였다.

이 총서는 경제발전과 중소기업, 경제발전과 중소기업금융, 한국 중소기업금융의 실태, 중소기업 금융정책의 전개에 이어서 선진국의 중소기업문제와 중소기업 금융제도를 고찰하고 필요한 중소기업 금융정책 방향을 건의하고 있다.

중소기업금융 문제를 별도의 과제로 정하고 연구대상으로 한

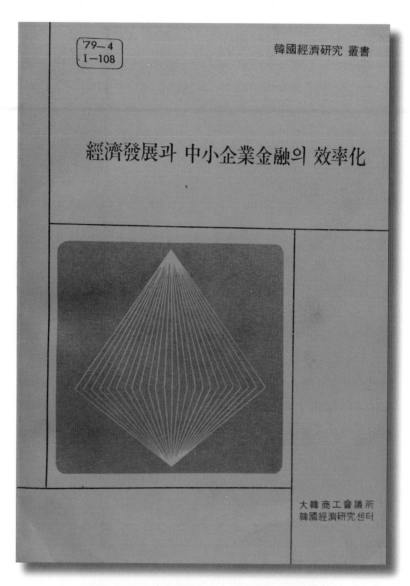

'79—4
.I—108

韓國經濟研究 叢書

經濟發展과 中小企業金融의 效率化

大韓商工會議所
韓國經濟研究센터

<사진 3-14> 경제발전과 중소기업금융의 효율화

데는 중소기업금융이 일반기업금융이나 대기업 금융에 견주어 특수성을 가지고 있기 때문인데, 여기서는 그 점을 좀 더 상세히 밝히고 있다.

① 중소기업금융의 대상 업체는 자본의 취약성 때문에 경영규모가 영세하고 불안정하며 대기업에 견주어 경쟁조건이 불리하다.

② 중소기업은 대외적인 신용 및 담보가 부족하다. 중소기업은 신용력의 취약성과 경영의 불안정성이 특징인데 여기에 차입액에 대한 충분한 담보력도 부족하다. 대인신용도 취약하여 담보주의 원칙에 입각하고 있는 금융기관에서 융자를 얻기가 어렵다.

③ 사업규모가 작아서 건당 자금수요가 영세하다. 중소기업은 경영규모가 작기 때문에 소요자금이 대기업에 견주어 작다. 따라서 중소기업에 대한 금융은 업무의 번잡성과 높은 융자비용을 내포하고 있다. 이 밖에도 중소기업은 일반적으로 융자대상으로써 평가기준에도 이르지 못한다.

④ 금융기관은 융자를 내주면서 차주를 몇 가지 기준으로 평가한다. 차주의 인격, 능력, 자본력, 담보, 경영조건 등이 그것이다. 중소기업은 대기업에 견주어 이러한 기준에 약해서 융자에서 적합성이 떨어진다. 그 밖에 가계와 경영의 비분리에서 오는 대출자금의 비생산적 유용가능성, 도산할 확률이 높은 데 따른 대손貸損 가능성이 크다는 것도 중소기업금융의 어려움이다.

⑤ 중소기업금융은 위험률이나 불확실성이 커서 융자조건이 번잡하고 고금리 단기성 대출의 경향이 불가피하다.

⑥ 근대적 자본시장을 통한 장기자금조달이 어렵고 기업체 수

가 과다하여 자금조달에서 경쟁이 심하다.

이런 연유로 중소기업금융은 증권시장과 상업금융조직을 기반으로 하는 근대적 자본조달 기구에서 소외된다. 그 결과 장기자본조달이 어렵게 되고 일반금융원칙 아래 융자대상에서도 소외되어 단기자금 조달도 어려움을 겪고 있다. 이로 말미암아 사채私債 등 전근대적 자금조달방법에 의존하고 또 고금리 대출자금에 노출되고 있다.

금융의 취약성에도 경제개발에서 중소기업의 역할은 크기 때문에 중소기업자의 금융취약을 보완해 주어야 하는 것이 중소기업 금융정책의 과제이다.

이런 과제에 대응하여 이 총서는 몇 가지 정책방향을 건의하고 있다.

첫째로 산업정책 면에서 대기업의 중소기업 분야 침투를 방지해야 한다는 것이다. 이 문제는 오늘날에도 심각한 정책과제로 되고 있는데 금융 면에서 중소기업은 대기업의 부당한 중소기업 분야 침투로 위축되어 자금난을 겪게 된다고 보기 때문이다.

둘째는 중소기업금융을 양적으로 확대하고 질적으로 개선할 것도 건의했다. 대기업에 융자집중 방지, 시설금융의 확충, 개발금융에서 금융 외적 제요인인 개발용역 수행의 병행 등이다.

셋째 중소기업금융제도에서 일반은행의 중소기업금융 참여도를 높이고 정책금융기관의 전문성을 높여야 한다는 것이었다. 정책금융기관은 일반은행과 달리 자금조달에서 재정자금, 채권발행, 외자 등의 재원조달 비율을 높여서 설립목적에 충실한 전문성을 지녀야 한다는 것이다. 그리하여 중소기업에 단기자금보다 중장기자금 공급 기능을 수행하도록 해야 한다는 것이다.

그 밖에 담보 위주 대출관행을 극복·완화하도록 신용보완제도를 강화하고 신용보증기금의 대기업 집중화 경향도 방지해야 한다는 것이다.

중소기업금융에 대한 이 연구총서의 내용은 1970년대 말의 실정에서는 적합했고 매우 긍정적 평가를 받았다. 중소기업문제의 핵심과제인 금융문제를 이론적, 실증적으로 분석하였으며 연구 수준에서도 그 당시에는 새로운 내용과 정책건의를 담았다는 평가였다.

6. 산업분석에서 기초개념 정립 :
《경제개발과 산업구조의 개선》
(1983년, 총 100쪽)

중소기업을 연구하는 데 산업분석의 기초개념을 정립하는 것은 필수적이다. 중소기업이 산업구성체의 주요 부분이기 때문이다. 이번 연구에서는 경제발전의 관점에서 산업구조를 어떻게 개선할 것인가의 정책적 함의를 주제로 택하였지만, 나의 중소기업 연구과정에서는 산업의 기초개념을 분석·정리하는 것이 주요한 목적이었고 뒷날 중소기업 연구에 큰 도움이 되었다. 왜냐하면 중소기업도 산업인 이상 산업의 개념 정립은 바로 중소기업 연구에도 그 방법에서 이어지기 때문이다.

산업분석의 기초개념에 이어서 산업구조 변화와 그 요인, 경제개발과 산업구조, 산업구조상의 문제와 그 개선을 분석하고 끝으

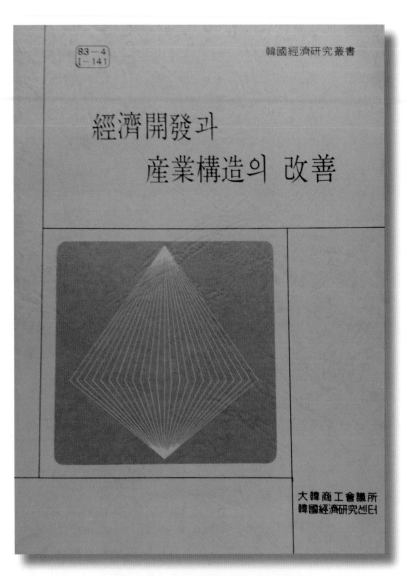

<사진 3-15> 경제발전과 산업구조의 개선

로 정책 건의로 이 연구총서는(사진 3–15) 마무리되었다. 오늘날에도 대외의존도, 특히 산업구조의 대일의존도가 큰 문제로 제기되고 있지만, 이 연구총서는 이미 1980년대 초에 그것을 크게 지적하고 있다.

하지만 이 논총에서 주목이 되는 내용은 산업분석의 기초로서 '기능과 구조'라는 대비되는 개념을 제시·정리하고 있는 점이다. 먼저 오늘날 규정되는 산업(industry) 개념을 설명하였다. 거시적 측면에서는 국민경제를 일정한 기준에 따라 여러 개의 활용부문으로 나누고 그 구성을 나타내는 단위를 산업이라고 한다. 또 미시적 측면에서는 여러 기업을 일정 기준에 따라 통합하여 그 집합단위를 산업이라고 한다. 이때 분류의 기준은 수요 측면에서는 욕구되어지는 여러 상품 사이의 대체보완 관계이며 공급 측면에서는 생산되는 재화의 생산기술상의 유사성에 따른다. 산업의 개념을 이렇게 규정하는 것은 산업이 국민경제 전체라고 하는 거시적 단위와 개개의 기업이라고 하는 미시적 단위의 중간단위로 있기 때문이며, 이는 경제이론의 분석체계에 따른 것이기도 하다.

하지만 이처럼 산업의 특성을 규정하는 것은 국민경제의 전체 활동(거시경제적) 또는 기업의 활동(미시경제적)을 일정한 기준으로 분류한 형식논리적인 기능적 설명에 지나지 않는다. 이를 넘어서 산업개념 규정에는 다음과 같은 몇 가지 특성이 부가되어야 한다는 시각이 있다.

첫째로 산업 활동은 부가가치의 창출 또는 가치창조의 과정이다. 따라서 산업의 특성은 국민경제의 재생산 순환과정에서 생산적 측면을 나타내는 것이고, 그 내용은 국민경제의 생산력 수준을 뜻한다. 즉 산업은 국민경제 가운데 부문 개념이기도 하지만 그 골격을 형성하는 것이기 때문에, 경제순환의 이해에서 무엇보다 중요한 내부요인이 된다.

둘째로 산업 현상은 인간과 자연의 관계, 그리고 인간과 인간의 관계라는 이원적 체계 속에서 이루어진다. 인간이 자연에 대하여 작용하고 자연이 인간에 주는 반작용의 관계라는 '인간·자연체계' 속에서 여러 요소의 통일적 현상으로 산업 현상이 구체화된다. 또한 거기에는 '인간과 인간의 관계'에서 형성하는 사회적 여러 요소가 포함되고 있다. 산업 활동에는 이 두 가지 체계가 상호작용한 생산력과 생산 관계가 종합적으로 반영된 구조적 특성이 포함되어 있다.

셋째로 이러한 이유 때문에 산업 현상은 탈가치적이 아닌 역사적, 사회적 현상으로 그 실체가 이해되어야 한다.

이러한 설명에서 산업 현상은 '기능론적 관점'만으로는 이해할 수 없고 역사적, 사회적 현상 속의 '구조론적 이해'가 병행되어야 한다는 점을 알 수 있다. 곧 산업 현상에 대한 '구조와 기능의 통일적 이해'로서만 산업사회의 문제를 정확히 인식할 수 있고 거기서 문제를 해결하는 실천적 방향도 나올 수 있다고 본다. 산업 현상 분석의 기초개념으로 '기능과 구조'라는 두 개념이 나오는데 이것은 산업 현상의 일환인 중소기업문제 인식에도 중요한 기준이 된다.

'기능과 구조'는 산업문제 접근에서 두 가지 흐름이 되고 있다. 산업 현상을 기능론적으로 인식하는 것은 주로 근대경제학의 접근방법이다. 구조론적 접근은 후진자본주의경제에서 국민경제구조를 이질적 경제구조로 구성된 것으로 보고, 이를 개선하기 위한 실천적 이론으로 제시된 것이다. 이에 산업 분석의 방법론의 기초로서 제기되는 기능(function)과 구조(structure)라는 두 가지 기준을 정립할 필요가 있다.

기능이란 일반적으로 어떤 현상에 대하여 이를 조성하는 배후의 구조가 상호 의존하는 여러 인자 사이의 구성으로 파악될 때 이들 여러 인자의 상호관계 또는 이들 여러 인자가 전체구조와 같은 관계를 뜻한다. 따라서 기능 개념은 관계 개념이며 시스템에 있어서 요소 간의 관계를 말한다. 사회경제시스템에서 요소 사이 관계는 상호관계이며 더 적극적으로는 상호작용 또는 교호적인 상호작용을 뜻한다. 이 기능 개념 또는 기능 중심 방법론의 흐름을 기능주의(Functionalism)라 하고 학문적으로는 주로 근대경제학에서 두드러지게 나타났다.

이에 대하여 구조 개념은 '전체로서 또는 전제와'라는 전제가 있다. 구조 개념에는 '전체'의 특질을 규명하는 문제가 있다. 기능 분석이 인격적 동기와 행동을 포함하는 질서의 분석임에 대하여 구조분석은 비인격적 질서의 분석이며, 전자의 추상성 및 보편성과는 달리 구체성과 개별성을 갖는다. 곧 구조분석은 특정한 성질의 상대적 지속성 및 고정성을 갖는 현상의 분석이며, 변화하는 국민경제 순환의 분석이 아니고 일반적 '여건'을 분석체계에 포함한다.

구조에는 기능의 결과로 이루어지는 구조요인 이외에 국민경제의 발전단계 및 여건의 측면을 나타내는 구조 여건이 있고, 이것이 각국의 산업발전의 개성 및 산업구조의 해명이 필요한 이유이다. 곧 구조는 구조를 구성하는 요소 간의 상호작용 관계인 기능이 동인이 되는 것이지만, 기능이 구조의 모든 측면을 해소할 수 없는 것이 구조와 기능의 기본적 성질이다.

구조는 형태론적으로 보면 여러 요소의 구성이다. 그런데 제 요소의 구성은 일정한 상호관계 아래에서 이루어지는 것이고 이것은 일정한 질서나 법칙성을 갖는다. 구조는 법칙성을 갖는 요소의 집합이다. 구조의 질(실체성)은 그것을 구성하는 기본단위인 요소가 무엇 때문에 존재해야 하는가 하는 요소 사이 관계로 규정된다.

곧 구조는 구조 자체의 실체성에 따라 규정되며 사회적 산업적 구조는 역사적으로 생성된 것이다. 구조는 사회적 역사적 산물이고 전체구조의 발전적 요구는 역사발전에 합목적성을 갖는 발전 방향에 따라 적합하도록 이루어져야 한다.

이런 두 개념을 바탕으로 산업조직과 산업구조의 개념을 정립하고자 한다.

산업조직은 접근방법에서 기능론적이며 다음과 같이 규정할 수 있다.

첫째로 분석방법에서 산업 전체보다는 산업 안 기업 사이 상호관계에 치중하는 미시적 접근을 시도한다. 기업 사이의 상호작용에 포함되어 있는 역사적 사회적 필연적 산물로서의 법칙성이나 이것의 실체성에 대한 인식은 도외시하기 때문에 분석방법이 탈가치적인 기계론적이며 형식론적인 것으로 된다.

둘째는 경쟁적 시장 질서를 가능한 한 현상 유지시킬 것을 목적으로 하기 때문에 질서·체제유지적인 성격을 갖는다. 자본주의 경제의 구조적 변화로 말미암아 고전적인 완전경쟁 모형이 그 현실적 타당성을 잃게 되자, 그에 대한 차선(second best)의 구상으로 유효경쟁(workable competition effective competition)이론을 제시하여 자본주의적 시장질서의 이론모형으로 삼는다. 이것은 기본적으로 일반균형이론과 파레토최적(Pareto optimum)의 이상을 차선의 방법으로 실현하려는 의도이다. 따라서 여기에는 고전적인 완전경쟁질서의 타당성 결여가 자본주의 발전이 가져오는 역사적 귀결의 필연적 현상이라든가 또는 이러한 귀결의 근원에 대한 실체론적 시도가 결여되어 있다. 다만 자본주의의 독점 심화가 가져올 수 있는 자본주의 질서의 파괴적 종언을 개선하려는 이론적 노력이며 차선적 체제유지의 방안을 강구하는 것일 뿐이다.

셋째는 산업조직론은 반독점 등 독점의 문제를 다루고 있으면서도 독점의 근본적 구조를 분석하기보다는 더 이상 독점의 심화를 방지하려는 이론제시에 그치고 있다. 따라서 자본주의적 경쟁질서의 구조적 모순으로 나타나는 독점을 극복하기 위해서가 아니라 어느 정도의 독점유지의 필연성을 인정하면서 그에 대한 파괴적 결과만을 시정하려고 하는 것이기 때문에 엄밀한 의미에서는 반독점이 아니라고 볼 수 있다. 독점은 더 많은 자본집적과 집중을 추구하는 자본축적의 논리를 관철하려고 한다. 어느 정도의 독과점을 인정하는 유효경쟁질서는 자본주의의 구조적 모순의 결과로서 나타나는 독점을 인정하면서도, 다른 한편에서는 독점을 규제하기 때문에 논리의 자기모순을 포함하고 있다고 보아야 한다. 이러한 산업조직론의 자기모순은 질서가 갖는 법칙적 모순을 인식하지 않고 단순히 그것을 현상 유지하려는 기능론적 방법론의 귀결인 것이다.

한편 산업구조는 생산에 관계되는 산업부문의 구성과 이들 사이 관계, 시장적 균형 또는 전체를 구성하는 내부요인의 구분·배열 등 기능적 의미로 이해될 수 있다. 그러나 경제현상에 대한 구조론적 이해의 중요성을 고려한 산업구조의 개념은 다음과 같이 규정되고 있다.

첫째로 산업구조는 단순한 구성 또는 순환과는 구분되어야 한다. 산업구조는 분할된 부분의 집합이지만 제 요소의 구성체 이상의 전체로서 일체적 실체성을 강하게 갖는다. 그 집합은 법칙성으로 이루어진 일체로서 실체이다. 또한 산업구조는 구조 자체가 하나인 동시에 움직이는 구조이므로 산업에서 재생산순환 이상의 질적 뜻을 갖는다. 그런데 생산요소의 투하로 경제 전체의 순환을 구상하고 이를 산업구조로 표시하는 것은 부분의 상호관계를 나타내는 기능적 뜻을 가질 뿐, 일체로서의 구조가 갖는 동태적, 질적 성격을 나타내지 못한다.

둘째로 산업구조는 절대적 개념이 아니고 역사적 개념이다. 모든 경제 개념이 그러하듯이 오늘날의 산업구조라는 개념과 그 인식의 기반도 자본제 사회의 발전과 그 구체성 속에서 형성되었고 이것은 역사적 흐름 속에서 발전적인 내용을 갖는다. 이러한 의미는 산업구조가 경제사회의 역사적, 과학적인 합목적성을 갖고 정책적 요인의 작용에 따라 경제사회의 모순을 극복하는 발전적 방향으로 고도화되도록 파악되어야 한다는 것을 뜻한다.

셋째로 산업구조가 역사적이어야 한다는 것은 동시에 그것이 일정의 경제사회의 범위를 전제로 성립한다는 것을 뜻한다. 산업구조는 국민경제적 단위를 전제로 하여 그 구체성을 갖는 '국민경제성'의 개념이다. 오늘날 국제화 시대 속에서 세계경제의 상호의존성이 긴밀화되고 있지만 그것이 구조적 일체성을 갖는 기반 위에서 움직이는 것은 아니며, 오히려 세계경제 안의 국민경제들 사이에는 경제적 잉여를 둘러싼 경쟁·대립관계가 깊어지고 있다. 따라서 산업구조의 개념은 국민경제의 주체성과 역사적 발전과정 속에서 형성되는 것이다.

넷째로 산업구조는 정태적 조직이 아니고 동태적인 것이며 이때 가장 중요한 것은 그것을 발전적으로 움직이게 하는 요인이다. 전체로서 움직이는 하나의 구조인 산업구조는 그 구조 안에 여러 힘의 작용, 대소, 강약 등의 요소가 결합된 구조인 것이고 여러 요소의 힘의 관계가 중층적, 계층적으로 작용하는 구조이다. 자본과 노동, 자본제 요소와 비자본제 요소, 자본 내부에서도 상업자본, 금융자본, 산업자본의 작용, 산업자본 안에서도 생산재와 소비재 부문 안의 산업자본, 자본일반 안에서도 독점자본과 중소자본, 외국자본과 민족자본 사이의 작용 등 여러 요인의 변증법적 관계가 산업구조의 발전요인이다. 바꾸어 말하면 산업구조는 이들 실체적 여러 요인이 그 안에서 움직이는 구조이고 이들의 상호작용 관계에 따라 동적인 성격을 갖는다.

다섯째 산업구조는 국민경제를 중심으로 하는 개념이지만, 개방체제하에서는 국민경제가 세계경제의 일환이 되는 것이므로 제국경제의 외압으로 크게 영향을 받을 수 있다. 선진국 독점자본이 자본주의의 범세계화 과정을 주도하는 개방경제체제 아래에서 개발도상국의 산업구조는 그 역사적 합목적성과 동떨어지게 파행성을 가질 수도 있다.

산업에 대한 기초개념을 이렇게 규정한 이 총서에서는 구조론적 접근의 필요성을 강조하였다. 그러면서 산업정책의 기본방향도 재검토할 것을 건의하였다. 이어서 균형 있는 산업구조의 실현, 해외 의존적 산업구조의 개선, 농업 및 중소기업의 적극적 개발, 수출산업의 구조개선, 중화학공업의 구조개선, 끝으로 기술, 정보, 지식집약적 산업의 육성을 정책방향으로 내놓았다.

1980년대 초에 산업에 대한 기초개념의 이러한 규정은 그 뒤 나의 중소기업 이론체계를 만들고 또 그 연구방향을 잡는 데 큰 도움을 주었다.

7. 소기업문제의 집중연구 :
《산업구조의 고도화와 소기업육성》
(1989년, 총 260쪽)

우리나라에서는 1966년에 〈중소기업기본법〉이 제정되었으나 소규모기업에 대한 독립된 조항은 들어 있지 않았다. 다만 제9조에 "상시종업원 5인 이하를 영세기업으로 하고 그 구조개선과 발전에 필요한 시책을 강구한다."고 규정했을 뿐이다. 하지만 중소기업은행이나 국민은행은 이들에 대한 자금지원을 해 왔다. 더욱이 국민은행은 1967년에 중소기업육성자금에 대한 금융 업무를 시작한 뒤 〈소기업자금대출취급요강〉을 제정하여 소규모기업의 육성 발전을 위한 금융 업무를 시행하였다. 그 후 1969년에는 그 범위를 상시종업원 5~49인으로 상향 규정하기도 했다.

그러나 중소기업정책의 본격적 대상으로는 되지 못하였는데 이 것은 소영세기업의 경제개발에서 역할의 중요성을 인식하지 못한 결과였다. 그 뒤 몇 차례 기본법의 개정이 있었지만 중소기업 범위의 상향 조정에 중점이 두어졌다. 이것은 우리나라 중소기업정책이 상위 규모 중소기업에 치중한 불균형적 특성을 가졌기 때문이었다. 그러다가 1982년의 기본법 개정 때 중소기업자를 중기업자와 소기업자로 구분하고 소기업정책을 강구하도록 하였다. 여기에는 그럴 만한 이유가 있었다.

1960년대 이후 본격화한 경제개발방향은 대기업에 편중된 불균형성장정책이었고 그 결과 상대적으로 중소기업 부문은 저성장과 침체상태에 있었다. 이와 같은 기조에서 중소기업정책도 양산체제와 규모경제를 추구하여 중소기업 범위 안에서도 상위 규모에 집중되었다. 이로 말미암아 중기업와 소기업, 그리고 영세기업 사이에 구조격차가 커졌다. 이에 중소기업 범위 내 소영세 규모 기업군에 대한 정책 배려가 시급한 과제로 등장하였다.

일찍이 기업의 규모 사이 격차로 발생하는 이중구조문제는 대기업과 중소기업 사이의 문제였다. 농업과 공업 사이의 이중구조 해소가 경제발전의 1차적 과제라면, 공업부문 안의 대·중소기업 간의 이중구조는 두 번째 단계의 것이고, 여기서 중기업과 소영세기업 사이의 이중구조문제는 세 번째 단계의 것이다. 곧 중소기업 일반 안에 있는 중기업, 소기업, 영세기업 등 다원적 계층 사이에 형성된 여러 격차를 대상으로 한다. 이것은 위로부터 공업화를 달성하되 대기업 중심으로 하고 여기에 중소기업 내부를 분화하여 상위 규모의 우량 중소기업에 치중된 결과로 일어난 현상, 곧 획일적 중소기업 근대화정책의 산물로 나타난 구조적 불균형적 특성을 대상으로 하는 것이다. 그에 대한 적절한 정책으로 격차를 해소하여 국민경제의 근대화정책에 기여하려는 것이다. 이것은 국민경제에서 큰 비중을 차지하고 있는 소영세기업 부분이 전근대적, 정체 상태로 남아 있는 한 국민경제의 근대화는 실현될 수 없다는 정책 인식에 따른 것이었다.

좀 더 깊이 들어가 보면 소영세기업군은 산업구조 고도화과정에서 중요한 자본축적의 저변이라는 점이다. 중기업과 소기업 및 영세기업을 분화하여 근대화를 위한 차별정책을 추구하는 데는 두 가지 의미가 있다.

첫째로 최저변의 근대화를 추진한다는 것이고 이것은 위에서 설명한 내용과 같은 맥락이다. 하지만 이를 자본축적의 논리에서 해석하면 독점자본이 필요로 하는 피라미드형 계층구조에 편입되는 중소영세기업의 근대화를 통하여 지배수탈의 구조를 확립한다는 관점이 있을 수 있다. 더욱이 중소기업 근대화정책의 혜택에서 소외되었던 소영세기업의 근대화로 독점자본이 필요로 하고 국민경제의 근대화에 기여할 수 있는 소영세기업을 육성하려는 것이다.

둘째는 소영세기업의 근대화정책은 필연적으로 육성과 도태를 병행하기 때문에 도태 대상이 되는 전자본제적이며 전근대적 경영에 잠재해 있는 풍부한 노동력을 저임금으로 유동화시킴으로써 대기업과 중기업의 저임금 노동 공급원을 마련하고 자본축적에 기여하도록 한다는 점이다. 특히 영세기업 가운데는 자기 노동을 주체로 하는 자영업무가 많고 약간의 고용노동력을 사용해도 약소자본인 중소기업과는 차이가 있다. 따라서 자본주의 발전과정에서 계층분화가 이루어질 때 자본가 내부의 계층분해라기보다는 영세기업의 경우는 임노동자화를 의미하는 경우가 허다하다. 이것은 자본주의 발전과정에서 계층분화가 자본가와 노동자로의 분화를 의미하며, 중기업의 근대화는 자본가 안의 분화임에 대하여 영세기업의 근대화는 임금노동자화되어 결국 산업예비군 또는 실업자 풀을 구성하게 된다는 것이 자본축적 이론에서 본 해석이다.

소영세기업은 생업을 포함한 중소기업의 최하층 전부를 일괄하여 표현하는 것이기에 이것이 문제되고 정책대상으로 되는 것은, 이 부분이 현대자본주의하에서 큰 생산력을 지니고 있다는 국민경제에서의 중요성 때문이다. 이러한 중요성은 그들이 한편에서 경쟁 도태의 대상이면서도 다른 한편에서는 잔존 이용의 대상이 된다는 데서 찾을 수 있다. 단적으로 말해 소영세기업 정책은 잔존 이용의 근대화일수도 있으며 경쟁 도태가 정책의 중점일 수 있다.

소영세기업정책은 어느 형태이든 중소기업 일반 안에 있는 중기업, 소기업, 영세기업 등 다원적 계층 사이에 형성된 여러 격차를 대상으로 한다. 이 정책은 국민경제의 고도성장을 위하여 부차적

<사진 3-16> 산업구조의 고도화와 소기업 육성

정책으로서 디딤돌 역할을 한다. 한편에서는 근대적 부분의 주도력을 장악하고 있는 대기업과 보완관계를 맺어 자본축적에 기여하려면 소영세기업이 능률적인 근대적 경영형태를 가질 필요가 있다. 또 소영세기업의 근대화를 달성하면 국민경제의 고도성장에 필요한 풍부한 노동력을 창출하기도 한다. 이처럼 이중구조 해소라는 근대화이론과 함께 자본축적과 부의 창출과정에 마르지 않는 노동력의 저수지를 마련하고자 하는 자본축적 논리에 맞추어 소영세기업정책은 적극화되었다고 볼 수 있다.

이런 소영세기업정책의 정책적 함의와 함께 중소기업문제에서 소기업 문제가 갖는 중요성을 안고《산업구조의 고도화와 소기업육성》(사진3-16)이라는 총서를 1989년에 집필했다. 시점으로 보면 중소기업기본법에 소기업의 범주가 정책대상으로 규정된 이후 소영세기업에 대한 체계적 연구의 필요성이 높아진 때였다. 이 총서의 집필을 위하여 경제기획원·산업은행이 공동 간행한《광공업통계조사보고서》1966년, 1973, 1979, 1986년도 간행분의 시계열 자료를 가공·집계하였다. 기업 규모별로는 소기업, 중기업, 대기업으로 구분하였고 공업유형별로는 중화학공업과 경공업으로 나누었다. 그런 구분에 따라 산업체 수, 종업원 수, 부가가치액의 구성 변동추이를 분석할 수 있었다. 1966년 이후 1986년까지의 기간은 경제개발이 본격적으로 시행되고 또 중화학공업 개발도 어느 정도 성숙한 단계에 이르렀으며 자본구조로 보아도 독점자본이 본격적으로 형성된 시기여서 의미 있는 분석이 가능했다.

총서의 내용을 개괄하면 다음과 같다. 먼저 소영세기업 문제의 형성과 그 특성, 자본축적과 소영세기업에 이어 산업구조의 변화와 소영세기업을 주로 이론적으로 다루었다. 이어서 소영세기업 문제를 경제발전의 시각에서 분석하려고 소영세기업을 이중경제구조론에 맞대어 분석하였다. 이어서 소영세기업의 존립조건과 존립유형, 나아가서 지역경제와 소영세기업, 끝으로 산업구조 고도화와 소영세기업 육성의 정책적 방향을 제시하였다.

이러한 내용을 집필하는 과정에서 이론적 연구는 물론 앞에서 수집·정리한 방대한 규모의 자료를 원용하여 실증적 분석을 병행하였다.

더욱이 경제성장과정에서 대기업에 의한 중소영세기업의 구축은 일의적으로 진행되는 것이 아니라, 오히려 새로운 중소영세기업 분야를 발생시킨다는 점을 '사회적 대류현상론'에 따라 분석하였다. 그리고 새로운 중소영세기업 분야에서는 반드시 대기업의 지배가 강화되는 것은 아니며, 경제성장률이 높으면 높을수록 중소영세기업의 수도 증가한다는 점을 지적하였다. 그 내부에서는 새로운 기업유형과 낡은 기업유형의 격렬한 교체가 진행되면서 전체로서 소영세기업의 수는 증가한다고 보았다.

여기서 새로이 진입하는 중소영세기업의 주류는 새로운 기술과 경영 감각을 가진 젊은 층이고 소멸하는 소영세기업의 중심은 중고년층中高年層이며, 결국 소영세기업의 교체는 경영자의 세대교체로 이어진다는 점이 지적되었다.

일본의 사례에서 1970년대 초에 나타난 이런 특징은 1970년대 말과 1980년대 중반에 우리나라의 실태조사에서도 초기적이지만 검증되었다는 결과도 수록하였다. 기업의 신구교체와 새로운 소영세기업 유형의 출현을 예고했다. 여기서 제기된 신규진입하는 새로운 소영세기업의 특징을 보면 다음과 같다.

첫째 신규진입 기업주의 특징이다. 연령분포로는 중장년층보다 청년층의 나이가 주류를 점하고 있고 신규참입參入층의 전력은 동종 중소기업의 종업원 출신이 주류를 이룬다. 그 결과 대도시형

소영세기업이 급증하고 소영세기업의 교체는 동시에 노동이동도 수반하는 유동적 교체의 특징을 나타낸다.

둘째는 종업원의 독립의식이다. 신규참입 사업주의 주류는 청년층이 중소기업 또는 대기업을 중도에 퇴직하고 독립하여 개업하는 사람들이다. 신규참입 업주의 예비군인 대·중소기업의 종업원은 독립의식이 강하다.

셋째 개업의 동기이다. 자기가 지닌 능력을 충분히 발휘하려고 전향적이고 적극적인 개업이 주류를 이루기 때문에 능력발휘형이 다수이고 소득 동기나 자산 활용, 잠재적 실업자, 부업형은 낮은 비율을 점한다. 이것은 경제가 고도로 성장하고 중화학공업이 성숙하면서 청년층에게 능력을 발휘할 수 있는 기회가 주어져서 생긴 결과이다.

넷째 개업자금이다. 신규참입에서 개업자금이 진입장벽이 되는 것으로 흔히 생각하는데 타인자본에 의존도가 높고 금융기관 차입과 기업 간 신용이 높은 비중을 차지하는 것으로 보아 자금활용형보다는 능력발휘형의 개업이 많다.

다섯째 신규참입 기업의 경영적 특성이다. 능력발휘형의 신규참입 기업은 대체로 높은 소득이 가능하기 때문에 반드시 장시간 노동에 얽매이지 않으며 구형 소영세기업에서와 같이 자기착취적 장시간 노동의 과정에 있는 것도 아니다. 자영업주의 노동의식이 강하기 때문에 계절적 수요 등으로 제품납기가 촉박할 때는 장시간 노동을 하고 휴일에도 일을 즐거이 한다. 즉 자율적 탄력적으로 노동시간을 조정하고 점차 육체적 작업노동에서 노동 강도를 줄이면서 지식숙련노동으로 전환한다.

경제가 고도로 성장하고 산업구조가 고도화되면서 새로운 소영세기업 분야가 형성되고 거기에 진입하는 새로운 기업의 특징을 제시하였다. 이어서 중화학공업화의 성숙에 따른 지식정보집약적 혁신형 기업의 등장을 지적하였다. 흔히 벤처비즈니스 또는 벤처기업으로 불리는 이 혁신형 기업유형은 소영세기업이 진입할 수 있는 새로운 분야이기에 이에 대한 적극적 정책대응도 주문하였다.

하지만 이 연구총서가 발간된 시점에 소영세기업에 대한 문제의식은 산업계나 정책 수준에서는 크게 이루어지지 않았다. 그 무렵 어느 정당 정책·발표회에 발제자로 초청되어 소영세기업 문제를 강조하고 정책적 대응을 제안한 적이 있지만 주목받지 못하였다.

그 후 소영세기업 문제가 정책의 주요 이슈로 된 것은 1990년대 후반이었고 1997년에는 법률 제533호로 〈소기업지원을 위한 특별조치법〉이 제정되었다. 소기업의 자유로운 생산 활동을 촉진하고 구조개선 및 경영안정을 도모하는 것을 목적으로 이 법이 제정되었다. 하지만 이 법은 그 지원대상이 종업원 기준으로 제조업은 50인 이하(제조업 관련 서비스업은 30인 이하)였고 업종 또한 제조업 및 그 관련서비스업으로 제한하여, 당시 기준으로 전체 소기업의 12.9%만이 적용대상이었다.

이에 소기업 가운데 더 영세한 기업인 소상공인에 대한 별도의 지원 대책을 강구할 필요가 있게 됨에 따라 2000년 12월에 이 법을 〈소기업 및 소상공인 지원을 위한 특별조치법〉으로 개정하였다.

1997년 이후 경제위기로 산업증가에 따른 중산층, 서민의 생활안정문제가 심각한 사회경제적 문제로 대두되면서 일자리 창출과 산업저변층 확충이라는 두 가지 과제에 대응하는 방향에서 비롯된 것이었다.

<사진 3-17> 중소기업정책의 전개와 과제

8. 체계적 중소기업정책 연구 :
《중소기업정책의 전개와 과제》
(1991년, 총 280쪽)

1991년에 간행된 이 연구총서는 중소기업정책연구의 불모지에 그 체계적 연구 결과를 내놓았다.(사진 3-17) 이 연구총서는 필자가 2006년에 중소기업문제의 정책론적 연구 결과로 펴낸 《중소기업정책론》의 선행적 업적이었고 또 그 골격이 되었다.

우리나라에서 중소기업정책의 뿌리는 멀리 1952년 금융조치의 일환으로 실시되었던 금융대책적 성격에서 찾을 수 있다. 그 후 1956년에는 〈중소기업육성대책요강〉이 작성되어 중소기업종합육성계획(안)이 만들어졌고 1959년에는 〈경제개발3개년계획(안)〉의 중소기업정책이 마련되기도 했다. 이 안은 시행되지 못하였지만 제대로 된 문제의식과 시책 내용을 담고 있었다. 이어서 민주당 정권 아래서는 활발한 중소기업육성에 대한 논의가 이루어지면서 중소기업육성에 대한 종합대책이 수립되기도 했다.

1960년 7월에는 상공부 안에 중소기업을 전담하는 기구로 중소기업과를 신설하고 중소기업정책 자문기구로 중소기업심의회를 신설하기도 했다. 이로써 소극적이고 임기응변적인 중소기업정책이 그 기본방향을 정립하는 기초가 마련되었다. 하지만 경제개발정책의 일환으로 중소기업정책이 체계적으로 전개된 것은 1960년대 계획적 개발이 추진되면서였다. 그 뒤 반세기 넘는 세월 속에서 중소기업정책은 크게 발전하였고 산업구조의 고도화에 맞추어 그 내용도 다양화했다.

더구나 중화학공업이 성숙하고 지식정보집약적 산업구조가 전개되면서 중소기업정책은 경제개발 초기와는 비교가 되지 않을 만큼 적극적으로 발전·전개되었다. 중소기업정책 전담행정기구도 1960년 과 단위 행정기구인 중소기업과에서 1968년에는 중소기업국으로 확충되었다. 1996년에는 통상산업부 산하에 중소기업청이 신설되었고 2017년에는 드디어 중소영세기업정책 전담부서로 중소벤처기업부로 확대 개편되는 등, 긴 세월 동안 더디었지만 비약적 발전을 거듭하여 왔다.

이 연구총서가 발간되었던 1991년만 해도 경제개발 초기와는 달리 산업구조는 중화학공업화의 초기적 특성을 넘어 기술·지식 집약화를 지향하는 단계에 이르렀고 여기에 맞는 중소기업정책을 강구해야 할 시점이었다. 더욱이 〈제6차 경제사회발전 5개년계획〉(1987-1991)에서는 〈중소기업 육성을 통한 산업저변의 내실화〉를 정책방향으로 내세우면서 기계류·부품 및 소재생산 중소기업의 집중육성으로 수입대체를 추진하고 장차 세계의 부품공급 기지로 발전을 도모하는 가운데 〈기술집약적 중소기업의 창업촉진〉으로 경쟁력 있는 중소기업의 수를 확대하는 것을 정책으로 제시하기도 했다. 오늘날의 시점에서 절실한 과제로 되고 있는 부품·소재산업으로 중소기업 육성문제가 집중 논의되었고 중소기업의 기술집약화 과제도 강조되었다.

이에 이 총서는 중소기업정책을 이론적으로 또 실증적으로 연구하였고 이에 비추어 우리나라 중소기업정책의 전개과정을 분석한 뒤 정책과제를 제시하였다. 먼저 중소기업정책의 대상은 중소기업문제라는 관점에서, 중소기업정책은 자본주의 발전과정에서 생기는 구조적 모순인 중소기업문제를 해결하려고 제시하는 방안이라고 보았다. 따라서 중소기업정책은 중소기업문제의 성격과 유형에 따라 규정된다고 생각했다. 또한 적극적으로 중소기업문제는 중소기업이 갖는 전기적 비합리성의 해소·도태와 재편성을 반복하는 문제의 해소라고 보는 소극적 성격을 넘어, 경제발전에서의 중소기업 역할을 높이는 것, 즉 중소기업 육성이라는 적극적 성격도 강조되었다.

자본주의 발전과정의 구조적 모순을 해소하는 중소기업정책은 위에 설명한 두 가지 측면 이외에 자본주의의 다양성, 자본주의 발전단계와 국민경제의 특성에 따라, 즉 말하자면 '일반성과 특수성'의 원칙 아래서 다양성을 지닌다는 점도 설명하였다.

또한 중소기업정책은 경제정책, 좁게는 산업정책의 일환이며 따라서 경제정책의 목표와 산업정책의 변화에 따라 달라질 수도 있다. 그 결과 경제정책의 유형에 따라 중소기업정책은 변화된다. 중소기업정책의 유형은 보호정책, 적응정책, 불리시정정책不利是正政策으로 나누어지기도 한다.

중소기업문제는 자본주의 발전의 특성, 즉 각 나라의 국민경제의 특성에 따라서도 다르고 그에 따라 중소기업정책도 변화한다. "활력 있는 다수"의 나라 미국의 중소기업정책, "묘상과 신진대사"를 특징으로 하는 영국의 중소기업정책, "수공업적 전통"의 독일 중소기업 정책은 서로 다른 유형을 갖게 된다. 그리고 "이중구조와 계층적 축적구조"가 특징인 일본의 중소기업정책은 또 다른 특징을 가진다.

여기에 후진자본주의에서 중소기업문제는 선진자본주의에서 그 것과 다르기 때문에, 그것을 대상으로 하는 중소기업정책의 성격도 다를 수밖에 없다. 이들 경제는 식민지 지배의 경제유산을 받은 가운데 경제자립의 과제 등 선진경제와는 다른 경제개발의 방향을 추구해야 했기 때문이다.

우리나라는 해방 후 식민지 경제구조의 청산이라는 과제와 함께 원조경제 아래서 정착된 관료독점자본적인 구조적 문제 속에서 중소기업문제가 형성되었고, 이것의 해소와 함께 경제개발을 추진하면서 중소기업의 역할을 높여야 하는 정책과제를 안고 있었다. 그런 가운데 1950년대 초에는 금융지원 중심의 중소기업정책이 시행되었고 민주당정권 아래에서 비교적 체계적 중소기업정책이 마련되었으나 정권의 단기성으로 그 실천은 뒤로 미루어지게 되었다.

1960년대 경제개발이 본격화하면서 중소기업정책도 적극적으로 전개되었다. 이 총서에서 우리나라 중소기업정책의 전개와 그 내용은 경제개발 5개년계획의 진도에 맞추어 서술·분석되었다. 경제개발의 큰 목표와 방향이 5개년계획에 담겨져 있고 그에 적응하여, 그리고 경제개발의 진행과 함께 중소기업문제를 해소하고 중소기업의 역할을 높여야 했기 때문이었다.

1차 5개년계획에서 중소기업정책은 〈중소기업, 수공업을 초기에는 동업조합조직을 통하여 발전을 획책하되 점차 대기업의 성장과 더불어 하청공업제도를 육성한다.〉고만 되어 있다. 중소기업의 조직화와 하청정책 등 두 가지를 규정한 데 그쳤다. 그 뒤 계획적인 개발이 시행되면서 중소기업정책이 개발계획의 일부로 규정되고 적극적 내용을 갖게 되는데, 그것은 경제개발에서 중소기업의 역할이 크다는 것을 인식함과 함께 개발과정에서 생기는 다양한 중소기업문제의 해소도 이루어져야 했기 때문이었다.

중소기업정책은 구조정책적으로 전개되었고 중점육성시책 등 전략산업으로 육성하기 위한 정책이 수립·시행되었다. 1966년 〈중소기업기본법〉 제정으로 중소기업정책의 법적 기틀이 마련되면서 그 시행은 탄력을 받았다. 말하자면 중소기업 근대화정책이 본격적으로 전개되었다.

1966년 중산층 논쟁에서 균형성장과 중소기업주의라는 정책인식이 있었지만 중소기업정책은 큰 틀에서 대기업 중심의 불균형성장정책의 흐름 속에서 진행되었다.

공업구조가 고도화하고 1973년 〈중화학공업화 선언〉 이후 중화학공업화정책이 본격화하면서 중소기업정책도 그에 맞추어 진행되었다. 말하자면 중화학공업화에 적합한 중소기업으로 구조개편이 진행되었고 산업구조고도화에 따른 중소기업의 역할을 높이는 방향으로 진전되었다. 고유중소기업형, 전문계열화형, 대기업화형으로 구조개편 정책을 시행한 것은 공업구조 고도화와 중화학공업화를 뒷받침하고 이에 적응하도록 하는 정책방향이었다.

기존의 중소기업을 개편하여 '상층부 중소기업육성, 하층부 중소기업 도태'라는 계층분화를 통하여 수출주도형 중화학공업시대의 자본축적 기반으로 중소기업을 전환하려는 것이 중소기업 구조 개편정책의 방향이었다. 중화학공업의 보완적 기능을 할 수 있는 적정 규모의 중소기업, 곧 중견 규모의 중소기업 육성에 정책의 중점이 놓이면서 중소기업 근대화정책은 전개되었다.

중화학공업화의 진전으로 산업구조가 기술·지식집약화로 전환하는 단계에서 중소기업정책은 이전의 양적 기준에 따른 성장의 방향을 전환하게 된다. 기술수준의 향상, 경영합리성, 기업규모의 적정화, 기술노동력 확보, 금융원활화 등 일반적 정책 이외에 부가가치 생산성이 높은 방향으로 중소기업 구성을 높이는 고도화정책이 시행되었다. 그러면서 중소기업의 구조적 성생력을 높이는 성책이 시행되었다.

1980년대 중반 이후 중소기업정책은 기술·지식집약화의 방향에 맞추어 진행되었고 이것은 산업기반의 확충이라는 과제와 함께 진행되었다. 제5차 5개년계획의 방향에 따라 〈중소기업진흥계획〉을 수립하고 관련법을 개정하는 정책 흐름도 이를 반영한 것이었다. 유망 중소기업을 발굴하고 중소기업의 창업조성을 지원하며 산업저변인 소기업에 대한 지원으로 기업규모 간 구조격차를 해소하는 정책도 병행하였다.

특히 1989년에 제정된 〈중소기업구조조정법〉(중소기업의 경영안정 및 구조조정 촉진에 관한 특별법)은 중소기업의 경영안정과 함께 기술개발과 정보화를 추진하여 중소기업의 구조조정을 촉진하기 위한 것이었다. 이에 고기술·고생산성·고부가가치 등 3고의 산업구조에 맞추어 중소기업의 전환을 촉진하였다. 시설근대화와 자동화 등 물적 생산성뿐만 아니라 기술 개발력의 확충과 정보화, 마케팅능력 등 지적경쟁력을 향상시켜 3고의 산업구조로 중소기업의 구조전환을 추진하였다.

중소기업에 대한 방대한 이론적·실증적 분석으로 이 논총은 다음과 같은 10가지의 정책과제를 내놓았다.

1. 경제정책의 기본방향과 균형화·고도화·개방화
2. 중소기업에 대한 정책인식의 문제
3. 대기업 중심의 정책사고 탈피
4. 미시적 경쟁력과 거시적 경쟁력
5. 중소기업 기술개발의 적극화
6. 독과점적 시장구조와 중소기업
7. 소영세기업의 육성 문제
8. 지방화시대의 중소기업
9. 생산력 제1주의를 넘어서
10. 금융집중·융자집중·자본집중의 극복
11. 중소기업 전담행정체제의 강화 문제

9. 중소기업이론의 근대경제학적 전개 :
《중소기업지원체계의 효율제고를 위한 정책과제-중소기업이론의 전개와 정책과제》
(1994년, 총 297쪽)

1994년에 한국경제연구센터가 〈중소기업 특별연구 9〉로 간행한 이 책(사진3-18)은 오랫동안 연구해온 근대경제학적 중소기업이론을 체계적으로 정리한 것이다. 중소기업이론은 크게 두 줄기로 구분된다. 근대경제학적 중소기업이론과 정치경제학적 중소기업이론이 그것인데 이 가운데 전자의 연구결과를 내놓은 것이다.

한국경제연구센터는 중소기업자를 위한 효율적 정책과제를 제시하는 것이 주된 업무이기에 사실 이와 같은 순수이론 연구가 적합하지 않았지만, 나의 연구에 대한 센터 측의 깊은 이해와 배려가 있었기 때문이었다. 다만 이론연구의 결과 나올 수 있는 정책과제의 제시를 전제로 했다. 중소기업이론이 중소기업문제를 설명하는 논리구조라는 점에서는 이론형성에 함유된 중소기업문제와 그에 관련된 정책과제를 도출해 볼 수 있다는 생각이 있었다.

경제학의 흐름에서 나온 중소기업이론의 유형은 다양하다. 그러나 크게는 중소기업 소멸론, 중소기업 잔존론, 그리고 중소기업 정착론 등 세 가지로 유형화하기도 한다.

이런 중소기업이론은 중소기업문제를 분석·연구한 결과이기 때문에 중소기업문제의식의 이론적 체계이기도 하다. 그런데 중소기업정책의 대상은 중소기업문제인데 바로 중소기업 존립·잔존과 그 역할을 높이는 것이 그 핵심이다. 중소기업정책은 자본주의 발전과정에서 발생하는 구조적 모순인 중소기업문제를 해소하고 그 역

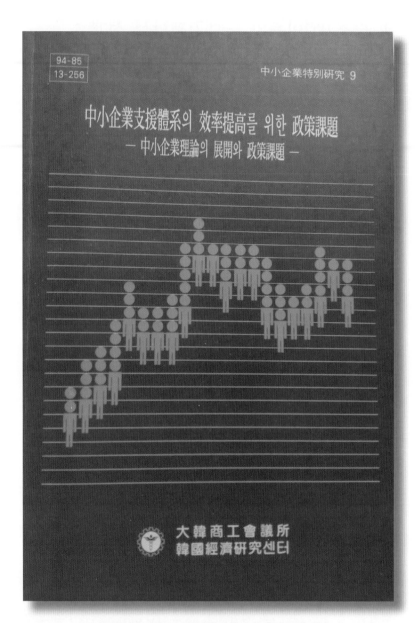

<사진 3-18> 중소기업지원체계의 효율제고를 위한
정책과제-중소기업이론의 전개와 정책과제

할을 높이기 위하여 제시한 방안이다. 따라서 중소기업정책은 중소기업문제의 분석결과인 중소기업이론과 깊은 관련이 있다. 이런 관점에서 이 책에서 이론과 정책과제를 엮게 되었다.

마셜(A.Marshall)을 시작으로 전개된 근대경제학적 중소기업이론은 학설사적 흐름으로 볼 때 1930년대를 전후로 구분해 볼 수 있다.

1930년대 이전 이론으로는 마셜의 중소기업이론, 홉슨의 중소기업이론, 능률적 규모와 적정규모론을 들 수 있다. 마셜에서 E.A.G 로빈슨에 이르는 중소기업이론의 흐름이다. 1930년대 이후 중소기업이론의 전개는 불완전경쟁이론에서 최근의 벤처비즈니스에 이른다. 여기에는 시장의 불완전성과 불완전경쟁(또는 독점적 경쟁)이론, 중소기업·비합리성이론과 보호육성론, 중소기업문제에 대한 구조론적 논의로서 이중구조론, 중소기업의 역할론과 지식집약화론 그리고 벤처비즈니스론이 포함된다.

이 연구에서는 이 다양하고 방대한 이론체계가 형성되는 학설사적 배경과 이론의 내용을 분석 설명하고 있다. 이들 이론을 연구하는 데는 수많은 참고문헌의 수집과 그 내용의 분석이 필요했다. 학설사적 연구에서 오래되고 희귀한 고전적 문헌의 수집이 필요했지만 거기에는 한계가 있었다. 이 한계를 극복하는 데 도움을 준 것이 《經濟科學》에 발표된 논문, 〈スモール·ビジネス にする硏究〉였다. 이 논문으로 연구에서 문헌수집의 간극을 간접적으로나마 메울 수 있어 큰 도움을 받게 되었음을 밝힌다.

여기서 이 방대한 이론체계를 소상히 소개할 수는 없기에 개괄적으로 그 내용을 설명하고자 한다.

마셜의 중소기업이론은 그 이후 전개 형성된 근대경제학적 중소기업이론의 뿌리라고 할 수 있다. 초기에는 소기업 소멸론을 주장했으나 산업현실이 이를 뒷받침하지 않음을 인지하고 소기업 잔존론으로 바뀌었다. 그의 《경제학원리》에 소개된 산업이론은 방대하다. 그의 유기적 성장이론은 산업현상의 분석뿐만 아니라 기업을 동태적으로 이해하는 데 큰 도움을 준다.

그는 그의 《원리》에서 산업현상을 산업조직의 개념으로 설명한다. 산업조직의 개선이 대규모경제에 유리하게 작용해 고전학파의 정체론의 근간인 수확체감의 법칙을 극복할 수 있다고 보았다. 하지만 그런 가운데서도 소기업은 산업의 유기적 성장 속에서 잔존함을 설명한다. 더 나아가 《산업과 무역》에서는 유기적 성장을 하는 데서 소기업이 경제활동의 원천으로서 중요한 역할을 한다는 점을 지적하였다. 곧 영국 산업력의 대부분이 성장하는 소기업에 의존하고 있으며 그들이 산업에 제공하는 힘과 탄력성은 전 국가에 걸쳐 발생하고 있다고 소기업의 적극적 역할을 강조하기도 했다.

그가 〈숲의 이론〉에서 밝힌 큰 나무와 작은 나무, 곧 대기업과 중소기업의 조화 있는 구성론은 중소기업이 산업구성과 발전의 기초임을 설명하고 있다. 중소영세기업의 발전 없이는 대기업만의 성장으로는 번영하는 산업사회가 될 수 없다는 고전적 이론이다.

마셜 이후 1930년대까지의 시기에 크게 주목받은 학자는 홉슨(J.A.Hobson)이다. 지금까지 경제학설사에서나 중소기업이론 연구에서도 그는 깊게 논의되지 않았다.

당시 영국의 경제학계에서 백안시되었던 경제학자였지만 같은 시대의 마셜에 영향을 주었던 것으로 평가되기도 한다. '중소규모기업'이라는 용어를 처음 사용하기도 했던 그는 1910년 《산업제도론》을 발표하면서 마셜 이후 중소기업이론을 정리하고 더 진전시

컸다. 마셜이 기계의 경제의 한계점을 크누프(K.Knoop)가 능률적 생산단위라고 개념 규정한 것을 최저생산비규모라고 더욱 명확히 하였다. 또 최대능률규모의 개념을 도입하고 업종별로 이 규모가 다르다는 점을 지적하였으며 이 관점에서 소기업의 잔존을 설명한 것도 진전된 내용이었다. 이후 소기업의 잔존이유를 설명하는 기준으로 능률적 규모의 개념이 보급되었다.

능률적 규모와 일치하는 소기업의 잔존을 완전경쟁의 장場에서 생각하고 그렇지 않은 소기업의 잔존을 불완전경쟁의 장場에서 설명한 것도 그의 업적이다. 이어서 경제적 합리성에 바탕을 둔 소기업의 잔존을 〈진정한 잔존〉이라고 하고 이에 대하여 〈종속적 성격〉을 갖는 소기업의 잔존을 구분하여 설명하기도 했다. 즉 불완전경쟁적 중소기업이론의 싹을 제기하였다. 그렇지만 이 이론은 그 후 깊이 있는 이론적 논쟁의 과정을 거쳐 1930년대 초에 체계화되었다.

경제적 합리성을 기준으로 하는 〈진정한 잔존〉에는 ① 완전자유경쟁의 세계에서 최대능률규모(능률적 규모)와 일치하는 것, ② 불완전경쟁을 원인으로 하는 것, ③ 기업가의 〈보수적 정신〉으로 하는 것 등을 포함하였다.

이러한 논의에서 첫째, 완전자유경쟁 아래에서 능률적 소기업의 잔존론인데, 이것은 적정규모론의 기원이 되었다. 둘째, 불완전경쟁을 원인으로 하는 소기업의 잔존론인데, 이것은 불완전경쟁적 시장구조하의 소기업 잔존론에 시사를 주었다. 셋째, 종속적 성격의 소기업 잔존론인데, 이것은 독점의도에 따른 소기업 잔존론의 근거를 던져 주고 있다.

홉슨은 또 이윤율과 총이윤을 구분하고 기업가가 규모 확대의 동기를 부여받는 것은 총이윤인데 이 때문에 기업가는 "최대능률

기업규모" 이상의 기업규모 확대를 추구한다는 것이다. 이것이 기업을 독점적 대기업으로 기업규모를 확대하게 한다고 보았다. 즉 규모 확대 현상을 독점과 관련시켜 고찰했지만 이를 소기업문제와 연관시켜 구체적으로 전개하지는 않았다. 이처럼 홉슨은 마셜 이후 다음 단계의 중소기업이론이 전개되는 데 중요한 이론적 시사를 주었다.

마셜과 홉슨 이후 1931년 E.A.G 로빈슨의 적정규모 이론이 발표되기 전까지는 대규모경제의 한계, 조건 및 소기업의 독자적 유리성에 대한 논의가 큰 진전을 이루지 못했다는 지적도 있었다. 하지만 이 기간에도 대규모의 경제성이나 소기업의 잔존문제에 대한 논의는 계속되었다. 여기서 그 과정을 상세히 살펴볼 수는 없다.

하지만 홉슨이 지적한 완전자유경쟁 아래에서 능률적 규모와 일치하는 소기업의 잔존, 즉 경제적 합리성을 바탕으로 하는 "능률적 규모론"은 적정규모론으로 이어졌다. 여기서는 "능률적"이라는 것의 의미가 중요하다. 여러 견해가 있었지만 능률적 규모의 의미에서 생산규모 단위와 기업 규모 단위는 구분되어야 하는데 생산단위 규모에서 제품의 한 단위 평균생산비가 최저인 규모를 적정규모(an optimum size)라고 한다는 견해가 나왔다. 생산단위에서는 생산비 최소, 기업 단위에서는 이윤율이 중요하다고 본 것이다.

결국 마셜이 대규모 경제의 한계, 조건, 소기업의 독자의 유리성이라고 제시한 견해는 점차 능률적 규모의 개념으로 되었고, 다시 생산단위의 그것과 기업단위의 그것이 구분되면서 전자는 최저생산비규모, 후자는 최대이윤율규모로 구분되기에 이르렀다. 이러한 능률적 규모에 대한 견해의 전개가 E.A.G 로빈슨의 적정규모론으로 통합되었고 이것이 소기업의 잔존이유를 기업의 내적 요인에서 설명하는 이론으로 되었다.

그간 단편적 수준에 그쳤던 능률적 규모론은 E.A.G 로빈슨이 하나로 정리하였는데 1931년의 일이었다. 여기서는 능률적 규모가 아닌 적정규모(optimum size)라는 개념을 사용했다. 그는 소기업의 잔존이유를 설명하면서 산업능률을 실현하기 위한 최선의 생산단위 규모로서 능률적 규모에 대체되는 적정규모 개념을 적극적으로 도입하였고 그 후 적정규모라는 개념이 일반적으로 사용되었다.

《경쟁적 산업의 구조》에서 로빈슨은 기업의 규모와 구조를 결정하는 제 요인과 나아가서 한 산업의 최소능률 규모를 결정하는 요인을 검토하는 것을 목표로 하였다. 곧 기업규모와 소기업의 잔존을 설명하는 것이 목표임을 시사하였다. 이것은 최소의 비용으로 최대의 성과를 얻는 산업능률의 연구임을 말하고 있다.

그는 적정규모의 개념을 다음과 같이 규정하였다. 적정규모 기업에 대하여 우리는 현존의 기술과 조직능력의 조건 아래에서 장기적으로 지불되어야 할 모든 비용이 통합된 경우, 단위당 평균생산비가 최저로 되는 규모로 가동되는 기업을 의미한다고 하였다. 최저생산비규모와 유사한 개념이지만 장기적으로 본 점에 특징이 있다. 또 적정규모기업은 시장이 완전하고 많은 수의 적정규모기업을 유지할 만큼 충분한 경우에 경제력이 정상적 움직임을 유지할 만큼 충분할 때라고 하여 시장이 제한되고 불완전한 경우는 결코 아니라는 점을 분명히 하였다.

그러면서 그는 최선의 기업규모를 결정하는 요인으로 기술적 적정규모에 기여하는 기술적 제 요인, 적정관리 단위에 기여하는 관리적 제 요인, 적정재무 단위에 기여하는 재무적 제 요인, 적정판매 단위에 기여하는 마케팅의 영향, 그리고 산업의 호황·불황에 직면하여 최대의 존속력을 지니는 단위에 기여하는 위험 및 경기변동의 제 요인 등 다섯 가지 요인을 들었다.

1934년에는 중소기업의 존립을 뒷받침하는 이론으로 불완전경쟁이론 또는 독점적 경쟁이론이 형성·발표되었다. 마셜 이후 시장의 불완전성에 대한 지적은 꾸준히 있어 왔고 그것이 대규모경제의 경제성에도 불구하고 중소기업이 존립할 수 있는 근거로 논의되었다. 가령 마셜이 말한 시장 확대의 곤란이라던가 업종에 따라서는 수확체증 경향이 작용하지 않는 특수한 상품, 수요 측면에서는 특수한 기호 때문에 특수한 시장에서 판매가 제한을 받는다는 지적 등이었다.

홉슨도 소기업문제를 다루면서 시장의 불완전성을 논의하였다. 현실적으로 완전경쟁시장에서는 최대능률 기업규모의 기업만이 존재할 수 있다. 그러나 이보다 작은 규모의 기업이 잔존할 수도 있다는 것이다. 가령 고급품을 생산하는 소기업 또는 특수성 때문에 소규모의 이익을 얻는 업무의 경우는 대기업시장의 틈새에서 잔존할 수 있다고 보았다.

하지만 이런 것들은 어디까지나 논의에 그쳤을 뿐 시장구조를 설명하는 보편적 이론은 아니었다. 그런 이론체계는 오랜 기간의 치열한 학술논쟁, 예컨대 빈 상자 논쟁이나 비용논쟁을 거치면서 그 윤곽이 잡히기 시작했다. 그 뒤 스라파(P.Sraffa)와 해로드(R.H.Harrod)의 선구적 업적을 거쳐 1934년에 시장의 불완전성에 대한 체계적 이론이 완성되었다.

케인즈(J.M.Keynes)의 일반이론과 더불어 경제이론의 혁명이라고 불리는 J.로빈슨(J.Robinson)의 불완전경쟁이론과 챔벌린의 독점적 경쟁이론이 형성·발표되면서 시장의 불완전성에 대한 중소기업문제의 논의도 근대중소기업 전개과정의 본궤도에 들어오게 되었다.

이전까지 시장구조는 완전경쟁, 독점, 복점 등 세 가지 형태였다. 이들 이론에서는 시장구조에서 이 세 가지 말고 불완전경쟁시장이라는 새로운 영역을 규정하고 있다. 독점과 경쟁의 범주가 아니고 그 중간의 영역이 충분한 안정성을 갖고 있다는 전제 아래 새로운 가격이론을 전개하였다. 중소기업은 "충분한 안정성"을 갖는 이 영역에서 적극적으로 존립을 할 수 있다는 것이 근대중소기업이론에서 불완전경쟁이론이다.

중소기업의 존립에 대한 긍정적 이론만 있는 것도 아니었다. 산업조직의 불합리성을 근거로 경제적 비합리성을 지닌 중소기업이 잔존하는 것은, 그것을 가능하게 하는 산업조직이 불합리하기 때문이라는 것이다. 소기업성장 단층론으로 마셜의 소기업성장 연속론을 비판한 스타인들(J.Steindl)의 주장도 이 범주에 들어간다. 그럼에도 이들은 소기업의 잔존조건을 적극 제시하면서 보호·육성론을 전개하였다.

1950년대에 와서는 경제개발 과정에서 중소기업의 역할이 강조되고 또 그것을 근대화하는 것이 경제개발의 주요과제로 되면서 중소기업문제에 대한 구조론적 논의를 적극화했다. 1950년대 말에 일본에서 활발하게 전개된 이중구조론이 그 대표적인 것이다. 원래 경제발전이론으로 이중구조론은 1954년 A.루이스(A.Lewis)가 주장했다. 공업부문을 근대적 부문으로, 농업부문을 전근대적 부문으로 보고 농업부문에 잠재해 있는 잠재실업자를 생존 수준 임금으로 공업부문으로 이동하여 자본축적과 공업화를 이루려는 것이었다. 중소기업 개발이론에서 그것은 대기업을 근대부문, 중소영세기업을 전근대부문으로 보고 후자를 근대화하는 것이 경제개발, 나아가서는 경제의 고도성장을 이루는 방안이라는 이론이었다. 이것은 중소기업 근대화정책의 이론적 기초를 제공하였다.

경제의 성장과 발전에 따라 신구기업의 교체가 이루어지는 가운데 낡은 기업이 도태되고 새로운 기업유형이 탄생하면서 나타나는 현상을 사회적 대류현상론에서 규정한 이론도 있다. 산업구조의 고도화와 지식집약화, 시스템화가 진행되면서 이런 흐름은 더욱 격렬해진다. 이 과정에서 많은 낡은 기업이 소멸하고 그에 걸맞게 수많은 새로운 기업이 탄생하지만 전체로서 중소기업은 성장하고 그 수도 증가한다는 것이 이 이론의 주장이다.

중화학공업화가 성숙하고 산업구조가 지식정보 집약화하면서 새롭게 등장하는 혁신형 기업유형에 대한 이론도 근대중소기업이론의 새로운 영역이다. 1970년대 초에 일본에서 검출·규정한 벤처 비즈니스론이 그것이다. 이 기업유형은 벤처기업으로 불리었고 우리나라에서도 국민의 정부 경제정책으로 중소벤처기업으로, 또 법률적으로는 1997년 〈벤처기업육성에 관한 특별법〉에서, 그리고 오늘날에는 중소기업정책기구 확산에 따라 〈중소벤처기업부〉의 공식 명칭에도 사용되고 있다.

제4부

중소기업
경제이론
형성의 길
(Ⅱ)

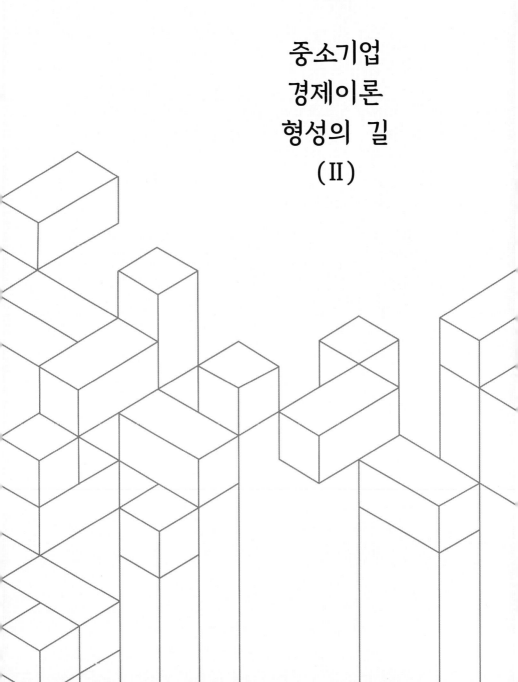

1. 연구 초기의 문제의식과 시각의 정리 : 《경제발전과 중소기업》(1986년, 총 482쪽)

1986년에 발간된 이 저서(사진 4-1)는 격동하는 시국의 사정 때문에 난산을 한 셈이다. 원래 창작과 비평사와 출판 약속을 했는데 그러지 못하고 창작사에서 책을 내게 되었다. 내용은 같은 출판사이지만 그럴 만한 사정이 있었고 또 그만큼 출판도 늦어지게 되었다.

사연은 이렇다. 당시 권위주의 정권 아래서 창작과 비평사가 권력의 비위에 거슬렸기 때문이었다. 백낙청 교수를 중심으로 참여문학을 하던 비판적, 반체제 문인의 보금자리가 창작과 비평사였던 것이다. 이에 창비는 출판등록이 취소되었고 계간지 《창작과 비평》은 물론 모든 간행물을 출간할 수 없게 되었다. 결국 새로운 출판사를 설립하는 형태로 바꿔서 출판업을 재개하게 된 것이다. 시대적 격동기에 아픔을 안고 지각해서 출판된 것이 이 저서이다.

이 책에 게재된 글은 내가 1978년 숙명여자대학교로 자리를 옮기고 또 경제학박사학위를 받은 뒤 본격적인 연구·저술활동을 한 저작이라는 점에서 의미가 있다. 연구 초기의 중소기업문제에 대한 진보적 적극적 시각이 담겨 있고 또 그런 연구의 관점에서 중소기업 구조와 실태도 분석되어 있다. 이 책의 후반부인 제4부는 대한상공회의소 경제연구센터의 총서로 연구·간행한 내용이어서 앞에서 논의했으므로 여기서는 논외로 하겠다.

제1부 경제개발과 중소기업은 경제개발정책과 구조문제, 중소기업을 보는 시각, 후진국 중소기업문제와 민족자본으로 구성되어 있다.

제2부 자립경제와 중소기업에서는 독점, 종속, 경제구조의 전개

<사진 4-1> 경제발전과 중소기업

와 중소기업, 중소기업의 존립형태와 하청계열화, 중소기업의 노동문제를 다루었다.

제3부 수출과 중소기업에서는 경제발전과 중소기업 수출, 중소기업 제품의 수출구조, 수출중소기업의 실태, 중소기업의 수출정책 등을 다루고 있다. 중소기업정책의 핵심과제인 수출문제를 그 실태와 정책 측면에서 분석하고 있다.

큰 흐름으로 보아 구조문제, 정치경제학적 관점을 포함한 중소기업문제를 보는 시각, 나아가서 후진국 중소기업의 이해에서 구조론적 시각과 민족자본문제에 이르고 있다. 결국 이런 시각은 중소기업문제를 자립경제, 곧 후진경제의 독점·종속경제 구조 속에서 보는 것이다. 중소기업문제에 대한 이런 시각과 문제의식은 그 후 내가 중소기업이론을 편향성이 없이 연구·전개할 수 있는 초기적 성과라고 할 수 있다. 근대경제학에서 정치경제학으로, 민족자본론적 시각에서 후진중소기업문제의 설명, 나아가서 이를 자립경제문제에 결부시켰는데, 연구 초기에 정립한 이 저서의 폭은 나의 연구방향에 큰 흐름을 주었다고 할 수 있다.

그 내용 모두를 여기서 논의할 수는 없고 그 후 이론적 연구에 많은 영향을 주었던 부분만을 선별하여 다루어 보고자 한다.

먼저 생산력적 관점과 생산관계적 관점이다. 현실적으로 중소기업이 문제의 대상으로 되는 것은 경영 현상에서 비롯된다. 그러나 그것은 경영적 기업적 성격 이상의 것이 작용하여 이루어진다. 중소기업이라는 경제제도가 갖는 문제성은 경영적 성격 이상의 것이며 자본주의 운동법칙의 결과로 나타난다. 이때 문제성은 중소기업이 열위기업劣位企業 또는 취약기업군 나아가서 종속적 경제제도의 성격을 갖는 데 있다. 그럼에도 중소기업이 국민경제의 재생산구조 속에서 갖는 적극적인 역할 때문에 그 문제성은 실천적 정책적 과제에 연결된다.

이러한 중소기업문제를 연구하는 방향은, 중소기업이 갖는 문제 낱낱을 강조하는 측면과 문제의 개별적 이해를 넘어서 전기구적全機構的으로, 그리고 역사적 발전의 흐름 속에서 파악하려는 방향으로 나누어지고 있다. 이 두 가지 방향은 상호관계 속에서 전개된다. 이러한 중소기업문제의 이해방법에서 '분리이해 방식보다는 종합적 이해방식'의 중요성이 강조되기도 한다.

곧 중소기업의 지위·기능 및 문제를 대기업 또는 독점기업을 포함하는 국민경제의 메커니즘 속에서 종합적 통일적으로 이해하려는 것이다. 중소기업문제를 국민경제의 구조적 모순으로 보고 종합적 통일적으로 파악하여 중소기업이 도태하거나 소멸되면서도 대량, 그리고 높은 비중으로 존재하는 원인을 단순한 중소기업의 존립조건만으로 이해하지 않고, 이를 가능하게 하는 국민경제 구조와 그 역사적 전개 속에서 이해하려는 견해가 주장되고 있다. 이러한 견해는 다음의 세 가지로 구분된다.

① 중소기업이 국민경제에서 갖는 종속적 성격에서 구하는 견해
② 자본주의 독점단계인 독점자본의 수탈에서 구하는 견해
③ 외국 독점자본의 수탈에 대한 민족자본의 문제로서 파악하려는 견해

이는 중소기업문제를 자본주의 발전과정에서 산업구조상의 모순으로 보는 입장과 같은 성격을 갖는다. 역사의 발전에서 모든 경제부문 또는 산업부문은 균등하게 발전하는 것이 아니라 가장 선진된 부문, 일반적인 부문, 그리고 전시대적인 부문들이 복합적으로 존재한다. 자본주의 발전과정에서 이러한 불균등은 현저하고

따라서 여러 발전단계의 생산력 수준 그리고 이에 상응하는 생산관계의 통일로서 각종의 경제제도가 상호관계를 갖고 경제구조를 구성한다. 산업부문에서도 각종의 경제제도가 특수한 생산관계를 갖고 계층적 구조를 구성하고 지배적인 것과 종속적인 것 또는 발전적인 것들과 몰락하는 것 등 복잡한 구조를 갖는데 그 구체적인 것이 산업구조이다.

산업구조는 자본이 이를 통하여 운동하는 구조이다. 자본은 낡은 것을 자기에게 적응하도록 분해하고 또는 자기가 이용할 수 있도록 재편성하여 종속화시킨다. 자본운동에 지배적인 것과 종속적인 것이 나타나는 것은 자본주의 발전에 따라 산업구조 안에 지배적인 경제제도와 종속적인 경제제도를 계층적으로 구성시킨다는 것을 뜻한다. 독점자본단계에서 산업구조에서 지배적인 경제제도는 독과점 기업이며 종속적인 경제제도는 중소영세기업이다.

우리는 이러한 중소기업문제를 이해하는 데서 경제현상을 보는 두 가지 관점, 곧 생산력적 관점과 생산관계적 관점 그리고 그 통일이라고 규정되는 방법을 주목한다.

생산력적 관점은 사용가치 중심의 관점인데 다음과 같은 특성으로 설명된다.

① 노동과정과 가치형성 및 그 증식과정에서 사적私的 성격의 구체적 유용노동이 문제로 된다.
② 물적 관점에서 시대를 관통하는 공통된 본원적 시각이다.
③ W-G-W(화폐-상품-화폐)의 과정이 등가교환을 전제로 하는 근대경제학적 관점이다.
④ 자본과 노동, 또는 독점자본과 중소자본의 관계를 협동관계 또는 상호의존관계로 본다.

이에 대하여 생산관계적 관점은 잉여가치 중심의 관점인데 다음과 같은 특성을 갖는 것으로 지적되고 있다.

① 노동과정과 가치형성 및 증식과정에서 사회적 성격의 추상적 인간노동을 관심의 대상으로 한다.
② 인적(계급)관계를 중요시하는 관점으로서 어느 시대를 한정하는 역사적 시각이다.
③ W–G–W의 과정이 부등가교환을 전제로 하여 이루어지는 근대사회의 경제적 운동법칙을 중요시하는 정치경제학적 분석시각이다.
④ 자본과 노동, 또는 독점자본과 중소기업의 관계를 지배·종속관계 또는 착취·대립관계로 본다.

이 두 가지 관점을 통일하여 중소기업문제를 이해한다는 것은, 결국 자본과 노동, 그리고 자본과 자본의 관계를 '상호의존성 속의 대립관계' 또는 '대립관계 속의 상호협력관계'로 규정하는 것이다. 이것은 독점자본주의 단계에 와서 자본의 운동법칙은 자본의 집적과 집중을 관철하면서도 다른 면에서는 자본의 분산·분열을 통하여 독점자본이 그 자본축적의 기반을 형성해 가고 있다는 것을 뜻한다.

자본제적 공업이 산업자본단계에서 독점자본단계로 이행하면서 지배적인 경제제도인 독점기업은 중소기업을 이전과 같이 자기와의 단순한 대립관계로서만이 아니라, 점차 대립과 의존이라고 하는 모순적 관계로 형성하는 경향이 강해졌다. 이 대립과 의존의 모순관계는 그 내부에 대립관계를 포함하면서도 외형상으로는 상호의존화, 즉 실질적으로는 독점기업이 중소기업에 의존하면서 자기를 보전·발전시키는 것을 말한다.

이 책에서는 중소기업문제의 일반성과 특수성, 중산층 논쟁 등 중요한 시각도 전개되고 있어 초기 중소기업연구의 기본방향을 탐구하고 있다.

이 책의 다양한 논의 가운데 주목되는 내용은 '중소기업의 존립형태와 하청·계열화'이다. 중소기업과 대기업의 관계에 대한 서로 다른 두 가지 시각은 위에서도 설명한 바 있지만 그 직접적인 대상은 바로 대기업과 중소기업의 관계, 곧 하청계열화 문제이다. 그때나 지금이나 이는 중요한 중소기업정책, 나아가서는 산업정책의 중요대상이지만, 그에 대한 이론적 설명은 거의 없었다.

1982년 초 《정경문화》(경향신문사)의 지면에서 나는 네 차례에 걸쳐 경제개발 20년의 중소기업을 돌아보고 그 실상과 전망을 연재할 기회를 가졌다. 4회에 걸친 연재 집필에서는 〈중소기업문제의 재인식〉(1982년 1월호), 〈중소기업을 보는 시각〉(1982년 2월호), 〈중소기업, 그 존재형태와 하청계열화〉(1982년 4월호 및 6월호)를 기획시리즈로 다루었다. 여기서 하청·계열화 관련 연구내용은 거기에 수록된 내용이다.

경제구조와 중소기업의 존립형태, 하청제도의 역사적 원형, 일본에서의 "하청논쟁", 선진국의 하청제, 자본의 집중과 계열·전문화로 이 논문은 구성되어 있다.

중소기업의 존립형태에서 상대적 독립형 중소기업보다는 독점자본 또는 대기업과 직접적인 관계를 맺고 있는 중소기업에서 독점이윤 추구의 동기가 더욱 강력하게 나타나는데, 이러한 문제점이 집중적으로 표현되고 있는 것이 하청제·기업계열제이다. 하청제는 대기업과 중소기업, 또는 중소기업과 중소기업의 직접 생산과정에서 관련이라는 '특정의 외주관계'이다. 주로 부품·반제품의 가공 및 공급을 하는 것인데 주로 생산력적 관점에서 규정하기도 한다. 그런가 하면 하청을 대등하지 않은 외주, 또는 사회적 분업에서 부등가교환의 관계로 설정하여 대기업과 중소기업 사이의 지배·종속관계로 보기도 한다.

여기서 바로 하청제의 특징에 관한 문제가 제기되는데 일본에서의 논쟁에 따라 이를 분석해 보고자 한다. 일본경제는 제2차 대전 전에 한편에는 재벌의 거대한 자본축적기구가 형성되었지만, 다른 한편에서는 반봉건적 기생적 토지소유제 아래의 영세농민과 저임금노동자를 기반으로 하는 영세농의 가계보완적 부업, 선대제 가내공업, 영세매뉴팩처 및 중소영세기업이 광범하게 존립하여 양자 사이에 대항적 관계가 이루어졌다. 전자(독점자본)의 급속한 발전은 후자(중소영세기업)에 대한 계층적, 전면적 이용을 바탕으로 하는 하청제 아래서 실현되었다. 이러한 하청제의 본질을 어떻게 볼 것인가에 대하여 일본학계에서 깊이 있는 논쟁이 있었는데 그것이 이른바 "하청논쟁"이다.

먼저 고미야마(小宮山琢二) 교수의 하청제에 대한 설명을 알아보기로 한다. 그는 중소기업은 일본에서 광범한 저임금 편성의 한가지 형태이며 따라서 중소공업의 본질이 사회문제 그리고 노동문제라고 보는 아리사와(有澤廣己)의 주장은 일본 공업생산의 구조적 특수성을 도외시한 주상적 지적이라고 비판하였다. 곧 광범한 저임금이 공업생산 분야에서 어떤 기업과 경영에 편성되는가 하는 사회적, 경제적 성격과 역사적 조건을 밝혀 주는 것이 문제의 핵심이기 때문에 일본 중소기업문제는 그 과다성夥多性이 아니라 존립의 이질성에서부터 분석되어야 한다고 보았다.

다시 말하면 일본 중소기업의 본질은 수량적 과다성보다는 그 자체의 구조적 특수성 및 이질적 자본군의 구성층이라는 성격을 갖는다는 관점에서 출발한다. 이것은 우선 독자적으로 중소기업을 규정하고 다음에 대對독점자본관계를 파악하는 것을 말한다.

그리하여 그는 중소공업문제의 문제성을 파악하기 위하여 ① 일본 경제발전의 불균형의 실태, ② 일본공업의 생산 및 자본집중의 실태, ③ 독점적 대공업에 따른 중소공업의 체계적·제도적 이용형태, ④ 독점적 대공업의 발전으로 제약받는 중소기업의 지위와 기구의 역사적 변동 따위 분석이 필요하다고 보았다. 이러한 중소기업문제의 분석시각을 전제로 하여 중소공업의 존립형태를 분류하였다.

〈산업자본 확립의 시각〉에서 그는 중소공업 형태를 독립형태와 종속형태로 구분하되 종속형태는 지배자본의 성격·기능에 따라 지배자본이 산업자본, 공업자본인 경우는 하청공업, 상업자본인 경우는 선대객주제 공업으로 구분하였다. 이때 하청공업의 특징은 다음과 같이 보았다.

① 하청은 생산공정 가운데 결합하는 것이다. 선대객주제는 원천적으로 생산의 외부에 서 있고 선대객주가 부분공정을 확보하는 경우에도 생산을 상업적, 금융적으로 지배한다는 점에서 하청과 다르다.

② 지배의 근거가 생산 외부로부터의 전기적前期的 수취가 아니고 거대자본이 소자본을 압도하는 것이다.

③ 모공장과 하청공장은 생산공정에서 유기적 관련을 맺는다.

④ 하청공장은 산업자본으로서 조건을 구비하고 대공업에 종속하지만 그 생산력은 그것이 사회적 분업에 의하는 한 등가교환에 따라 이루어진다. 따라서 하청공업은 신新선대객주제 공장의 근대성이 더 순수히 나타난 형태라는 것이다.

이처럼 하청의 속성을 생산외부의 전기적 수취가 아니고 생산공정에서 유기적 결합으로 보는 경우에는 모공장과 하청공장 사이에 '사용가치적 관계'가 전면에 나타나게 된다. 즉 모공장이 생산자적 지위를 확보하고 생산자적 양심이 요구되면서 ① 선대객주와 같이 낮은 비용만을 주장하지 않고 하청공장의 기술을 고려하여 합리적 단가를 결정하지 않을 수 없는 경우, ② 모공장의 원재료 지급이 일정규격의 자재를 사용하도록 하는 기술적 요구에 바탕을 두는 경우, ③ 모공장의 원재료, 자금의 전대前貸에서가 아니라 작업의 기술적 성질로 하청공장이 모공장에 종속·의존하는 경우 선대객주제 공업에서는 볼 수 없는 새로운 현상이 나타난다는 것이다. ④ 모공장과 하청공장의 생산문화는 사회적 분업 혹은 한 생산부문 내의 특수 분업의 실현으로 되면서 생산물의 교환은 가치교환(시장)관계를 통하여 이루어지게 된다.

고미야마 교수의 하청제 이론에 대하여는 많은 문제점이 지적되었다. 핵심이 되는 논쟁점은 선대객주제 공업에서는 주로 상업자본에 의한 원재료 및 자금의 선대에서 오는 부등가교환이 주된 문제였지만, 하청제 공업에서는 대공업에게 생산자적 양심이 요구되면서 하청공업과의 가치관계에서 등가교환이 전제되고 오직 생산공정에서 기술적 지배·종속관계만 문제로 남는다는 점이다. 즉 모공장과 하청공장 사이 관계를 가치적 등가교환(산업자본·공업자본 사이의 신사적 측면)과 기술적 지배·종속관계(산업자본의 지배적 측면)로 규정하는 것은 부등가교환을 통한 잉여가치 수탈이 아닌 기술적 관계만을 문제로 삼는 것이고, 후자는 결국 상호의존관계로 되는 것이기 때문에 결국 모공장과 하청공업의 관계를 생산력적 관점에서 설명한 것이다.

여기에 대한 여러 비판 가운데 후지다(藤田敬三) 교수의 것이 대표적이다. 그는 하청을 자본주의에서 지배적인 자본의 중소공업 지배형태라고 보아 고미야마 교수의 등가교환관계의 주장을 비판하였다. 하청은 외부로부터, 다시 말하면 유통으로부터 지배하는 형태 가운데 하나로서 상업자본의 소영업 지배 가운데 최고단계에서 나타나는 공업의 특수한 한 가지 형태이다. 곧 선대객주제 매뉴팩처의 고차의 단계에서 상업자본의 공업자본지배를 연장한 것이고 선대객주에 의한 기계제공업의 지배, 또는 공장구매부에 의한 지배가 오늘날 하청이라고 보았다. 결국 하청제의 본질은 상업자본적 지배임을 강조하면서 독점자본이 노동자를 자기의 직장 내부에 포섭하지 않고 외부에서 간접적으로 노동자를 이용하는 것이 하청제의 본질이라고 보았다.

결국 하청제는 독점자본이 중소기업자의 수탈을 통하여 광범한 저임금 노동을 간접적으로 이용하여 독점이윤을 얻는 기구이며, 그 특징은 대등하지 않은 지배·종속 관계이고 경제적 내용은 부등가교환이라는 비판이었다.

고미야마 교수의 정의대로 하청을 모공장과 하청공장의 생산공정상의 유기적 결합으로 보면서 모공장과 하청공장 사이의 사용가치적 관계 가능성으로 이해하는 경우에도, 대공장 제조업부의 생산 활동의 일환으로 생산자본이 외부적으로 중소공업과 그 생산과정의 생산자본운동을 지배하고 그것을 바탕으로 경영활동 전체를 지배할 수 있는 측면을 부인하기 어려울 것이다.

하청제의 본질에 대한 일본에서 고전적 논쟁은 오늘날 중소기업문제에서 중요 정책대상인 대기업과 중소기업의 관계를 이해하는 데 시사점을 주는 바가 크다.

2. 하청계열화·소기업 구조분석 :
《한국중소기업의 구조》(1991년, 총 430쪽)

　이 책 제1부 중소기업의 구조와 정책 편에서는 중소기업의 구조와 문제, 경제적 민주주의와 중소기업, 중소기업 근대화와 자금배분 등을 다루고 있다. 중소기업의 구조분석을 위한 서론적 고찰이라고 할 수 있다. 제2부에서는 산업구조의 개선과 하청계열화, 제3부에서는 산업구조 고도화와 소영세기업 육성을 다루었다. (사진 4-2) 한국 중소기업 구조 가운데 핵심적 정책과제인 하청계열화와 소영세기업의 구조를 분석하고 있다. 소영세기업 문제는 앞서 경제연구센터의 총서에서 설명하였기에 여기서는 하청계열화 문제를 집중 논의하고자 한다.

　먼저 하청계열화의 개념부터 설명하기로 한다. 대기업과 중소기업 사이의 상호관계는 하청관계 또는 계열관계의 형태를 갖는데 이것은 넓은 의미에서 사회적 분업의 한 가지 형태이다. 기본적으로 대기업이 중소기업의 기술을 이용할 필요가 있고 그 생산능력을 보조적으로 이용한다는 의미에서는 양자는 보완적 관계를 갖는다. 그러나 이론적으로는 하청관계와 계열관계를 구분하여 설명하기도 한다.

　하청제도(subcontract system)는 해당 기업보다 자본금이 큰 기업 또는 종업원 수가 많은 기업(흔히 모기업이라고 한다)에서 위탁을 받아 이들 모기업체의 제품에 사용되는 제품, 부분품, 원재료 등을 제조하거나, 모기업이 제품제조를 위하여 사용하는 설비, 기구, 공구 등을 제조 수리하는 것을 말한다. 따라서 하청은 해당기업이 일반적으로 시장에서 판매하고 있는 제품을 다른 기업의 일

풀빛 114

한국
중소기업의
구조

이경의 지음

풀빛

<사진 4-2> 한국 중소기업 구조

반 유통과정을 통하여 구입하는 경우는 포함하지 않으며, 모기업이 해당 기업에 직접 주문하고 그때 규격, 품질, 성능, 형상, 디자인 등을 지정하는 행위가 필요하다. 엄밀한 의미에서 하청제도는 모기업과 하청기업의 생산공정상의 관계를 말한다.

이에 대하여 계열화(articulation)를 하청관계와 구분하여 설명하기도 한다. 하청관계는 일반적으로 부동적浮動的, 유동적 관계이기 때문에 일정의 하청관계가 지속하고 하청기업이 모기업의 요구에 응할 수 있는 능력을 지니려면, 모기업이 하청기업에 대하여 자본, 경영, 기술 등의 면에서 원조를 제공하게 되고 여기서 양자 간의 계열관계가 된다는 것이다.

이처럼 하청관계가 변화는 이유를 좀 더 상세히 설명하기로 한다. 경제성장과정에서 급격한 대기업의 생산 확대는 이전과 같은 하청기업의 이용방법으로는 불충분하게 되는데 그것은 다음과 같은 이유 때문이다.

① 대기업의 생산 확대는 기술진보(기술혁신)를 필요로 하며 그 결과 정체된 낮은 기술 수준의 하청기업을 이용할 수 없게 된다.
② 생산 확대·대량생산이라는 생산팽창에 즈음하여 양산기능을 가지면서 일정한 품질을 확보할 수 있는 우수한 하청기업이 필요하게 된다.
③ 대기업이 생산하는 원료를 가공하는 형태의 중소기업에 대하여 대기업 사이의 경쟁이 격화되고 대기업이 자기 제품의 판매시장을 확보하려고 가공중소기업을 새로 조직할 필요가 있게 된다.

그 결과 계열관계는 부동적인 모기업의 하청이용보다 자본, 설비, 기술경영관리 등 여러 측면에서 양자의 관계를 밀접하게 하고 자금대여, 알선, 자본투자 설비 기술의 대여 및 지도, 임원의 파견 등 모기업의 생산계열에 하청기업이 더욱 깊이 결합되는 것을 말한다.

여기서 1950년대 말에 일본에서 있었던 기업계열논쟁에서 보여 준 하청과 계열화에 대한 견해를 소개하기로 한다.

제2차 세계대전 뒤 일본자본주의 발달과정에서 특히 자동차공업과 그 하청부품공업에서 보여 주는 것은, 모기업과 하청기업 사이에 이전보다 더욱 높은 생산기술상의 관련이 필요해졌다는 것이다. 그러면서 중소기업의 생산력 수준을 높이는 것이 바로 독점자본 축적의 과제가 되었다. 그 결과 중소기업문제의 이해가 하청제도에서 기업계열화에 대한 인식으로 바뀌면서 여기서 논쟁이 발생하였다. 대표적인 것이 후지다(藤田敬三)와 고모리(小林義雄) 교수의 서로 다른 견해이다.

후지다는 계열제도는 하청제도보다 더 높은 차원의 것이고 하청제도 내부에서 형성 발전한 것이면서도 하청제도와 완전히 다른 측면이 있다는 점을 강조하면서 계열과 하청의 차이를 다음과 같이 지적하였다.

첫째, 계열이란 말은 하청의 단순한 대명사가 아니다. 하청은 모기업이 비용을 낮추고 손쉽게 위험을 줄이기 위하여 이용하는 특징적 경영방식이며, 또한 모기업은 하청기업에 대하여 어떠한 경쟁적 요인도 가질 필요가 없다. 하청기업들이 수주경쟁을 계속하고 대체도 곧바로 될 뿐만 아니라 모기업의 생산도 단순히 하청이용의 단계에 그치고 있기 때문이다. 이러한 하청은 국내시장을 중심으로 이루어졌으며 대기업의 경쟁도 생산량의 측면에서만 이루어졌다. 이때 하청기구는 질보다 양을 기준으로 삼았고 저비용과 자본절약으로 독점자본의 효과적인 자본축적을 과제로 삼았다.

그런데 전후에 국내 독점체들의 경쟁뿐 아니라 국제독점자본들의 경쟁이 심해지면서 새로운 기술과 기계를 발명 도입하고 수많은 새로운 제품이 나왔다. 한국전쟁 뒤 경기변동이 불가피해지면서 독점체는 자기의 생산물을 단순히 낮은 가격의 상품으로 유통시키는 것이 아니라, 자기 책임 아래 좀 더 확실하게 높은 질을 가진 제품으로 유통시켜야 했고 이에 따라 생산에서 유통에 이르는 전면적인 합리화가 불가피해졌다. 이런 상황에서 하청적 경영구조의 전면적 개조가 기업계열화의 과정으로 이어졌다.

둘째, 모기업이 생산면에서 직접적인 책임을 피하면서도 계열기업의 생산에 깊이 관여하지 않을 수 없는 기업계열적 결합을 요구한 것은, 단순히 부품의 외주로 이윤획득 기회를 양적으로 추구하는 것을 목적으로 하는 하청적 결합요구와는 본질적으로 다르다. 경영기술 면에서 모기업과 계열기업 사이의 밀접한 관계는 당연히 인적, 기술적, 자본적 연결을 그만큼 강화하는 경향을 갖는다. 이렇게 되면 계열제도는 하청제도와 완전히 다른 측면을 갖게 되고 거기에는 급격한 질적 변화가 일어난다는 것이다.

고모리는 후지다의 이런 견해를 비판하였다. 곧 기업계열화는 이전의 전속적 하청과 특별히 구분할 이유가 없다는 것이다.

첫째, 실제 기업 사이에 이루어지는 지배종속관계 가운데 하청제도로부터 벗어나서 그 반대물이 될 만한 성질을 지닌 기업계열이라고 할 만한 것은 존재하지 않는다. 만약 있다면 그것은 이미 기업 사이의 지배종속의 범위를 벗어나 지배종속관계에서 독점체 내부로 이행하여 그 구성체로 편입한 것인데 그러한 예는 많지 않다.

둘째, 기업계열 또는 계열화에는 크게 두 가지가 있다. 하나는 대기업과 중소기업 사이의 지배종속을 수반하는 관계인데 이것은 하청관계에 속하지만 이전의 하청관계에 견주어 더 조직적이고 긴밀한 관계를 지닌다. 다른 하나는 대기업 상호간의 관계인데 이른바 업무제휴라는 것이며 〈그룹화〉라고 부르는 관계이다. 기본적으로 전자는 독점자본의 중소기업 지배를 위한 것이고 후자는 독점자본 자체의 조직 또는 독점자본 상호 간에 이룬 조직이다.

셋째, 후지다가 기업계열에 특이한 중요성을 부여하면서 하청제도와 구분하는 것은 요컨대 그의 하청제도의 개념에 문제가 있기 때문이다. 최근의 기업계열을 이전의 하청제도와 근본적으로 다른 높은 차원의 것이고 새로운 성격을 갖는 것으로 중요시하는 것은 종래의 하청제도를 선대객주제 매뉴팩처 시대의 공업자본 지배의 형태로 보았기 때문이다.

결국 고모리는 하청제 공업은 모기업 공업자본에 대한 종속이며 더욱이 독점자본을 정점으로 하는 지배의 계열에 있는 것으로 이해하고, 이것은 기본적으로 구미 여러 나라의 하청제도와 같은 성격을 지니는 것으로 생각하였다. 곧 그는 기업계열과 하청제도 특히 전속하청과의 본질적 구별을 인정하지 않는다. 후지다가 하청제도의 뒤떨어진 성격을 강조하면서 대조적으로 계열화의 근대성을 강조한 반면 고모리는 하청제도의 지배종속적 성격을 강조하면서 기업계열과 하청제도 사이에는 본질적으로 차이가 없다고 보았다.

하청제도와 기업계열 사이의 차이점에 대한 이러한 논쟁에도 계열화가 하청제도보다 고도화된 대기업과 중소기업 사이의 분업 관계라는 점은 대체로 인정되고 있다. 물론 자본축적의 원리에 따라 양자 사이의 지배종속 관계의 속성이 변화하는 것은 아니지만 경영구조의 특성에서 하청제도보다 계열화가 진전된 기업관계로 보아야 할 것이다.

우리나라에서 1975년에 제정된 〈중소기업계열화촉진법〉이나 1996년의 〈중소기업의 사업영역 보호 및 기업 간 협력증진에 관한 법률〉에서는 하청제도와 계열화를 구분하지 않고 이를 계열화로 표시하고 있다. 전자의 법에서는 모기업과 하청계열기업의 위탁 및 수탁행위를 도급거래都給去來라 하고, 후자의 법에서는 이를 수·위탁거래受·委託去來라고 하였으며 위탁하는 자를 위탁기업체, 위탁받는 자를 수급기업체라고 하였다.

한편 2006년에 제정된 〈대·중소기업 상생협력 촉진에 관한 법률〉에서는 수·위탁거래를 상생협력相生協力으로 규정하였다. 여기서 상생협력은 대기업과 중소기업 간, 중소기업 상호 간 또는 위탁기업과 수탁기업 간에 기술, 인력, 구매, 판로 등의 부문에서 서로 이익을 증진하기 위하여 행하는 공동의 활동이라고 규정하였다. 상호의존 협력의 측면을 강조하고 있다.

그런데 하청·계열관계는 상호의존 속의 대립관계 또는 대립 속의 상호의존관계를 그 본질로 하며 이것이 하청·계열관계가 성립하는 이유이기도 하다. 모기업과 하청계열기업 사이에는 상호의존하여 생산력을 향상시키는 측면이 있지만 서로 이해가 대립되는 지배종속의 관계가 있기도 하다. 경영의 측면에서는 상호의존관계가 성립하지만, 그 속에는 자본의 논리가 작용하여 상호대립하며 부등가교환에 따른 착취 관계가 작용하기도 한다. 이것이 우리가 하청·계열관계, 대기업과 중소기업 관계를 관찰할 때 항상 유의할 점이고 진취적으로는 지배종속관계를 완화하고 상호의존관계를 높이는 방향으로 노력하는 것이 그 과제라고 할 수 있다.

산업구조가 고도화하고 중화학공업이 발전하면서 생산의 우회도와 조립가공 산업이 발달한다. 그에 따라 산업 사이에 사회적 분업이 확충되고 기업 사이에는 하청계열관계가 양적으로 확대된다. 일반적으로 소재공업에서는 규모이익이 작동하지만, 조립가공 산업에서는 부품수가 증가하고 생산과정이 다양화되어 대규모 이익은 일정한 한계를 나타낸다. 이에 따라 모기업과 효율성이 높은 중견기업, 또는 중소기업의 조립관련 부품생산 영역이 커지고 이들 서로 간에 보완적 기업의 집적이 이루어진다. 이러한 상호보완적 기업의 집적은 외부경제효과를 창출하고 사회적 분업은 한층 깊게 한다. 조립가공 산업인 모기업과 하청계열기업 사이의 분업관계가 성립하는 당위성이 여기에 있다.

이 책 제2부의 〈산업구조의 개선과 하청계열화〉에서는 경제개발 초기인 1970년대부터 중화학공업화가 진전된 1985년도 중반에 걸쳐 산업구조 고도화 과정에 따른 하청계열구조의 양적·질적 변화를 이론적 실증적으로 분석하고 있다. 중화학공업화가 상당히 진전된 1980년대 중반에는 모기업과 수급기업의 관계가 양적 측면에서 질적 측면으로 전환하는 것을 알 수 있다. 이전까지 모기업의 도급거래 이유는 저임금, 낮은 단가에서 전문기술 이용이었으나 제품의 품질, 정도精度로 전환되고 있다. 이 시기는 한국자본주의의 독점단계가 정착·심화됨에 따라 본격적으로 하청계열관계가 고도화를 시작하고 자본축적의 기반으로서 기능을 적극화하였음을 알 수 있다.

여기서는 하청계열화를 자립적 산업구조의 실현이라는 과제와 관련하여 깊이 있게 고찰하고 있다. 산업구조에서 자립성을 실현하는 것은 무엇보다 원자재의 수요와 공급이라는 원자재 관련, 그리고 제품에 대한 수요와 공급이라는 시장 관련을 통하여 국민경제의 각 산업이 유기적 분업 관련을 갖도록 형성되는 것이다. 여기서 중요한 것은 생산재공업에서 소재와 부품의 상대적 자급체계를 갖추는 것이다. 특히 산업구조가 고도화하고 중화학공업이 성숙한 단계에서 부품·소재공업의 자급실현은 국민경제의 핵심과제인데 바로 하청계열화가 적극적 정책과제가 되는 이유이기도 하다.

3. 연구 성과의 중간 정리와 주요 연구논문

(1) 연구 성과의 중간 정리와 그 방향 :
《중소기업의 이론과 정책》(1996년, 총 608쪽)

1996년에 간행된 이 책은 나의 오랜 연구 성과의 중간 정리에 해당한다. 책 내용에서는 중소기업 이론의 전개에서 근대경제학적 부분, 그리고 중소기업의 정책편은 경제연구센터 총서의 연구결과를 반영하였다. 새로운 점은 여기에 중소기업이론에서 정치경제학 전개를 처음으로 언구하여 수록한 점이다.(사진 4-3) 그런네 이 책이 연구 성과의 중간 정리라고 했듯이 머리말의 내용은 나의 중소기업문제 연구의 방향을 종합한 것이 큰 특징이라고 하겠다. 이에 따라 그것을 여기에 소개하기로 한다.

우리는 중소기업문제를 자본주의 발전과정에서 형성된 구조문제라고 규정하고 이것의 분리이해보다는 종합적 이해를 주장하여왔다. 그리고 이에 대한 접근방법을 다음과 같이 제시한 바 있다.

첫째로 자본축적의 논리에 비추어 중소기업을 이해해야 한다. 일반적으로 자본의 집적·집중과 분산·분열과정에서 대자본과 소자본의 관계, 그리고 오늘날 독점자본주의 아래에서는 독점자본과 중소자본의 관계에서 중소기업을 이해할 수 있다.

둘째로 그 나라 국민경제의 역사적 배경 속에서 중소기업이 이해되어야 한다. 더욱이 대부분의 후진·저개발국은 그들이 경험했던 선진국의 식민지 지배와 전후 자본주의의 범세계화 과정에서 형성된 국민경제의 특수성 속에서 중소기업을 이해할 필요가 있다.

셋째로 국민경제의 발전방향에 대한 역사적 합목적성에 비추어 중소기업이 이해되어야 한다. 후진·저개발국의 경우는 이것을 국민경제의 자립·자주의 실현, 자립적 국민경제의 확립이라고 볼 때, 이 과제를 실현하기 위한 중소기업의 능동적 역할이 고찰되어야 한다.

이 세 가지 접근방법 가운데 첫째와 둘째는 사회과학 전체의 문제이기도 한 '일반성과 특수성'의 관점인 동시에 중소기업 이해의 기본시각이며, 셋째는 중소기업정책의 기본방향에 대한 시사이다.

크게 보아 중소기업에 대한 이론의 형성과 정책의 전개라는 두 부문으로 구성된 이 책은 위에 제시한 세 가지 접근방법을 그 바탕으로 저술되었다. 중소기업의 이론과 정책에는 다 같이 중소기업에 대한 문제의식이 반영된 것인데, 이론은 중소기업문제의식의 논리구조이며 정책은 중소기업문제를 해소하고 완화하며 경제발전에서 그 역할을 높이려는 구체적 방안이기 때문이다.

더욱이 이 책은 중소기업 이론의 형성과 정책의 전개과정을 규명하되 그것은 우리나라 중소기업정책의 새로운 방향을 모색하려

<사진 4-3> 중소기업의 이론과 정책

는 정책의식을 바탕으로 하고 있었다. 이러한 정책의식은 한국경제의 역사적 합목적성에 맞도록 중소기업의 역할을 높이는 것을 의미한다. 결국 한국경제가 자립적 경제구조의 기반을 더 굳게 다질 수 있도록 중소기업정책 방향을 모색하는 것이었다.

우리는 한국경제의 정책기조로서 균형화, 고도화, 개방화를 통한 자립적 산업구조의 실현을 주장한 바 있다. 자립경제는 국민경제 안에 있는 여러 부분이 서로 유기적 관련과 분업체제를 심화시키면서 광범한 생산력 기반이 확충되고, 그것을 바탕으로 하여 대외적 경제관계가 자주성을 지닐 때 이루어진다. 따라서 자립경제의 실현은 '균형 있는 국민경제의 구축'을 그 선결요건으로 한다. 경제의 균형화와 광범한 생산력 기반은 바로 중소기업의 건전한 발전을 통하여 형성될 수 있으며 이때 중소기업은 자립적 경제구조의 바탕이 된다.

생산력 기반의 확충과 균형 있는 국민경제의 실현을 통한 자립적 경제구조의 구축은 대외분업의 거부를 뜻하는 것이 아니며 상대적 자급체제를 의미할 뿐이다. 다시 말하면 상대적으로 높은 국내 분업과 낮은 국제 분업의 산업구조가 형성되는 것을 말한다. 이때 산업구조의 중심이 되는 것은 대내적 분업체제이며 대외적 분업은 산업구조의 보완적 역할을 한다. 이것은 자립적 경제구조에서 경제개방화의 의미를 규정해 주는 것이다. 오늘날 선진경제의 외압과 높은 개방화·국제화의 물결 속에서 우리 경제의 자주성을 지키고 국민경제의 안정과 성장을 촉진하려면 국내생산의 가공도를 높이고 중소기업을 더 적극적으로 활성화하여야 하는 정책과제를 우리는 안게 된다.

우리는 중소기업문제를 자본주의 발전과정에서 일어나는 '산업구조상의 모순'으로 규정한다. 산업구조는 자본이 그 속에서 움직이는 구조이고 사회적 분업관계를 형성하는 생산력들의 결합이라고 볼 때 분업체계는 자본이 그것을 따라 움직이는 길(통로)이다. 경제에 대한 구조론적 시각을 도외시한 채 기능론적 시각에 편향된 양적 고도성장의 추구는 산업구조상의 모순인 중소기업문제를 심각하게 만든다. 경제의 양극화는 경제의 부문 간 불균형성장을 반영하는 것이고 이것은 경제부문 간 격차를 크게 하여 이중구조를 심화시킨다.

일본에서는 일찍이 1950년 후반의 고도성장 과정에서 중소기업문제가 이중구조문제로 인식된 바 있으며, 우리나라에서도 1970년대 중반에 경제의 불균형적 성장과 부문 간 격차의 심화 및 이중구조문제가 정책당국에 의하여 지적되었고 최근에도 비슷한 문제가 논의되고 있다.

이러한 구조문제의 주된 원인은 결국 자원과 기술이 특정 전략부문에 편중된 불균형성장 전략을 추구하는 데서 오는 결과이다. 따라서 경제의 양극화와 대외적 불균형을 극복하면서 건전한 경제성장을 이루려면 자원이 균형 있게 배분되어야 하고 자원이 흐르는 통로인 분업체계의 단층을 해소하여 대내적 분업체계를 심화시키는 산업구조를 형성해야 한다. 곧 중소기업의 발전을 바탕으로 하여 균형화와 고도화를 수반하면서 개방화·국제화·세계화가 이루어져야 한다.

우리는 이와 같은 정책인식이 중소기업을 포함한 경제현상에 대한 균형 있는 시각을 바탕으로 할 때 가능하다고 보고, 더욱이 구조문제를 포함하고 있는 개발도상 경제의 중소기업문제의 연구에서 몇 가지 시각을 정리해 보고자 한다.

첫째는 근대경제학적 접근과 정치경제학적 접근이다. 경제학의 흐름이 그러하듯이 중소기업문제에 대한 학문적 접근도 그렇고 그

시각도 크게는 두 갈래로 나누어진다. 마셜(A.Marshall) 이후 근대
경제학적 중소기업이론의 전개와 마르크스(K.Marx) 입장에서 중소
기업이론의 전개가 그것이다. 중소기업문제가 구조문제로서 성격을
지니고 있기 때문에 그 본질을 파악하는 데는 정치경제학적 접근
도 필요하다. 더욱이 정치경제학적 분석을 토대로 한 중소기업문
제의 분석은 그에 대한 근대경제학적 처방을 도출하는 데 큰 도
움을 준다.

둘째는 구조론적 인식과 기능론적 인식이다. 중소기업문제가
자본주의 발전과정에서 이루어지는 구조문제, 또는 산업구조상 모
순의 성격을 지니는 한 이에 대한 구조론적 인식은 불가피하다.
그러나 자본주의 구조가 점차 선진경제로 변화하면서 점차 기능론
적 인식의 방향으로 전개된다. 예컨대 일본에서는 중소기업문제가
초기의 이중구조론적 시각에서 최근에는 중소기업을 "활력 있는
다수"로 규정하는 것을 볼 수 있다.

셋째는 거시적 시각과 미시적 시각이다. 국민경제적 입장의 중
소기업에 대한 이해와 개별기업 수준의 중소기업 이해가 그것인
데, 분리 이해보다는 종합적 이해를 주장하는 시각은 전자의 인식
을 취하는 것으로 볼 수 있다. 산업구조를 한 덩어리로 본 경쟁적
또는 산업구조의 질적 균형성을 의미하는 거시적 경쟁력은 전자의
시각이며, 개별기업 단위의 미시적 경쟁력은 후자의 시각이다. 국
민경제의 대외적 경쟁력을 강화시키고 경제적 자립을 실현하기 위
한 중소기업의 역할을 높이는 데는 특히 거시적 시각의 중요성이
강조된다.

넷째는 정치경제학에서 논의하는 생산력적 시각과 생산관계적
시각이다. 이것은 자본 대 자본 또는 자본 대 노동의 관계가 지니
는 두 가치 측면을 의미하는 것이다. 전자는 이를 상호의존·협동

관계로 보는 것과 달리, 후자는 상호대립·지배종속 관계로 본다. 이 두 가지 시각은 특히 대기업과 중소기업의 관계를 이해하는 데 큰 도움이 된다.

끝으로 '일반성과 특수성'의 문제도 중소기업문제 연구의 중요한 시각이 되고 있으며, 또 학문적으로는 중소기업에 대한 경제학적 접근과 경영학적 접근의 방법도 제시될 수 있다.

중소기업이론의 형성과 함께 정책의 전개과정도 다루었는데 우리나라 중소기업정책의 새로운 방향모색이라는 정책인식에 입각하였다. 위에서 제시한 여러 시각 가운데 서로 대립되는 것은 통일성을 기하고 되도록 균형 있는 시각을 견지하도록 하였다.

중소기업에 대한 정책인식을 바탕으로 하되 근대경제학적 중소기업이론과 정치경제학적 중소기업이론 등 두 부문으로 나누어 전개하였다. 후자는 마르크스의 자본주의적 축적의 법칙이 제시된 이후 베른슈타인과 카우츠키의 수정자본 논쟁을 거쳐 레닌에 이르는 사회주의 경제학의 체계 속에서 중소기업이론을 서술하였다. 또한 일본에서의 하청논쟁과 자본의 집적·집중과 분산·분열의 법칙, 그리고 이중구조론에 대한 마르크스 경제학적 견해 등이 이 부문에 포함되었다.

구미 여러 나라에서 마셜과 홉슨의 중소기업이론 이후, E.A.G 로빈슨의 적정규모론, J.로빈슨의 불완전경쟁이론, 챔벌린의 독점적 경쟁의 이론, 프로렌스, 슈타인들의 중소기업이론을 거쳐 일본에서의 이중구조론과 벤처비즈니스론 등 이론의 형성과정과 전개과정을 근대경제학적 중소기업 이론으로 다루었다.

학설사적 접근으로 이들 이론의 수직적 전개과정을 분석하였고 수평적으로는 그것이 형성하게 된 국민경제의 경제사적 배경을 검토함으로써 '일반성과 특수성'의 관점에 충실하려고 노력하였다. 그리고 중소기업문제를 '경제이론상의 문제'로 다룬 경우에나 또는 '국민경제의 구조의 문제'로 규정한 중소기업이론 가운데서 다 같이 소극적으로 시사되고(전자) 적극적 정책인식(후자) 속에 담긴 중소기업문제 인식을 검토한 뒤 중소기업 정책과제를 제시하였다.

정책의 전개과정은 비교정책사적 방법으로 다루었다. 중소기업 정책에 대한 이론체계를 정리한 뒤 중소기업문제와 정책을 국제적으로 분석하였다. 미국, 영국, 독일, 일본 등 선진경제에서 중소기업정책의 형성과 전개과정을 자본주의 발전단계와 국민경제의 특수성에 비추어 연구·검토하였다. 그리고 해방 이후 원조경제와 1960년대 이후 오늘날에 이르기까지 경제개발 과정에서 형성되고 시행된 우리나라 중소기업정책 과정을 경제개발의 단계와 특성에 따라 연구·정리하였다. 이들 연구결과를 토대로 하여 우리나라 중소기업정책의 과제를 제시하였다.

이상에서 살펴본 연구 성과의 중간단계에서 정리된 기본방향과 이론체계 및 정책내용은 뒤에 이어진 연구 성과의 총정리 및 체계화에 기본이 되었고 또 이어졌다.

(2) 이론의 체계화를 위한 주요 연구논문(33편)

연구 성과의 중간 정리와 함께 내가 주로 숙명여대 교수로 부임한 이후 중소기업 경제이론의 체계화를 위하여 발표한 논문은 총정리 과정에 기초가 되었기에 여기에 주요한 것을 수록하였다.

① 1977.12. 〈중소기업정책에 대한 고찰〉《창작비평》
② 1979.2. 〈산업조직정책의 성격과 그 유형에 관한 연구〉

〈숙대경제연구소, 《논문집》)

③ 1979.12. 〈경제발전과 중소기업 노동문제〉

(숙대 대학원, 《논문집》)

④ 1980.2. 〈우리나라 중소기업 제품의 수출에 관한 연구〉

(숙대 경제연구소, 《논문집》)

⑤ 1980.12. 〈이중구조경제에 관한 이론적 연구〉

(숙대 대학원, 《논문집》)

⑥ 1982.1. 〈중소기업문제의 재인식〉(경향신문사, 《정경문화》)

⑦ 1982.2. 〈중소기업을 보는 시각〉(《정경문화》)

⑧ 1982.4. 〈중소기업, 그 존립형태와 하청계열화〉(《정경문화》)

⑨ 1982.5. 〈한국의 경제현실과 중소기업〉(민중사, 《민중과 경제》)

⑩ 1983.2. 〈개발도상 경제의 개발전략과 구조문제〉

(숙대 경제연구소, 《논문집》)

⑪ 1984.2. 〈개발도상 경제의 중소기업에 대한 구조론적 이해〉

(숙대 경제연구소, 《논문집》)

⑫ 1985.1. 〈한국경제의 독점·종속화와 중소기업〉

(한울, 《한국사회의 재인식》)

⑬ 1985.2. 〈산업조직에 대한 학설사적 연구〉

(숙대 경제연구소, 《논문집》)

⑭ 1987.2. 〈산업구조의 개선과 하청계열화〉

(숙대 경제연구소, 《논문집》)

⑮ 1987.9. 〈대기업 중심에서 중소기업 중심으로〉

(동아일보, 《신동아》)

⑯ 1988.12. 〈경제적 민주주의와 중소기업에 관한 연구〉

(숙대 대학원, 《논문집》)

⑰ 1990.2. 〈이중경제구조와 소영세기업에 관한 연구〉

〈숙대 경제연구소, 《논문집》〉

⑱ 1990.12. 〈하청제도에 관한 이론적 연구〉

〈숙대 경제연구소, 《논문집》〉

⑲ 1991.6. 〈중소기업이론의 정치경제학적 전개〉

〈숙대 대학원, 《논문집》〉

⑳ 1991.12. 〈중소기업문제와 정책에 대한 국제적인 비교 연구〉

〈숙대 경제연구소, 《논문집》〉

㉑ 1993.2. 〈중소기업이론의 근대경제학적 전개(I)〉

〈숙대 경제연구소, 《논문집》〉

㉒ 1994.12. 〈중소기업이론의 근대경제학적 전개(II)〉

〈숙대 경제경영연구소, 《경제경영논집》〉

㉓ 1996.2. 〈불완전 경쟁이론의 형성과 중소기업문제〉

《경제경영논집》〉

㉔ 1996.12. 〈A.마셜의 유기적 성장론과 경제발전이론〉

《경제경영논집》〉

㉕ 1997.2. 〈한국경제의 선진화와 중소기업 정책인식의 전환〉

《경제경영논집》〉

㉖ 1999.6. 〈중산층 논쟁과 중소기업문제〉《경제경영논집》〉

㉗ 2000.12. 〈중소기업문제의 성격과 그 역사적 전개〉

《경제경영논집》〉

㉘ 2001.2. 〈후진자본주의와 한국중소기업문제의 성격〉

《경제경영논집》〉

㉙ 2001.6. 〈A.마셜의 산업인식과 중소기업이론〉

《경제경영논집》〉

㉚ 2001.12. 〈중소기업문제의 정치경제학적 해석〉

《경제경영논집》〉

㉛ 2002.6. 〈소영세기업 문제의 새로운 인식〉《경제경영논집》

㉜ 2007.8. 〈일제 식민지 시대의 성격에 관한 제이론의 학설사적 고찰〉《경제경영논집》

㉝ 2011.8. 〈8·15 해방 후 1950년대 한국중소기업 고찰〉《기업경제연구》

30여 편에 이르는 이 논문들은 중소기업 경제이론을 체계화하고 나아가서 중소기업문제에 대한 정책론적 이해와 경제사적 이해의 골격이 되었다.

4. 연구 성과의 총정리와 그 체계 : 《현대중소기업경제론》(2002년, 총 664쪽)

(1) 중소기업 경제이론의 기본시각과 그 개요

2002년에 간행된 이 책은 5부 서장을 포함하여 22장으로 구성되었으며 664쪽의 방대한 내용이다.(사진 4-4) 중소기업문제를 경제학적으로 해석할 수 있는 이론체계를 정리·정립하려는 과제가 이 책에 담겨 있다. 중소기업문제에 관심을 가진 지 40년 가까운 세월 동안 쌓아온 연구 성과를 총정리하고 또 체계화한 것이다. 지금까지 근대경제학과 정치경제학 영역에서 전개된 중소기업이론을 포괄해서 중소기업에 관한 기본적인 이해의 바탕과 이론적 체계를 정리함으로써 중소기업 연구의 기본이 되는 개념과 이해의 틀을 마련하고 이론체계를 분석적으로 정리하여 새로운 연구의 방향을 제시하였다.

중소기업문제를 경제학적으로 해석할 수 있는 이론체계는 경제학의 한 연구 분야이다. 대부분의 경제학이론의 흐름이 그러하듯이 경제학적 중소기업 연구도 크게 두 가지 방향으로 이어져 왔다. 하나는 근대경제학적 연구이고 다른 하나는 정치경제학적 연구이다. 이 두 가지 흐름은 같은 경제학의 범주이면서도 그 연구방법과 내용은 아주 다르다. 전자의 기본적 과제는 사회구성원들의 복지증진을 위하여 최소한의 자원을 효율적으로 배분할 수 있는 기본방향과 정책대안을 마련하는 것이다. 후자는 생산과 분배를 지배하는 사회적 법칙을 연구하는 학문이다. 생산의 기술적 측면만이 아니라 사회적 측면을 연구한다. 곧 물질적 생산만이 아니라 생산에 관계한 사람들 사이의 사회적 관계 등도 연구한다.

중소기업이론의 발달에서 전자가 주된 흐름이지만 중소기업문제를 올바르게 해석하려면 근대경제학적 접근만으로는 충분하지 않으며 구조론적 접근과 정치경제학적 분석도 중요하다. 그것은 중소기업문제가 자본주의 발전과정에서 형성되는 구조론적 모순이고 산업구조상의 모순이기 때문이다.

두 가지 이론체계 가운데 근대경제학적 중소기업이론은 마셜의 《경제학원리》에서 출발점을 찾는다. 이와 달리 정치경제학적 중소기업이론은 마르크스의 《자본론》에서 시작하였다. 그는 자본주의적 축적의 일반법칙(the general law of capitalist accumulation)에 따라 대자본이 소자본을 구축驅逐하면서 자본을 축적하는 모습을 밝히고 있다. 이를 기점으로 보고 정치경제학적인 중소기업이론의

<사진 4-4> 현대중소기업경제론

연구가 이루어졌다. 근대경제학은 경제적 합리성과 자원배분의 효율성, 그리고 복지향상과 근대화 실현 등의 근본원리에 비추어 국민경제적 관점에서 중소기업 과제를 들여다보았다. 정치경제학은 초기 산업자본주의단계에서는 대자본과 소자본의 관계를, 나아가 독점자본단계에서는 독점자본의 자본축적을 기반으로 중소기업이 어떻게 작용하는지 등을 중점적으로 연구하였다.

결국 중소기업 연구는 경제의 성장과 발전, 그리고 자본축적과 자원의 효율적 배분에 중소기업이 어떻게 역할을 하고 또 문제점이 무엇인지를 해명하는 것을 중요과제로 한다. 그런데 중소기업 연구가 전개되는 과정에서 중소기업문제를 분석하는 몇 가지 시각이 복합적으로 상호작용하였다. 생산력적 시각과 생산관계적 시각, 그리고 일반성의 시각과 특수성의 시각이 그것인데 이에 대하여는 앞에서 상세히 논의한 바가 있다. 여기서는 그 외의 시각에 대하여 설명하기로 한다.

경쟁의 시각과 협력의 시각이 그것이다. 경제는 경쟁으로 발전하고 효율성을 높일 수 있지만, 협력을 통해서도 경쟁력을 제고할 수 있다. 자본주의경제에서 경쟁은 자원의 효율적 배분을 가능하게 하는 기초조건이다. 이에 대하여 협력은 경제활동의 능률성을 높이는 유력한 길이다. 일찍이 A.스미스(A.Smith)는 《도덕정조론》에 기초를 둔 개인의 자유방임적 이익추구가 사회발전을 가져온다는 자본주의 경제의 행동규범을 제시하였다. 곧 자유경쟁이 "보이지 않는 손"의 예정조화적 작용으로 경제의 효율성과 합리성을 실현하게 한다는 점을 지적한 것인데 이는 스미스 이래 자본주의경제의 기본원리이다.

한편 A.스미스는 《국부론》의 앞부분에서 노동의 생산물인 부의 창출 극대화 방안으로 분업과 협업을 들고 있다. 곧 경쟁의 효율성과 함께 협력의 생산력 증대 기능을 강조한 것이다.

그런데 자본주의가 독점자본 단계를 넘어선 현대자본주의에서 경쟁적 시장기능은 크게 제약을 받고 있다. 중소기업의 경쟁적 성격은 경직된 시장기능을 활성화하고 경제사회를 쇄신하는 기능을 한다. 또한 다른 경제단위, 특히 대기업과 맺는 상호보완적 협력관계는 자본축적의 기반을 제공하면서 경제의 생산력을 확충하고 생산성을 높이는 유력한 방안이 되고 있다.

그러나 지나친 경쟁은 과당경쟁을 유발하고 기업 사이의 협조가 지나치면 오히려 자원의 효율적 배분과 생산력 향상을 억제하는 부정적 작용을 하기 때문에 적정한 경쟁과 협력이 필요하다.

이런 방향에서 체계를 잡은 이 저서의 개략적 윤곽을 보면 다음과 같다.

첫째, 제1장부터 제3장까지는 중소기업을 이해하기 위한 기초를 다루었다. 먼저 중소기업의 범위·특성·비중·구조 등이 설명되었는데 흔히 범위를 정하는 기준으로는 양적 지표와 질적 지표가 제시된다. 미국처럼 "독립하여 소유 경영하며 그 영업 분야에서 지배적이 아닐 것"등 질적 규정을 우선하는 나라도 있다. 그러나 우리나라는 양적 기준으로 종업원 수와 자산액 등에 따라 중소기업 범위를 규정하여 왔다. 1966년 〈중소기업기본법〉 제정 이후 그랬는데 2014년 그 시행령 개정 이후 〈상시근로자 또는 자본금〉 기준에서 〈평균매출액〉 기준으로 바뀌었다. 이른바 피터팬 증후군, 곧 중소기업 지위를 유지하여 정책지원을 받고자 근로자 고용을 늘리지 않는 현상을 없애기 위한 것이었다.

그 외에 중소기업의 동태적 이해에서는 미시적 시각에서 마셜의 소기업성장 연속론과 그에 대한 비판으로 J.스타인들의 소기업 성장 단층론이 소개되었다. 이어서 거시적 시각에서는 사회적 대류현상론과 신구기업의 교체문제가 설명되었고 학설사적 이해에서는 일본역사에서 논의된 재래산업문제, 소공업문제, 중소공업문제 등이 다루어졌다.

둘째, 제2부에는 6개 장이 포함되고 있는데 여기서는 주요 중소기업에 관한 이론의 '학설사적 전개'를 서술하였다. 곧 이론의 수직적 전개라고 할 수 있다. 역사적으로 전개된 중소기업이론을 유형별로 고찰하고 주요 이론이 전개 형성되는 과정과 그 내용을 깊이 있게 설명하였다. 마셜의 산업인식과 중소기업이론, 홉슨의 중소기업이론, 능률적 규모와 적정규모론, 대규모 경제의 법칙과 중소기업 비합리성이론, 불완전경쟁이론과 중소기업문제 등 근대 중소기업이론의 골격이 되는 이론이 체계적으로 정리·분석되었다.

셋째 제10장부터 제14장까지의 5개 장에서는 역시 이론의 전개를 다루고 있다. 여기서는 오늘날 중소기업문제 해석에 도움을 줄 수 있는 이론체계를 주제별로 연구·정리하여 수록하였다. 산업의 지식집약화와 중소기업, 이중구조론과 중소기업의 근대화가 그것이다. 여기에 더하여 중소기업이론의 큰 줄거리를 이루고 있는 중소기업문제의 정치경제학적 해석, 하청논쟁과 기업계열화논쟁을 포함한 중소기업 존립문제의 이론적 검토, 그리고 중소기업 구조에서 중요한 분야가 되고 있는 소기업문제의 새로운 인식 등이 다루어졌다.

넷째 중소기업문제와 정책을 서술한 제4부는 3개 장으로 구성되어 있다. 먼저 중소기업문제의 성격을 자본주의 발전단계별로 살펴보았다. 또한 그것을 국제적으로 비교 분석하였으며 중소기업 정책을 경제정책과 관련시켜 이론적으로 해석하였다. 본원적 축적기本源的 蓄積期 중소기업문제의 단서, 산업자본주의 단계의 소공업문제, 독점자본주의 단계의 중소기업문제에 이어 오늘날 현대자본주의 아래에서 중소기업문제를 경제사적 흐름의 배경에서 서술하였다. 중소기업문제의 국제비교에서는 미국의 활력 있는 다수, 영국의 묘상기능과 신진대사기능, 독일에서의 수공업 전통의 경제, 일본에서의 이중구조 속의 계층적 축적구조라는 특성을 국민경제의 경제사적 배경과 관련하여 분석하였다. 이어서 경제정책과 중소기업의 상호관련성, 그리고 산업정책의 일환으로서 중소기업정책, 중소기업 정책유형, 자본주의 전개에 따른 중소기업정책의 변화도 서술되었다.

다섯째, 제18장에서 제21장까지의 4개 장으로 구성된 제5부에서는 한국 중소기업문제와 정책의 전개과정을 경제사적 시각에서 집중적으로 다루었다. 해방 이후 1990년대까지 전개된 중소기업정책을 경제구조의 변천과정에 따라 시대순으로 정리·해석하였다. 그리고 중소기업 지원체제와 주요정책 및 관련법의 체계로 수록하였다. 여기에 수록된 내용은 중소기업정책에 대한 별도의 연구인 중소기업문제에 대한 정책론적 이해:《중소기업정책》에 큰 골격이 되어 이어졌다.

이하에서는 위에 서술한 이론체계 가운데 중점이 될 만한 몇 가지 주제를 선정하여 깊이 있게 고찰하고자 한다.

(2) 마셜의 중소기업이론

마셜 경제학의 과제는 고전학파 경제학이 안고 있는 장기침체의 늪을 극복하는 것이었다. 고전학파 경제학은 수확체감법칙에 얽매여 경제가 장기적으로 침체에 빠질 수밖에 없다는 결론을 내리고 있었다.

영국 런던의 빈민가를 거닐면서 마셜은 당시 영국이 직면했던 빈곤문제를 해결하기 위한 처방이 그가 안고 있는 시대적 소명임을 절실히 느꼈다. 이를 위해서는 고전학파 정체성의 바탕인 수확체감법칙의 극복이 그의 경제학의 문제의식이었다. 그러기 위해서 그는 산업조직의 개념을 도입하였다.

고전학파적 정체상태는 변할 수 없는 자연법칙을 바탕으로 한 수확체감 경향에서 나온 것이기 때문에 수확체감에서 수확체증으로 탈출하는 것이 마셜의 연구과제였다. 이것은 대규모 경제의 유리성을 의미하는 것이었고 그 내용이 되는 내부경제(분화)와 외부경제(통합화)를 생물학적 유추에서 이론적 토대를 발견했다. 그로부터 마셜은 진보의 길을 모색했고 그 속에서 소기업문제도 생겨났다.

생산에서는 자연에 인간의 노동과 자본이 투하되는데 이때 자연이 생산에서 작용하는 역할은 수확체감 경향인데 대하여 인간의 역할은 수확체증의 경향을 나타낸다고 보았다. 노동과 자본의 증가가 일반적으로 나아진 조직(organization)을 가져오고 그 때문에 생산능률이 올라간다는 것이다. 수확체증을 가져오는 조직을 마셜은 지식(knowledge)과 관련하여 중요하게 생각했다. 지식은 생산의 가장 강력한 엔진인데 그것은 자연을 극복하게 하고, 조직은 지식을 돕는다고 보았다. 인간이 자연에 대한 지배력을 발휘하는 데 가장 강력한 힘이 지식인데 지식의 기동력을 최대한으로 높여주고 구체화시키는 것이 조직이라고 보았다.

수확체증과 대규모생산의 이익을 가져오는 것은 조직의 작용으로 발생하는데 마셜의 그런 생각은 생물학적 유추에 기초를 두고 있다. 치열하게 경쟁하면서 자연도태와 적자생존의 과정을 거쳐 발달한 고등동물의 신체조직에서 내부경제와 외부경제의 원리를 발견한 것이다. 사회유기체와 자연유기체의 유사성에 착안한 마셜은 그것의 발달이 한편으로는 각 부문의 기능을 세분화하면서, 다른 한편으로는 각 부문의 밀접한 관계를 증진시키는 가운데 이루어지는 것을 파악한 것이다. 이러한 유기체 조직의 발달이 조직의 이익을 실현하게 하고 그것이 수확체증과 대규모 경제의 법칙을 가져온다고 보았다.

이런 생각은 산업의 중요성으로 이어졌다. 총생산 규모의 증가와 상호의존관계에 있는 산업분야의 성장이 이어졌다. 나무 한 그루는 성쇠를 거듭해도 삼림은 계속 번영한다는 생물학적 유추는 마셜의 유명한 비유(Marshall's famous simile)인 삼림의 비유(숲의 이론)에서 삼림은 산업을, 기업들은 숲속의 나무와 같다는 것이다. 숲(forest)은 산업을, 나무(trees)는 기업을 뜻하는데 개개의 수목(기업)은 삼림(산업)의 성장과 별도로, 그리고 숲(산업)도 개개의 나무와는 별개의 성쇠를 가질 수 있다고 보았다.

이런 틀 속에서 장기적인 경제 진보의 길을 개별기업보다 산업분석에서 찾았다. 영고성쇠를 거듭하는 개별기업보다 이것을 포함하여 무수한 요인이 성쇠를 규제받고 제한받으면서 유기적으로 성장하는 산업을 경제 진보의 중요 대상으로 삼았다. 번창하는 산업의 모습은 산업을 구성하는 특정 구성요인의 개별적인 모습보다 전체 요인의 조화로운 상호유기적 관련과 발달에서 가능하다는 것을 시사한다. 산업을 구성하는 대기업, 중기업, 소기업, 영세기업 등의 유기적인 성장이 이루어져야 전체로서 산업은 발달이 가능하다는 점을 말하여 주고 있다.

생물적 유기체의 개념은 숲의 비유를 넘어 유기적 성장(organic growth)의 개념에 이른다.

① 산업 안에는 무수한 산업현상, 곧

㉠ 소기업의 신설(창업)과 도산(폐업)

　　㉡ 대기업의 소기업 구축

　　㉢ 소기업의 대기업으로 성장

　　㉣ 소기업 사이의 상호관계

　　㉤ 대기업과 중소영세기업의 관계

　　㉥ 대기업의 생물학적 수명의 한계에 따른 쇠망 등이

　② 서로 의존, 대립, 경쟁하고 규제, 제한하는 가운데

　③ 개별기업의 영고성쇠에도

　④ 전체적 평균적으로는 양적으로만이 아니고 질적으로도
　　진보, 발전하는

　⑤ 산업의 변화모습을

　⑥ 생물유기체의 성장에 비유하여 표현한 것인데

　⑦ 조직의 분화(내부경제)와 통합화(외부경제)로
　　뒷받침되는 것으로 보았다.

유기적 성장을 하는 과정에서 소기업은 지속적으로 구축, 잔존, 성장하면서 산업발전에 적극적인 역할을 하는 것으로 마셜은 보았다.

하지만 이론적으로 보아 그가 고전학파적 정체성을 극복하려고 창안한 수확체증과 대규모 경제성에 비추어 보면 소기업은 대기업에 의하여 구축·소멸되는 것이 맞다. 그래서 그는 《경제학원리》 초판(1890)에서 대규모 경제의 유리성이라는 경제이론상의 설명에 따라 수공업과 가내공업, 소기업은 공장제 대기업과의 경쟁으로 도태, 소멸하는 것이 지배적이라고 보았다. 곧 초기에는 소기업 소멸을 주장하였다.

그러나 《경제학원리》 제2판에서는 다른 견해를 보였다. "우리는

단기간에 대공장이 많은 산업부문에서 경쟁자들을 구축해버릴 것으로 기대할지 모르지만, 사실 그렇지 않은데 이는 무엇 때문인가"라는 문제 제기였다. 곧 소기업 잔존론을 전개하였다.

이 문제, 곧 대규모 경제의 유리성에도 왜 소기업은 소멸하지 않고 존립을 계속하는가 하는 마셜의 문제제기는 그 이후 오늘날에 이르기까지 근대 중소기업이론이 해명해야 할 연구과제로 지속되고 있다.

그 뒤 마셜은 ① 생물적 소기업의 성장, ② 대규모 경제의 이익의 한계, ③ 그 실현조건의 불비, ④ 소기업의 독자적 존립의 유리성 등의 큰 틀에서 이를 해명하려고 노력하였다.

좀 더 구체적으로 살펴보면, 소기업성장 연속론을 펼쳤고 소기업 성장과 소기업 잔존이론도 전개하였다. 기계의 경제성의 한계, 생산증가와 판매(시장)증가의 한계, 관리 면에서 소기업의 능률성, 선대제와 저임금의 바탕, 기계 및 분업의 발달과 생산의 전문화 및 표준화, 사회의 일반적 진보와 정보 획득 및 실험의 용이, 대기업과 소기업의 적정산업분야의 규정 등의 내용이 마셜 저서 곳곳에서 발견된다.

나아가서 마셜은 1919년의 저서에서는 소기업의 잔존을 넘어 그 적극적인 역할을 지적하기도 했다. 소기업은 독창성과 융통성을 기르는 등 경제활동과 산업진보의 주요 원천의 역할을 한다. 곧 영국 산업의 대부분이 성장하는 소기업에 의존하고 있으며 그들이 산업에 제공하는 힘과 탄력성(energy and elasticity)은 국가의 모든 분야에서 발생하고 있다는 것이다.

근대 중소기업이론의 선구자인 마셜의 이론은, 그가 경제사회의 어느 분야에 대한 실제적 연구는 다양한 경향의 상호작용에 주의를 기울일 필요가 있었고 그 가운데 하나가 소기업분야라는 생각에서 이루어진 것이었다. 곧 마셜의 소기업 문제에 대한 해명은 "하나 가운데 많은 것이며, 많은 것 가운데 하나(the many into the one, the one in the many)"라는 그의 좌우명을 반영한 것임을 유의할 필요가 있다. 이것은 마셜이 근대 중소기업 이론의 출발점이기는 하지만, 그렇다고 마셜이 중소기업 이론가는 아니라는 점을 말하는 것이다.

마셜의 산업인식과 중소기업문제에 대한 여러 해명은 근대 경제학의 중소기업이론의 기원이 되었다. 여기에 대하여 이런 지적도 있다.

우리는 흔히 근대학적 중소기업이론의 기원을 마셜에서 찾고 있지만 대규모 법칙은 마셜이 최초로 논의한 것도 아니고 소기업도 마셜만이 논의한 것은 아니지만, 그럼에도 마셜을 중소기업이론의 창시자로 삼는 것은 기업규모의 중요성을 분석하는 경우에 마셜의 견해를 제시하는 데서 출발하는 것이 편리하다는 이유 때문이라는 것이 J.스타인들(J.Steindle)의 견해이다. 그러나 이것은 소극적인 지적에 불과하며 나는 더 적극적으로 다음과 같은 이유로 중소기업 이론이 마셜에 기원이 있다고 말하고자 한다.

첫째, 생물학적 설명과 대규모 경제이익의 한계 및 그 실현조건의 불비不備, 그리고 소기업의 독자적 유리성을 지적하여 소기업 존립의 문제를 제기하였다. 이것은 뒤에 지속적인 논의를 거쳐 "적정규모론"으로 발전하였다.

둘째, 마셜의 이론체계 속에 들어 있는 마셜의 문제, 즉 "수확체증과 경쟁적 균형의 양립의 문제"는 학설사적 논쟁을 거쳐 불완전경쟁 또는 독점적 경쟁의 이론으로 귀결되었다. 중소기업 잔존에 대한 불완전 경쟁적 설명은 이 이론이 기초를 이루기 때문에 결국 마셜에 근거를 두고 있다고 볼 수 있다.

셋째, 마셜은 자연의존적인 수확체감의 법칙에 바탕을 둔 고전학파의 장기적 정체성과 빈곤문제 해결에 대응하기 위하여 대규모 경제의 법칙과 수확체증법칙의 이론적 체계를 전개하였다. 대규모 생산과 능률성에 대한 지속적인 연구는 중소기업 비합리성이론을 이루면서 또한 소기업 성장단층론과 소기업존립 조건론을 제시하도록 하였다.

넷째, 마셜은 소기업이 경제활동의 원천으로써 중요한 역할을 한다는 점을 지적하였다. 영국 산업의 대부분이 성장하는 소기업에 의존하고 있으며 그들이 산업에 제공하는 힘과 탄력성은 전 국가에 걸쳐 있다고 지적하였다. 경제발전에 소기업이 활력을 주고 산업발전의 원동력이 된다는 마셜의 견해는 오늘날 중소기업의 역할, 특히 "활력 있는 다수론"의 근원이 되고 있다.

다섯째, 마셜은 지식은 생산의 가장 강력한 엔진인데 이것은 자연을 극복하여 우리의 욕망을 채워 준다고 하였다. 인간이 자연에 지배력을 발휘하는 데 가장 강력한 힘과 기동력이 지식이라고 보았다. 인간의 지적인 향상과 그에 따른 산업조직이 가져오는 자본과 노동의 능률향상에 대한 마셜의 견해는 오늘날 지식기반 내지 지식집약적 산업구조와 중소기업이론의 뿌리이다.

마셜은 이처럼 근대 중소기업이론의 선구자이며 그 기원이 되고 있다.

(3) 적정규모론과 불완전경쟁이론

① 완전경쟁의 시장구조와 적정규모론 : 개별기업 단위의 능률성

1930년대 초·중반에 근대 중소기업이론을 대표하는 두 개의 이론이 완성·발표되었다. 하나는 적정규모론이고 다른 하나는 불완전경쟁이론(또는 독점적 경쟁이론)이 그것이다. 이 두 이론은 거의 같은 시점에 발표되었지만 그 시각은 전혀 다르다.

적정규모론은 완전경쟁시장을 전제로 개별기업의 능률성을 기준으로 중소기업 존립문제에 접근한 것이다. 이에 대하여 불완전경쟁이론은 시장의 불완전성에 대한 가격이론이지만 여기서 중소기업의 존립영역이 제공될 수 있다는 내용이었다. 개별기업의 문제가 아닌 시장구조 측면에서 중소기업 존립가능성을 다룬 이론이었다.

불완전경쟁이론이 발표된 1934년 이후 시장구조는 완전경쟁, 불완전경쟁, 그리고 독점이라는 세 범주로 구성되는 것으로 보았다. 완전경쟁 조건 아래에서 적정규모론, 시장의 불완전성 조건 아래에서 불완전경쟁이론이 완성되었고, 나머지 시장구조인 독점하의 중소기업 존립문제는 뒷날 산업조직론의 발전을 기다려야 했으며, 더 적극적으로는 정치경제학적 해석에 따라 분석되었다. 물론 마셜이나 홉슨에서도 독점문제가 다루어지기는 했지만 그것은 중소기업문제로까지 연결되지는 못하였다.

19세기 말, 정확하게는 1890년 마셜의 《경제학원리》가 발표된 이후 마셜의 소기업 잔존문제는 포괄적으로 말하면 대규모경제의 한계, 그 실현조건의 불비, 소기업 잔존의 독자적 유리성이라는 측면에서 산발적이고 단편적 문제로 다루어졌다. 그 뒤 홉슨은 소기업잔존을 네 가지로 분류하여 좀 더 구체적으로 다가갔다.

① 능률적 규모가 작은 업종에서 완전자유경쟁 아래 능률적 규모로 잔존
② 불완전경쟁의 시장구조 아래서 능률적 규모보다 작은 규모로 잔존

③ 기업가의 보수적 정신에 바탕을 두고 능률적 규모보다 작은
　규모로 잔존

④ 대기업이나 중간상인에 따라 기업의 자주독립성을 갖지 못
　하면서 잔존하는 종속적 잔존

위 네 가지 형태 가운데 ①②③은 경제적 합리성을 바탕으로
독립성을 갖고 잔존하는 소기업이지만, ④는 자주독립성을 잃고
경제적 비합리성을 바탕으로 잔존하는 소기업이라는 것이다.

E.A.G 로빈슨의 적정규모론은 일반적으로 산업효율을 극대화하
기 위한 능률적 규모의 개념 규정으로 전개되었다. 그러나 소기업
의 잔존문제와 관련해서는 홉슨의 분류 가운데 ①에 해당하는 해
명이다.

크누프(K.Knoop)가 일찍이 〈능률적 생산단위〉의 개념을 제시했
고 홉슨은 생산에서의 최저생산비규모(생산비 기준), 기업단위에서는
최대능률규모(이윤율 기준)를 능률적 규모로 규정하였다. 그 뒤 능
률적 규모의 개념, 규제요인 및 소기업 잔존문제는 서로 관련을
맺으면서 꾸준히 논의되었고, 드디어 1930년에는 D.포드(D.Ford)의
적정규모(an optimum size)라는 개념에 이르렀다. E.A.G 로빈슨은
그동안에 논의되었던 여러 가지를 종합적으로 정리하여 이론적으
로 체계화하였는데 그 배경은 다음과 같다.

① 능률적 규모의 개념이 명확하게 정리되지 않았다.

② 능률적 규모를 결정하는 요인이 다양하게 나왔지만 정리되
　지 않았다.

③ 능률적 규모의 단위가 생산단위와 기업단위로 나뉘어 이것
　을 어떻게 통합하느냐의 문제가 있었다.

④ 소기업의 잔존문제와 관련성을 분명하게 해명할 필요가 있다.
⑤ 능률적 규모가 산업능률의 향상과 관련성, 곧 산업조직의
문제를 규정할 필요가 있다.

이에 1931년에 나온 《경쟁적 산업의 구조》에서 E.A.G 로빈슨
은 기업규모의 결정방식에 대하여 종합적 이론을 제시하면서 능률
적 규모가 아닌 적정규모기업(the optimum firm)이라는 개념을 사
용하였다. 산업능률을 실현하기 위한 최선의 생산단위 규모로서
능률적 규모를 대체하는 적정규모(an optimum size) 개념을 적극적
으로 도입하였고 그 이후 이 개념이 일반적으로 사용되었다.

산업능률을 높이기 위하여 기업의 규모와 구조를 결정하는 요
인을 검토하면서 기업규모와 소기업잔존 이유에 대한 분석도 대
상으로 삼았다. 산업효율을 높이기 위해서는 개별 기업이 능률을
이루도록 하는 규모, 곧 적정규모를 연구하는 것이 필요하다고 보
았다. 산업능률과 산업조직의 효율성은 산업조직 가운데 기업 내
적 측면인 개별기업의 능률성을 실현하는 것이 중요하며 그것이
당시 영국 산업의 발전방향이라고 보았다.

기업규모를 적정규모 기업이 되도록 하는 것이 산업발전과 산업
조직의 효율성을 높이는 것이기 때문에 E.A.G 로빈슨은 적정규모
기업을 결정하는 요인, 곧 기업 내적요인과 기업 규모의 관련성을
분석하는 것을 중심으로 삼았는데 이것은 마셜이 내부경제와 함
께 외부경제의 중요성도 강조한 점과는 차이가 있다.

E.A.G 로빈슨은 적정규모 기업의 개념을 다음과 같이 규정하
였다.

① 현존의 기술과 조직 능력의 조건 아래에서

② 장기적으로 지불해야 할 모든 비용이 포함된 경우

③ 단위 당 평균생산비가 최저가 되는 규모로 움직이는 기업

그러면서 그는 적정규모기업은 시장이 완전하고 많은 수의 적정규모기업을 유지할 만큼 시장의 규모가 충분한 경우에, 경제력이 정상적으로 움직일 때 나온다고 보았다. 그러므로 시장이 제한받고 불완전한 경우에는 결코 나타나지 않는다고 보았다. 곧 완전경쟁의 시장구조를 전제로 한 개념이다.

이어서 그는 적정규모의 결정요인으로 다음의 다섯 가지를 들었다.

① 기술적 적정규모에 기여하는 기술적 요인

② 관리적 적정규모에 기여하는 관리적 요인

③ 재무적 적정규모에 기여하는 재무적 요인

④ 적정 판매단위에 기여하는 마케팅의 영향

⑤ 산업의 호황 불황에 직면하여 최대의 존속력을 지니는 단위에 기여하는 위험 및 경기변동의 요인

E.A.G 로빈슨의 적정규모기업 개념은 최저생산비규모와 비슷하지만 그 결정요인에서 볼 수 있듯이 그것은 단일공장이라는 기술적 단위를 넘어서는 개념이다. 그리고 다섯 가지 적정규모 단위는 그 규모를 달리할 수도 있어서 이들 단위를 조화하는 기업이 적정규모기업이라고 볼 수 있다. 조화가 이루어지는 과정은 장기적일 수밖에 없고 따라서 동태적 과정에서 생동하는 실제의 대상으로 하는 기업이론을 제시한 것으로 볼 수 있다.

② 시장구조의 불완전성과 불완전경쟁이론

1934년 J.로빈슨(J.Robinson)의 불완전경쟁이론과 E.H.챔버린 (Chamberlin)의 독점적경쟁이론이 발표되기 전까지 시장구조의 불완전성에 대한 이론체계는 없었다. 마셜과 홉슨에서도 시장의 불완전성이 소기업의 잔존이유가 된다는 지적이 있었지만 그것을 뒷받침할 이론체계는 없었다.

마셜은 대규모 생산의 경제성에 의존하는 많은 산업에서 그에 상응하는 "시장 확대의 곤란"이 있고 이 때문에 판매의 곤란이 있다고 보았다. 수확체증의 경향이 강하게 작용하는 수많은 상품은 어느 정도 특수성을 갖고 있다. 그것은 특수한 기호에 적합하기 때문에 넓은 시장을 지닐 수 없다. 이 경우 기업은 수요를 창조하거나 기존의 수요기반을 확대하려고 노력하지만 각 기업의 판매는 완만하게 확대되거나 높은 비용을 지불하고 얻게 되어 특수한 시장에 제한을 받게 된다.

그런데 특수한 기호에 적합한 제조업에서 기업규모는 대부분 소규모이다. 그들은 새로운 기계와 조직형태를 채용하여 생산규모를 늘릴 수도 있지만 이들 기업은 어느 정도 특수한 시장에 제한을 받는다. 성급한 생산증가는 경제성의 증가보다 더욱 크게 시장에서 수요가격을 낮추는 경향이 있다고 보았다.

홉슨은 최대능률 기업규모보다 작은 기업과 큰 기업이 존재하는데 완전자유경쟁에서 이런 기업은 잔존할 수 없다, 특히 최대능률규모보다 작은 기업은 대기업과 심한 경쟁관계가 아니고 유연한 성격을 지니고 특수한 이익을 누리면서 잔존한다, 대기업이 대부분의 업종을 점하는 가운데서도 고급품을 생산하는 소기업의 특성 때문에, 또는 적은 이익을 얻는 경우, 그리고 대기업의 틈새시장을 추구하면서 소기업은 잔존한다, 곧 불완전경쟁을 전제로 능률적 규모보다 작은 규모의 소기업이 잔존할 수 있다고 보았다.

이런 추상적인 지적이 시장의 불완전성에 대한 이론체계로 연결된 것은 빈 상자 논쟁과 비용논쟁을 거친다. 마셜의 수확체감의 산업, 수확불변의 산업, 수확체증의 산업을 실증적 검토 없이 인용하는 것이 학문적으로 유용한가의 논쟁이 전자이다. 산업단위의 이런 분류보다는 수확(returns)의 문제를 비용(cost)의 문제로 바꿀 필요가 있다는 점이 지적되었다.

그러면서 수확의 법칙은 산업단위에서는 수확불변이 작용한다고 보고 수확체증(비용체감)의 법칙이 작용하는 것은 산업이 아니고 오히려 개별기업이라고 P.스라파(P.Sraffa)는 주장했다. 그리고 수확체증(비용체감)의 법칙에 따르는 경우 기업에 주목하면 자유경쟁의 길을 버리고 독점으로 전환할 필요가 있다고 지적하였다. 마셜의 수확체증과 균형이론에 비판적 견해를 보인 것이다. 곧 수확체증은 독점을 향한 길(the path toward monopoly)과 연결되어 있으므로 "수확체증과 경쟁적 균형"은 서로 논리적으로 모순이라는 비판이었다.

이런 논쟁 속에는 뒤에 불완전경쟁, 또는 독점적경쟁의 길을 보여 준 "독점적 경쟁의 혁명의 길"을 열었다는 P.A.새뮤얼슨(P.A.Samuelson)의 평가도 있다. P.스라파가 지적한 독점의 세계는 바로 독점적 경쟁의 길로 발전을 시사했다는 것이다. 스라파는 자유경쟁의 길을 포기하고 반대의 방향, 곧 독점의 세계로 전환할 필요가 있음을 강조하면서 개별기업의 활동영역(시장영역)의 변화와 관련하여 비용의 변화가 중요한 역할을 하는 명확한 이론을 시사하였다.

독점과 경쟁이라는 양극단의 경우 외에 실제로는 어떤 범주에도 일치하지 않고 중간 영역에 흩어져 있기도 하다. 경쟁적 체제가 적합하기도 하지만 시장의 불완전성이 있는데 이는 완전경쟁이라는 시장의 단일성을 파괴하는 "마찰"이 아니라 연속적이고 누적적인 영향력을 미치는 능동적인 힘(active force)이다. 이 능동적인 힘은 그것이 정태적 가정에 기초를 두고 분석해 볼 수 있는 영역이 될 만한 충분한 안정성을 갖고 있다고 하였다. 독점과 완전경쟁의 중간영역에서 능동적인 힘과 충분한 안정성을 가진 시장의 불완전성을 대상으로 하는 명확한 이론을 시사한 것이다.

마셜의 경쟁적 조건에서 산업균형의 분석과 수확의 법칙에 대한 논의에서 산업보다는 개별기업 차원의 분석이 필요하다는 주장이 제기되었고 그 뒤 해로드(R.H.Harrod)는 한계주의를 가지고 기업의 균형조건을 도출하였다. J.로빈슨은 산업에서의 균형을 추가함으로써 불완전경쟁이론을 완성하였다.

여기서 중요한 것은 시장의 불완전성을 조성하는 요인이다. 완전한 시장이라는 개념은, 시장을 이루는 고객이 서로 다른 판매자가 매기는 가격의 차이에 모두 같은 방향으로 반응한다는 가정에 바탕을 두고 있다. 그러나 실제로 고객은 서로 경쟁하는 생산자(판매자)들이 제공하는 비가격적 요인(besides the price)과 기타 여러 가지 요인을 고려한다. 상품가격에 차이가 있어도 고객은 그 상품의 판매자의 이동을 억제하는 타성이나 무지, 그 밖의 특정한 판매를 선호하는 수많은 이유가 있다. 그 요인을 들면 다음과 같다.

① 수송비인데, 기업의 입지 차이에서 오는 기업과 고객 사이 거리의 차이
② 유명한 이름이 주는 품질의 보증
③ 판매자가 제공하는 편의의 차이인데 신속한 서비스, 판매원의 친절한 태도, 신용제공의 기간, 고객의 개별적 요구에 대한 배려
④ 광고의 영향

이것이 J.로빈슨이 지적하는 불완전한 경쟁의 주요 요인이다. 이로 인하여 경쟁관계에 있는 생산자나 판매자들은 소비자의 선택에 영향을 주는 이러한 요인을 계획하고 있기 때문에 경쟁의 존재가 시장을 불완전하게 만든다. 경쟁자들은 가격은 물론 품질, 편의, 또는 광고를 통해 경쟁하기 때문에 그 경쟁의 격렬함이 시장을 분열시키고 모든 고객에게 경쟁기업이 비슷한 재화를 근소한 가격의 차이로 제공해도 그들과 밀착해 있는 거래관계를 단절할 수 없게 만드는 것이 불완전경쟁의 주요 내용이다. 이것은 일시적인 마찰이 아니고 연속적이고 누적적인 영향력을 미치면서 능동적이고 충분한 안정성을 가지고 완전경쟁과 독점의 중간영역에서 새로운 시장구조, 곧 불완전시장을 만든다는 것이다.

E.H.챔버린은 생산물의 분화라는 개념을 전개한다. 생산물의 일반적 부류는 어떤 판매자의 재화(또는 용역)가 서로 다른 판매자의 그것과 구분할 수 있는 중요한 기호가 있는 경우에 분화한다. 이러한 기호는 객관적일 수도 있지만 주관적이거나 가상적일 수도 있다. 어쨌든 그것은 구매자에게 중요성을 가지며 한 종류의 상품을 다른 것보다 선호하게 만든다. 이런 분화가 조금만 있어도 구매자가 판매자와 결합하는 것은(순수경쟁 아래에서와 같이) 우연한 무작위적인 것이 아니라 구매자의 선호에 의존하는 경우가 있다고 보았다. 그러면서 생산물 분화의 특징을 다음과 같이 설명하였다.

① 생산물의 분화는 생산물의 어떤 특징에 의존하는 경우가 있다. 예컨대 배타적인 특허권의 특징이다. 상품명, 포장이나 용기의 특이성이 이용되기도 하고 품질, 디자인, 색, 스타일이 작용하기도 한다.
② 생산물의 판매를 둘러싼 조건과 관련하여 분화가 존재하

는 경우도 있다. 소매점에서는 판매자의 입지의 편리함, 점포 시설의 분위기나 특징, 영업하는 방법, 공정한 거래에 대한 평가, 예절, 능률성, 고객과 경영주 및 사용인 사이의 개인적인 관계 등의 요인을 포함한다.

이러한 것과 눈에 보이지 않는 여러 요소가 판매자마다 다른 경우, 생산물(상품)은 각각 다르게 된다. 왜냐하면 구매자가 이런 요인을 어느 정도 고려하고 상품과 함께 구매하는 것으로 생각하기 때문이다.

이처럼 실제로는 동일하면서도 질적으로 분화된 생산물의 경우 여러 상품은 대체재로도 존재하기 때문에 독점적 요소가 절대적으로 또는 거의 존재하지 않는다. 그 결과 이 분야에 대한 이론은 경쟁이론과 독점이론 가운데 어느 것도 제대로 적용하기는 어렵다고 보았다.

곧 생산물의 질적 분화와 대체성이 높은 상품의 공급자가 다수 존재하는 시장상태를 독점적 경쟁이라고 보고 여기에 대하여 순수독점이나 순수경쟁과 다른 새로운 이론, 즉 독점적 경쟁이론을 주장하였다.

마셜이나 홉슨이 지적한 초기의 시장불확실성과는 다른 측면, 즉 "수확체증과 균형의 양립 문제"가 P.스라파에 의하여 지적되었다. 마셜 경제학의 중심적 개념에 대한 비판이 계기가 되어 시작된 논쟁은 불완전경쟁이론으로 이끌었다. 스라파는 능동적 힘과 안정성을 가진 시장의 불완전성을 지적하였고 각 기업은 그것을 둘러싸고 있는 장벽으로 말미암아 자기가 확보한 시장영역에서 특권적 위치를 누릴 수 있는 것으로 보았다.(사진 4-5)

대규모 경제의 이점이 작용하는 가운데서도 각 기업은 이들 시장의 범위 안에서 어느 정도 독점적 영역을 확보할 수 있다는 것이었다. J.로빈슨에 의하여 완성된 이러한 불완전경쟁영역을 중소기업문제와 관련하여 집약·설명하기로 한다.

첫째, 시장의 불완전성은 J.로빈슨의 비가격적 요인과 E.H.챔버린의 생산물 분화의 분석으로 구체화되었다. 이 때문에 개별기업은 자기 시장에서 어느 정도 독점적 위치를 확보하고 장벽의 보호를 받을 수 있다. 그리고 장벽으로 보호된 불완전경쟁 또는 독점적경쟁의 시장조직 속에서 차별화된 중소기업은 대규모경제의 유리성에서 보호받으면서 존립할 수 있다.

둘째, 이때 개별기업의 수요곡선은 완전경쟁에서와 같은 수평이 아니라 우하右下의 기울기를 갖는다. 개별기업이 시장에서 어느 정도 독점적 요인을 갖기 때문에 생긴 결과이다. 개별기업의 수요곡선의 이러한 특징은 균형점의 위치를 완전경쟁의 경우와 다르게 만든다.

셋째, 균형을 J.로빈슨은 "기업의 산업으로의 자유로운 진입"으

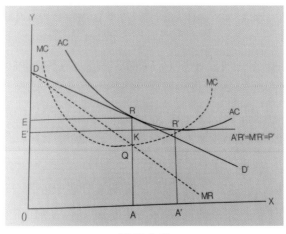

<사진 4-5>

로, 그리고 챔벌린은 경쟁관계에 있는 독점자의 집단 안에서 경제적 조정, 즉 집단균형의 개념으로 설명한다. 그러나 그들은 다 같이 ① MC=MR, ② AC=AR 이라는 이중의 조건에 귀결한다. 여기서 MC는 한계생산비, MR는 한계수입, AC는 평균생산비, AR는 평균수입이다.

접선해법으로 설명할 수 있는 이 균형조건 아래에서 평균수입곡선(수요곡선)은 평균비용곡선의 최저점보다 높은 점에서 접한다. 즉 수요곡선이 평균비용곡선의 최저점에 이르기 전에 우하右下하는 기울기상의 어느 점에서 접하게 된다. 이것은 완전경쟁의 경우 평균비용곡선의 최저점에서 수요곡선(AC=AR=MR)이 만나는 것과 차이가 있다.

넷째, 그 결과 균형 상태에서 개별기업의 균형 산출량은 완전경쟁에서 정상이윤을 실현하는 적정규모보다 작은 규모(of less)에서 결정된다. 그림에서 보면 OA′는 완전경쟁에서 균형산출량인데, 불완전경쟁에서는 OA에서 균형산출량이 결정된다. 즉 AA′(=OA′OA)만큼 적정규모보다 산출량이 줄어든 점에서 균형산출량이 결정된다.

다섯째, 개별기업의 균형가격은 완전경쟁에서의 가격보다 높은 수준에서 결정된다. 완전경쟁에서는 최저평균생산비와 같은 수준(P=AR=MR: 여기서 P는 가격)에서 결정되지만 불완전경쟁에서의 균형가격은 이보다 높다. 그림에서 보면 완전경쟁하의 가격은 A′R′인데 비하여 불완전경쟁에서는 AR이 균형가격이며 따라서 KR(AR−A′R′)만큼 높은 수준이다. 이는 평균생산비의 최저점보다 높은 수준이고 불완전경쟁에서 추가이윤의 근원이 된다.

여섯째, 그 결과 개별기업은 완전경쟁에서의 정상이윤보다 어느 정도 높은 이윤을 실현할 수 있다. 〈그림〉(사진)에서는 이것이 EE′KR(=OA×KR)로 표시되고 있다. 이는 적정이윤에 더해지는

이윤을 말하며, 불완전경쟁에서 독점적 요인이 가져오는 차익差益
이다. 챔벌린은 이것을 필요극소액이라고 설명하였다. 즉 시장에서
불완전경쟁(또는 독점적 경쟁)의 위치에 있는 기업은 정상이윤보다 다
소 높은 이윤을 차지하면서 안정성을 유지할 수 있다.

결국 불완전경쟁에서 개별기업은 균형 상태에서 완전경쟁의 경
우보다 작은 생산규모, 높은 균형가격, 그리고 다소 높은 이윤을
실현하면서 안정적으로 존립할 수 있다. 이것은 기업이 지닌 비가
격적 요인(J.로빈슨), 또는 생산물의 차별화(챔벌린)로 생긴 결과이다.
완전경쟁이나 독점이 아닌 새로운 시장구조인 불완전경쟁, 또는
독점적 경쟁에서 중소기업 존립문제를 적극 설명하는 이론체계를
정립한 것이며 근대 중소기업이론의 핵심이 되고 있다.

완전경쟁에서 적정규모론, 그리고 불완전경쟁(또는 독점적 경쟁)의
이론이 완성되는 가운데, 독점이라는 시장구조에서 중소기업 존립
문제의 해명이 남은 과제가 되고 있는데 이것은 산업조직론의 발
달, 그리고 더 적극적으로는 정치경제학적 해석을 기다려야 했다.

(4) 중소기업문제의 정치경제학적 해석

① 자본의 집적·집중과 분열·분산

중소기업문제에 대한 정치경제학적 연구의 필요성은 중소기업문
제가 자본주의 발전과정에서 형성된 구조적 모순 또는 산업구조상
의 문제라는 점에서 시작된다. 이런 문제의 해명에는 근대경제학적
접근을 넘어서 구조론적 방법이 필요한데 이 때문에 정치경제학적
중소기업문제 인식이 요구된다. 이에 대한 이론의 기원은 마르크스
(Karl Marx)의 《자본론》(1867)에 있지만 중소기업이론의 흐름에서는

홉슨(J.Hobson)이 1909년에 비로소 문제제기를 하였다.

그는 중소기업의 존립형태를 진정한 잔존과 종속적 잔존으로 구분하고 후자가 경제적으로 불합리한 이유를 바탕으로 잔존하는 것으로 보았다. 종속적 잔존의 대상은 진정한 자주독립성을 침식당한 소기업으로 ① 소규모의 수공업 및 가내공업 등 노동착취적 기업, ② 대공장이나 대상사 등 중간상인에 종속되어 있는 작업장, ③ 저임금, 장시간 노동 등 노동착취제에 의존하여 잔존하는 소규모의 종속적 작업장 등을 들었다.

그렇지만 종속적 잔존 계층에 속하는 소기업에 대한 연구는 진정한 잔존의 소기업 연구에 묻혀서 그 뒤 크게 진전을 보지 못하였다. 종속적 위치에 있는 소기업문제는 지배적인 경제제도인 대공장이나 중간상인과의 관계에서 발생하는 구조적 모순의 문제였고 바로 정치경제학적으로 중소기업문제를 해명해야 하는 단초적 과제였다.

이를 위한 이론적 기초는 마르크스의 《자본론》에 있다. 잉여가치 창출의 법칙과 자본주의적 축적의 일반법칙을 주요 내용으로 자본축적의 법칙이 관철되면서 자본주의가 발전한다고 보았다. 곧 잉여가치 창출과 함께 대자본의 소자본 구축·흡수로 자본주의적 축적의 일반적 법칙이 이루어지면서 자본주의가 발전한다는 것이다. 이러한 자본주의적 축적의 일반법칙이 실현되는 가운데 형성되는 중소기업문제를 개괄하면 다음과 같다.

① 잉여가치 창출과정에서 기본적 모순인 독점자본과 노동자, 그리고 중소자본과 노동자의 대립적 관계를 이루는데 여기서는 저임금기반 등 중소기업 존립의 객관적 조건이 문제가 된다.

② 자본의 집적은 잉여가치가 자본으로 재전환(자본축적)해 개

별자본의 규모를 확대한다. 필요자본량이 늘어나고 자본의 유기적 구성이 고도화하면서 중소기업 사이의 과당경쟁이 일어나고 저임금노동이 생겨난다.

③ 자본의 집중은 복수의 개별자본이 단일자본이 되는 것이므로 대자본이 소자본을 구축·도태시킨다. 여기서는 자본과 자본의 대립적 관계, 곧 종속적 모순을 이루는 가운데 자본이 축적된다.

④ 독점자본 단계에서 종속적 모순은 독점자본이 중소기업 잉여가치를 수취하는 것이므로 독점기업-중소기업-중소기업 노동자의 삼층 구조 속에서 자본축적의 기반이 다양해진다.

⑤ 자본축적의 법칙은 자본의 집적과 집중을 기본 방향으로 하면서도 자본의 분산·분열이라는 반대경향(부차적 경향)의 제약을 받는다. 이것은 소자본의 구축·도태와 신설·잔존이 병행하면서 자본축적이 진행되는 것을 의미한다.

⑥ 독점자본 단계에서는 자본의 분산·분열이라는 부차적 경향이 중소기업의 잔존 이용의 문제로 더욱 적극화하여 중층적 축적구조의 분석에 이른다.

자본주의적 축적의 일반법칙(the general law of capitalist accumulation)은 자본의 집적(concentration)과 사본의 집중(centralization)의 두 가지 운동으로 이루어지며 이것의 자유경쟁이 지배적인 산업자본주의 단계나 독점자본주의 단계에서 기본적인 것이다. 자본의 집적은 잉여가치가 자본으로 재전환하여 개별자본이 커지는 것이며 이에 따라 개별자본이 소유하는 생산수단과 노동력의 집중, 즉 생산규모의 확대가 나타난다. 하지만 자본축적과 그에 따라 집적된 자본은 많은 곳으로 분산될 뿐만 아니라 개별기능자본의 규모증대는 새로운 자본의 형성과 구자본의 분화로 방해받는다. 그리하여 자본축적은 한편으로는 생산수단의 집적과 노동자에 대한 지휘의 집적을 늘리지만, 다른 한편에서는 다수의 개별자본가의 형성 등 서로 배척과 투쟁으로 나타난다는 것이 마르크스의 지적이었다.

곧 자본의 집적과정에서 개별자본가가 규모를 확대하여 대자본화하지만 동시에 새로운 개별자본이 나오고 또 자본이 분열·분산한다고 보아 소자본의 존립가능성을 시사하였고, 이것은 중소기업 문제 분석의 원천을 제공하였다.

자본의 집적과정에서 많은 개별자본으로 분열(splitting up)되며 서로 배척하기도 하지만 그들은 서로 끌어당긴다. 그 결과 집적과 다른 의미에서 생산수단과 노동지휘의 집중이 일어나는데 그것이 자본의 집중과정이다.

이미 형성된 개별자본의 집중이며 많은 개별자본이 독립성을 잃는다. 자본이 자본을 수탈하는 자본과 자본의 대립관계가 나타나며 소자본이 소멸하고 대자본에 흡수·전환된다. 집적과정과는 달리 집중과정은 이미 존재하고 있는 자본가들의 분배를 의미하며, 많은 소자본가가 독립성을 잃고 다른 자본가(대자본가) 수중에 들어가는 것이기 때문에 대자본이 소자본을 압도·구축하는 경향을 보인다.

자본주의적 축적의 일반법칙에 따라 자본의 집적·집중경향이 일어나지만 그것은 직선적 획일적으로 이루어지는 것은 아니다. 여러 생산부문에서 극히 불균등할 뿐만 아니라 이 과정은 언제나 소자본의 잔존·신생이라는 반대경향과 함께 이루어진다. 곧 자본주의 발전과정에서 대자본이 소자본을 구축·수탈한다는 자본의 집적·집중이 기본적 경향이지만, 그 기본적 경향은 소자본의 잔존·신생이라는 자본의 분열·분산경향을 수반·제약되면서 진행된다. 19세기 말에 독일에서 베른슈타인(E.Bernstein)과 카우츠키(K.Kautsky)의 "수정자본주의 논쟁"은 이런 경향을 실증적으로 입증하였다.

결국 자본의 집적·집중과 분열·분산이라는 모순적 현상은 대자본 또는 독점자본과 소자본 또는 중소자본이 공존하는 현상을 설명하고 있다. 자본의 집적·집중이 기본적 경향이지만 모든 부문에서 획일적으로 진행되는 것은 아니며 불균등한 상태로 이루어지는 가운데 자본의 분열·분산의 계기가 있다는 것이 자본축적 법칙의 설명이다.

이에 자본의 분열·분산의 경향이 있는 부문을 지적하면 다음과 같다.

① 수요가 소량이거나 변동이 많은 상품의 생산부문
② 사회의 표준적 수준보다 크게 낮은 저임금 노동력을 이용할 수 있는 부문
③ 자본제 생산발전 과정에서 새로 형성된 중소자본이 존립할 가능성이 있는 부문
④ 중소자본이 존립할 수 있는 부문에는 거대화한 생산부문에서 생존할 수 없게 된 중소자본과 새로 형성된 화폐자본 가운데 소규모 중소자본이 밀려든다.
⑤ 자본제 생산의 발전과정에서 사회적 총자본이 노동과 결합하여 창출한 총잉여가치가 거대화하면서 개별자본의 부가가치가 늘어나고 그 가족에 재산분할 및 잉여가치 분할이 이루어지면서 잠재적 중소자본을 형성하고 이들이 위와 같은 분야에 진출·자립하는 경우

이들 자본이 진출하는 분야는 중소자본이 쇄도하기 때문에 경쟁이 심해지고 그 존립의 한계가 있지만 정태적으로 보면 소자본이 잔존·경쟁하면서 존속한다. 이처럼 자본의 집적·집중이 진행되지만 그것은 여러 생산부분에서 매우 불균등하며 그 과정에서 중소자본은 집요하게 잔존·신생한다는 반대경향, 곧 자본의 분열·분산의 경향을 보인다.

② 중소기업의 도태·구축과 잔존·신생·이용

독점자본 단계에서 수많은 중소기업이 신생·잔존한다. 물론 독점자본이 중소기업을 구축·수탈하는 것이 자본의 집적·집중의 기본적 경향이며 중소자본의 신생·잔존은 자본의 분열·분산이라는 반대경향으로서 두 가지 경향이 통일적으로 작용하면서 독점자본의 축적법칙이 이루어진다고 보아야 한다. 곧 중소자본의 도태·구축과 잔존·신생이라는 모순은 독점자본의 발달과 자본의 집적·집중이 이루어지는 한 가지 형태이다. 다만 독점자본 단계에서는 독점자본 축적의 독특한 형태가 이것을 위한 독점의 의도와 필요성을 반영하여 중소기업의 잔존·신생, 즉 자본의 분열·분산을 더 적극적 경향으로 하면서 독점자본의 중소기업 '잔존·이용'이라는 측면까지 진행한다.

자본의 집적·집중의 법칙이 관철되는 가운데 독점이 지배하는 독점부문이 형성되고 다른 한편에서는 자본의 분열·분산이라는 반대경향이 작용하여 비독점부문이 잔존하는 독점단계 고유의 구조가 생긴다. 여기에 독점자본단계에서는 산업자본단계보다 여러 모순과 갈등, 대립이 더욱 심해질 뿐만 아니라 새로운 여러 모순이 만들어진다.

기본적 모순(자본가와 노동의 대립)과 종속적 모순(예컨대 대자본과 중소자본의 대립)이 새롭게 전개되면서 독점자본단계 자본축적은 독특한 모습을 지닌다. 독점자본단계의 자본축적 욕구가 산업자본단계보다 더욱 강렬해지면서 그것을 이루기 위한 다각적 형태를 취하기 때문이다.

그 결과 독점자본단계의 종속적 모순의 산물로 중소기업문제가 생기고 그것은 자유경쟁이 지배적이었던 산업자본단계와 다른 새로운 성격을 갖는다. 독점자본단계에서는 중소기업이 창출한 잉여가치를 독점자본이 독점이윤으로 수탈한다는 독특하고 새로운 모순으로서 중소기업문제가 형성된다. 이때 중소기업문제는 독점자본의 축적이 실행되는 가운데 이루어지는 구조적 모순이기 때문에 자본축적 법칙의 일반적 문제로 파악된다.

그렇기 때문에 독점자본단계 중소기업의 신생과 폭넓은 잔존을 단지 독점자본의 '의도와 필요성'만으로 해석할 수는 없다. 왜냐하면 이것이 독점자본단계의 독특한 현상이 아니라 자본주의적 축적의 일반법칙에 따른 것이기 때문이다.

하지만 독점자본단계에서 중소기업의 신생과 잔존·이용이 중소기업문제의 중요과제가 되는 것은 독점자본이 독점이윤을 축적하기 위하여 중소자본의 잉여가치를 수탈한다는 독점단계 특유의 구조적 모순(종속적 모순) 때문이다. 물론 이러한 구조적 모순은 독점자본이 그의 의도와 필요성에 따라 독점력을 행사할 수 있다는 데 근거를 두고 있다. 그 결과 중소기업은 독점이윤의 축적 대상이 되고 그러면서 중소기업이 잔존·신생하며 독점자본이 이를 위하여 중소기업을 '잔존·이용'한다는 것이 독점단계 중소기업문제의 핵심이다.

이때 중소기업문제는 기본적 모순, 곧 자본 대 노동의 모순에 기반을 두는데 이것은 독점이윤 수탈메커니즘을 분석하여 설명할 수 있다. 독점자본은 산업자본과 다른 여러 가지 수단과 방법으로 독점이윤의 수탈과 증대를 꾀하는데 그 대상을 보면 다음과 같이 광범하다.

① 비독점부문의 자본가
② 노동자(독점부문 및 비독점부문 포함)
③ 농민과 수공업자 등의 소상품 생산자
④ 일반 국민
⑤ 독점자본에 종속되어 있는 국가와 후진국, 그리고 후진국의 자본가, 노동자, 일반 국민

중소기업문제의 본질은 독점자본의 이러한 대상, 특히 비독점부문에 대한 수탈관계 속에서 만들어진다. 결국 중소기업문제의 형성요인은 독점자본과 중소기업의 지배종속관계이며 그 주요한 경제적 내용은 독점이윤의 수취이다. 이러한 독점이윤 수취의 내용을 보면 다음과 같다.

① 독점자본과 중소기업이 경쟁관계에 있는 동일 생산분야에서 수탈관계
② 서로 다른 생산분야에서 독점가격을 통해 '높은 원재료 가격, 낮은 제품 가격'이라는 방법으로 독점이윤을 축적하는 관계
③ 하청계열조직으로 독점이윤 수취
④ 국가독점자본주의적 중소기업의 지배, 곧 조세, 국가 재정, 투·융자의 집중과 중소기업의 상대적 배제로 독점이윤 수취
⑤ 독점자본의 금융지배로 중소기업 소외로 인한 수탈

여기서 중소기업문제에 관해 논의의 주 대상은 ①②③이다. 독점자본단계 중소기업문제의 본질을 요약하면 다음과 같다.

① 중소기업문제는 자본 대 자본의 관계(종속적 모순)로 구체화된다. 독점자본단계에서 작용하는 독점이윤 축적의 법칙은 독점자본이 독점력을 행사하여 다른 자본가가 창출한 잉여가치를 수탈하여 독점이윤을 형성하는 것이다. 따라서 독점자본과 중소자본의 불평등한 관계에서 나온 독점이윤은 자본 대 자본의 관계를 반영하며 독점이윤의 크기는 독점력이 규정하고 수취의 대상은 중소자본이다.

② 독점의 독점이윤 수탈, 곧 중소기업문제의 형성은 독점자본과 중소자본의 노동자 착취(총잉여가치의 창출)라는 자본 대 노동의 관계(기본적 모순)를 기반으로 이루어진다. 곧 독점자본단계 중소기업문제는 기본적 모순인 자본 대 노동의 관계를 기반으로 이루어진 구조적 모순인 종속적 모순의 산물이다.

③ 독점단계에서는 경쟁적 자본주의 단계보다 자본축적의 구조가 더욱 다양화, 적극화한다. 독점이윤 축적의 원천이 다각화되면서 새로운 부차적 모순이 생겨날 뿐만 아니라 구조적 모순은 더욱 격렬해진다. 그 주된 형태가 중소기업이 창출한 잉여가치를 독점자본이 수탈하는 데서 오는 모순의 발생·심화이다.

④ 중소자본은 수탈당한 잉여가치의 몫을 중소기업 노동자에게 떠넘김으로써 그들의 존립기반을 만드는데, 상대적 과잉노동을 기반으로 저임금 노동력을 고용하고 이들에게서 잉여가치를 얻는다.

⑤ 독점을 정점으로 하는 피라미드형 계층적 축적구조 속에서

사회적 총이윤의 창출기반이 다각화하고 독점이윤의 수탈기반이 적극적으로 만들어진다. 이를 바탕으로 독점력은 더욱 적극적으로 행사되는데 그 가운데 독점자본단계 중소기업문제가 형성된다.

⑥ 산업구조가 고도화되면서 여러 생산분야에서 상호관계가 긴밀화된다. 경쟁단계의 상호관계는 우연적이었지만 독점단계에서는 강한 의존관계가 된다. 그러면서 독점과 중소기업의 관계도 새로운 측면을 만든다. 산업자본 단계에서는 생산관계적 시각이 지배적이었지만 독점자본단계에서는 생산력적 시각이 강하게 대두된다. 독점자본의 축적구조가 계층적으로 되면서 이루어지는 현상이다.

⑦ 이 단계에서 자본의 집적·집중과 분열·분산이라는 두 경향이 교차하는 가운데 자본축적의 법칙이 관철되지만, 독점과 중소기업의 관계는 생산관계적 측면을 기본으로 하면서도 생산력적 측면을 그 안에 갖고 있는 '대립과 의존'이라는 이중적 관계를 지닌다. 대립을 그 안에 끝까지 지니면서도 외형적으로 상호의존하는 것, 곧 독점은 실질적으로 중소기업에 의존하면서 자기를 보존하는, 중소기업의 '잔존·이용'의 측면이 중소기업문제에서 특징으로 된다.

③ 민족경제론과 중소기업문제

민족경제론은 박현채 교수가 정립한 정치경제학의 한 분야이다. 1978년 2월에 《민족경제론》이 출간되면서 그 모습을 드러내었고 그 후 수많은 저술활동으로 그 이론체계는 깊어갔다. 이에 앞서 1973년 간행한 조용범 교수의 저서 《후진국경제론》 말미에 〈민족경제론 서설(I) 민족경제의 개념정립〉이 수록되긴 했다. 하지만 이것이 박 교수의 작품인 것은 많은 사람이 알고 있다. 이것을 여기에 기술하는 것은, 민족경제론의 창안이 조교수에 의한 것이 아닌가 하는 생각을 혹자들이 갖기 때문이다. 그리고 박 교수의 민족경제론의 본격적 연구나 논의가 1978년이 아니라 1973년으로 거슬러 올라간다는 점도 밝힐 필요가 있다는 생각에서다.

여기서 광범한 민족경제론의 이론체계를 논의할 수는 없고 중소기업문제와 관련되는 부분만 살펴보기로 한다. 민족경제는 국민경제의 자급자족을 실현할 수 있는 경제구조를 국내적으로 완결하는 자율적 재생산구조를 의미한다. 자립적 국민경제는 국민경제를 동질적으로 통일하고 내포적 공업화에 의한 자율적 재생산구조를 실현하며 국지적 시장권의 중소기업과 국민적 산업인 대기업(생산재 공업)이 피라미드형 경제구조를 형성하여 사회적으로 생산된 경제잉여가 국민적 확산을 보장하는 경제를 말한다.

민족경제론에서는 국민경제를 외국자본이 지배하는 영역과 민족의 자기 생존을 위한 영역인 민족경제로 구분한다. 이때 국민경제의 여러 조건은

① 사회적 생산력의 주된 담당주체는 외국자본가와 매판자본 및 소수의 민족자본가로 구성되고
② 민족경제의 담당세력은 외국자본이 장악하는 공업에서 취업기회를 갖는 소수 노동자와 대다수를 구성하는 독립소생산자, 농민 및 중소생산자.
③ 민족경제의 경제제도는 전근대적인 소경영양식과 임노동착취.
④ 이때 민족경제는 자립적 기반이 없으며 그를 포괄하는 국민경제는 이중구조와 산업구조의 파행성 때문에 자기완결적이 아니고 비자립적이며 대외의존적이라는 것이다.

결국 국민경제에서 사회적 생산력의 담당주체가 자본의 귀속에 따라 민족자본가인가, 또는 외국자본가 혹은 매판자본가로 그 영역이 구분되는데, 민족자본가가 사회적 생산력의 주된 기반이 되는 영역이 민족경제로 된다. 그리고 국민경제에서 외국자본을 위해 봉사하는 매판자본이나 식민지 초과이윤을 위해 활동하는 외국자본은 비민족적 영역으로 구분된다고 보았다.

민족자본과 매판자본(또는 예속자본)이라는 범주를 구분하여 논의한 것은 식민지 또는 반식민지 상태에 있는 후진자본주의에서 의미를 지녔다. 이런 상태에서 부르주아 민족운동의 계급적 기초를 규정하는 실천적 명제와 함께 민족자본의 범주가 설정되었다. 이것은 일찍이 중국에서 마오쩌둥(毛澤東)이 체계화한 개념이다. 당시 중국에서 민족혁명의 추동력을 구분하면 부르주아 계급은 매판성을 띤 대부르주아 계급과 그렇지 않은 민족부르주아 계급으로 구분하였다. 전자는 중국 혁명의 대상이었지만 후자는 제국주의의 압박을 받으면서 봉건제도의 압박도 받고 있었다. 그래서 이들의 이중성에도 불구하고 전자와 구분되는 비교적 "좋은 혁명의 동반자"로 규정지었다. 곧 중소자본이 민족자본으로서의 가능성을 시사한 것이다.

부르주아 민족혁명이라는 실천적 과제를 중심으로 규정하는 민족자본의 개념은 경제적으로 규정하면, 객체적인 조건에서는 원자재와 시장에서 그 재생산 기반이 국내적 분업관계를 더욱 깊이 갖는 것이고, 주체적 조건은 국민경제 내부에서 생성되어 민족경제의 사회적 생산력 기반이 되어 외국자본 및 예속자본에 대립되는 자본이라고 볼 수 있다. 결국 중소기업이 민족경제의 사회적 생산력 기반이 되어 자율적 경제구조의 기초가 된다는 것이 민족경제론의 주장이다.

여기서 민족자본을 좀 더 상세히 규정해 보자.

① 민족경제의 사회적 생산력의 담당주체
② 국민경제의 일부를 구성하는 민족경제를 자기 재생산의 기반으로 하는 자본
③ 민족경제를 잠식·축소하는 비민족적 외국자본 및 매판자본과 대립하는 자본
④ 자기 재생산의 기반을 확충하기 위하여 자주적 민족경제를 추구하고 이를 제약하는 정치, 경제, 사회, 문화적 여러 요인에 대하여 거부하는 것을 그 성격으로 하는 자본
⑤ 이것은 민족자본이 자기재생산의 기반을 국내시장 및 국내산 원자재에 두는 자본(기본적 속성 및 객체적 조건)이며
⑥ 또한 자국인이 소유하는 자본(부차적 속성 및 주체적 조건)
등이다.

중소기업은 이러한 민족자본의 속성을 갖는다고 본 것이 민족경제론의 시각이다. 나아가서는 민족자본가적 성향을 규정하기도 했다. 위에 규정한 속성은 아니지만 전후 자본주의의 범세계화 과정 또는 개방화 속에서 중소기업은 민족자본가적 성향을 가진다는 것이다. 외자 및 매판적 대기업과의 관계에서 경제적 잉여를 둘러싼 이해가 대립하면서 그를 기초로 민족자본가적 성향, 곧 반외자, 반매판의 성향을 갖는 자본으로 되었다는 것이다.
민족경제론은 1960년대 이후 외국자본과 수출주도의 경제개발 과정에서 국민경제가 지나치게 자립성을 잃고 대외의존·종속적으로 된 데 대한 비판적 이론으로 나온 것이다. 자립적 경제구조의 실현을 위하여 국민경제 가운데 자립적 민족경제의 영역을 확충

하고 비민족적 영역을 상대적으로 축소해야 한다는 주장이다. 이
때 민족경제의 사회적 생산력 기반인 중소기업을 적극 육성해야
한다는 것이 민족경제론의 중소기업문제 인식이었다. 이런 주장은
1976년 《창작과 비평》(여름호)에 〈중소기업문제의 인식〉이라는 논
문으로 게재되었으며 그 뒤 간행된 《민족경제론》(1978)에도 수록되
었다.

제5부

중소기업
경제이론
형성의 길
(III)

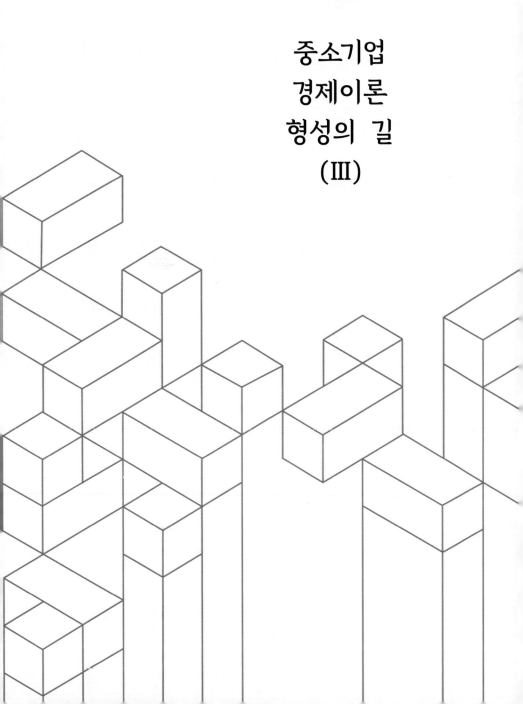

1. 중소기업의 정책론적 연구 : 《중소기업정책론》(2006년, 총 584쪽)

(1) 중소기업 정책연구와 정책과학의 성립성

사회과학에서 완전한 이론체계의 정립은 이론·정책·역사의 세 분야를 종합적으로 연구·체계화해야 한다고들 말한다. 이와 같은 취지에 따라 2002년 중소기업 이론서인 《현대중소기업론》을 간행한 뒤 정책연구에 착수했다. 그간에도 이론 연구와 함께 꾸준히 중소기업정책을 연구·고찰한 터라, 새로운 일은 아니었다. 그리고 나의 이론 연구의 출발점이 중소기업 정책인식에 있었기에 그간 이론과 정책연구는 병행해 왔다고 말하지만 정책인식이 선도하고 이론 연구가 뒤따랐던 것이었다.

정책은 있지만 이를 뒷받침할 이론이 없는 중소기업이론의 미개척 상황을 메우려고 이론 연구에 대한 문제의식이 생겨났다. 그렇기 때문에 그 뒤 이론 연구와 정책 탐구는 줄곧 함께 이어져왔다. 하지만 이때 정책 연구는 학문적 탐구보다는 이론 연구와 함께 실제적 정책문제에 집중하는 정도였다. 막상 중소기업정책론을 본격적으로 연구하는 데는 무엇보다 그것을 포괄하고 있는 경제정책, 또는 정책과학의 한 분야로 접근해야 하는 과제가 제기되었다. 중소기업정책을 독립된 연구영역으로 정립해서 체계화해야 하는데 그것이 쉬운 일은 아니었다.

중소기업정책론(사진 5-1)도 정책과학 영역에 포함되기에 그 학문적 접근에는 먼저 과학으로서 성립성의 문제가 제기되지 않을 수 없었다. 이에 대한 기초이론을 정리하면서 중소기업정책론이 과

<사진 5-1> 중소기업정책론

학적으로 성립할 수 있다는 긍정적 결론을 얻고 그 체계를 탐색하기 시작했다.

정책목표 설정의 가능성에 대한 본격적 논의는 20세기 초 독일에서 베버(M.Weber)와 슈몰러(G.Schmoller) 사이의 가치판단 논쟁에서 비롯되었다. 베버는 당시 신역사학파나 마르크스학파가 주관적이고 윤리적인 가치판단에 따라 정책목표를 세우고 있는데 대해 이를 배격해야 한다고 주장했다. 그는 객관성을 가져야 할 과학적 인식은 가치판단을 배격하고 "가치로부터 해방"되어야 한다고 생각했다. 곧 과학적 인식은 몰가치적沒價値的이어야 하며 가치나 가치판단은 과학의 영역에서 배제되어야 한다는 것이었다.

경험과학인 경제학의 이론이나 역사분야에서는 존재의 법칙성을 파악할 뿐 가치판단의 문제는 생기지 않는다. 경제이론은 경제현상을 존재의 법칙성으로 파악하고˙경제사도 역사적 사실에 대한 경제관념이나 정책을 파악하기 때문이다. 그러나 정책은 당위(sollen)의 문제를 다루기 때문에 가치판단이 따르게 된다. 더욱이 정책목표를 설정하는 데서 관찰과 분석 및 합리적 사유를 떠난, 직접적 신념에 바탕을 둔 가치판단이 수반될 때 그것은 배격의 대상이 된다고 보았다.

베버는 가치개념은 시대적 조류와 개인적 신념에 따라 결정되기 때문에 경험과학의 객관적 목표가 될 수 없다고 했다. 곧 과학과 가치판단은 원칙적으로 분리해야 하며 윤리적 가치기준을 바탕으로 하는 윤리경제학을 과학의 이름으로 전개하는 것은 잘못이라고 보았다. 경험과학은 "무엇을 해야만 할 것인가"를 가르칠 수 없다. 그러나 "무엇을 할 수 있는가, 혹은 경우에 따라서 그가 무엇을 의욕하고 있는가."는 가르칠 수 있다고 했다. 전자는 가치의 이상을 설정하는 문제, 곧 당위의 문제인데 이것은 보편타당하게 결정될 수 없기 때문에 객관성을 확보해야 할 경험과학의 대상이 될 수 없다고 보았다.

이처럼 베버의 몰가치성이론은 가치판단의 부정, 곧 정책목표 설정을 부정하는 것이었다. 그러나 정책목표를 설정하는 일은 정책학 또는 경제정책에서 필수적인 것이고 이를 연구하는 과학자들과 나아가서 현실적 정책입안자들의 과제이기도 하다. 이에 목표 설정 자체를 부정할 것이 아니고 어떻게 하면 목표를 과학적으로 수립할 수 있는가를 연구하여 정책과학의 성립성을 주장하게 된 것이다.

베버는 몰가치성이론에도 목적에 대한 수단의 적합성을 평가하고 측량하는 판단은 과학적으로 가능하다고 보았는데 이를 기술적 판단이라고 하였고 정책과학에서 성립할 수 있는 영역이라고 보았다. 즉 일정한 목표에 도달하기 위하여 어떤 수단이 적합하고 어떤 수단은 적합하지 않은가는 효과적으로 판단할 수 있다고 보았다. 여기서 문제가 되는 것은 구체적이고 특수한 목적에 대한 가치판단의 문제이다. 여기에 대하여 정책학에서 설정하는 당위 또는 정책목적은 현실의 세계에서 형성되는 현실성에 기반을 둔 현실적 당위여야 한다는 것이다. 현실 또는 존재를 기초로 하는 가치(당위)를 확립해야 한다는 것인데 이는 바로 객관적 가치의 개념에 이르렀다. 정책목표가 구체적이고 현실적으로 생성과정에 있는 가치여야 한다는 것으로 존재론적 가치판단의 가능성을 제기하였다.

존재론적 가치판단은 그 뿌리를 현실적 경험의 기반 위에 두고 충분하고 완전한 근거로 확립되며 이에 대한 판단이 정확히 이루어지며 가치판단은 보편타당성을 갖는다는 것이다.

이런 가치판단의 기준은 본질적 동향론에 기여했고 드디어 정책과학의 목표설정 기반을 마련하였다. 사회적 가치를 발생시키는 사회적 동향에는 본질적 동향과 그렇지 않은 동향이 있다. 본질적 동향은 사회의 지배적인 동향으로 생성 발전된 동향을 말한다. 이러한 본질적 동향을 기반으로 하여 발생하는 구체적 사회적 가치는 본질적 가치이고 바로 현재에 존재하면서도 가까운 장래에 현실화할 수 있는 가능성이 있다. 곧 본질적 동향을 기반으로 하는 구체적 본질적 가치는 현실적 당위로서 객관성을 가질 수 있다는 것이다.

구체적 현실적 당위를 성립시키는 본질적 동향은 동향분석으로 확정될 수 있다. 동향분석은 생성·발전해 가는 동향의 발전가능성을 분석하여 그 동향의 전개를 예측하는 것이다. 이와 같은 분석에서는 현재로부터 미래를 향해 형성되고 있는 본질적 동향과 이를 기반으로 하는 본질적 가치개념을 미리 파악하여 과학의 이름으로 객관적 정책목표를 설정할 수 있다는 것이다.

중소기업의 정책목표는 국민경제의 본질적 동향에 적합하게 정해질 때 과학성을 가질 수 있다. 본질적 동향은 ① 발전적 동향 ② 순환적 동향 ③ 구조적 변동으로 나누어지고 있다. 그에 따른 과학적 정책목표는 ① 성장·진보·발전의 촉진, ② 고용 및 물가의 안정, ③ 경제 각 부문의 질적 통합을 기하는 구조의 조화 등이다. 중소기업의 정책목표는 중소기업문제를 완화·해소하고 그 경제적 역할을 증대하는 것이라고 말할 수 있다. 곧 '문제와 역할의 인식'이 본질적 동향과 가치에 합당하기에 정책과학으로서 중소기업정책론도 그 성립성이 입증된다고 볼 수 있다.

(2) 미국 중소기업정책의 특징과 그 흐름

중소기업정책은 중소기업문제를 해소하고 그 역할을 높이는 방안이다. 그러므로 각 국민경제가 지닌 중소기업문제의 특성에 따라 중소기업정책도 다를 수밖에 없다. 자본주의 발생과정에서 생기는 구조적 모순이 중소기업문제이기 때문이다. 이때 구조적 문제의 성격은 자본주의 발달의 단계에 따라, 그리고 각 국민경제가 발달해 온 특성에 따라 서로 다를 수 있고 그에 대한 중소기업 정책인식도 차이가 있다.

미국과 일본은 오늘날 같은 선진경제이지만 두 나라가 걸어온 자본주의 발전의 유형은 달랐다. 전자는 고전적인 자본주의 전개의 길을 따라 점진적으로 발전했기 때문에 국민경제 안에 선진부문과 후진부문 사이의 구조적 문제가 심각하지 않았다. 이에 대하여 일본은 후발선진자본주의의 길에 따라 발전했고 그 과정에서 이른바 위로부터 공업화의 정책과정을 거쳤기 때문에 국민경제 안에 미국과는 다른 구조적 문제가 형성되었고 그에 따라 중소기업 문제의 특성도 달랐다. 말할 것도 없이 이에 대응하는 중소기업정책도 차이가 있다.

혁명적 길에 따라 소생산자형으로 자본주의가 전개된 미국경제에서는 전통적 수공업이 공장제 생산의 성립과 더불어 초기단계에서 구축되었다. 그 결과 서로 다른 기업규모 사이의 관계는 지배종속관계보다 시장에 따른 경쟁관계가 되었다. 이러한 경쟁을 통하여 성장한 대기업은 점차 독점행위로 중소기업의 존립을 어렵게 하고 국민경제적 문제를 만들었는데 이것이 미국 중소기업문제의 특징이 되었다.

빠르게 독점이 형성된 경제에서 중소기업문제는 국민경제에서 경제력 집중이 가져오는 폐해와 관련된 것으로 부각되었다. 대기업과 독점이 경쟁적 시장경제에서 실현되는 자원의 최적배분을 왜곡시킨다는 관점에서 미국은 대기업체제의 성장에 따른 폐해에 정책적 대응이 필요하였다. 독과점체제의 시정은 단순히 대기업의 독점행위에 대한 독점금지법의 규제만으로 되는 것이 아니라 경쟁적 시장경제를 촉진하여 실현할 것이 요구되었다. 이를 위하여 중소기업의 존재와 그 역할을 높여야 한다는 정책인식이 강화되었다.

시장에서 독점의 억제와 경쟁이 주요 과제가 되는 경제에서는 산업조직 정책적 인식이 중소기업정책의 주된 흐름이 되었다. 그 방향은 두 가지로 나타났다. 소극적으로는 시장에서 대기업의 독점행위로 곤란을 받는 중소기업문제를 완화 해소시키는, 이른바 불리시정정책의 성격이다. 적극적으로는 독과점체제의 시정을 위한 중소기업의 역할을 높이는 것이다. 이것은 시장의 경쟁담당자로서 중소기업의 기능이 시장 활성화와 경제사회의 쇄신에 기여하기 때문이다.

물론 1970년대 후반 이후 산업공동화産業空洞化 문제가 발생하고 고용문제가 심각하게 되면서 이를 개선하고자 첨단기술 분야의 벤처형 중소기업을 개발하려는 정책인식도 있었다. 국제경쟁력이 떨어진 기존 산업분야에서 이들 분야로 자원배분을 전환하려는 산업구조정책적 시도가 중소기업정책의 새로운 인식으로 강조되기도 했다. 그러나 이런 흐름은 독점의 억제와 경쟁의 촉진이라는 전통적 인식을 근본적으로 바꾼 것은 아니었다.

결국 미국 중소기업정책의 주된 이념은 한마디로 독점의 억제와 경쟁의 촉진이다. 시장에서 경쟁을 촉진하는 중소기업을 정책적으로 뒷받침하는 산업조직정책의 이념이 주된 흐름이다. 이것은 그 정책 대상을 규정하는 중소기업법의 정의에서 잘 나타나 있다.

"소기업이란 독립하여 소유하고 경영하는 기업이며 당해 사업의 분야에서 지배적이 아닌 기업"이라고 규정하고 있다.

또 중소기업법은 다음과 같이 설명하고 있다. 사기업을 기초로 하는 미국경제의 본질은 자유경쟁에 있다. 충분하고 자유로운 경쟁에 따라서만이 시장은 자유롭게 되고 개개인의 주체성과 창의성은 발휘된다. 따라서 경쟁의 지속과 확대는 미국경제 번영의 기초이고 이것은 중소기업의 현재적 잠재적 능력을 조장하고 개발하지 않고는 실현될 수 없다는 것이다. 결국 중소기업법은 자유경쟁제도를 유지 강화하는 중요 요소로써 중소기업의 가치를 규정하였다. 경제집중화에 따르는 폐해를 배제하기 위하여 중소기업의 역할을 지원 개발해야 한다는 것이 미국 중소기업정책의 기본 방향이다.

(3) 일본 중소기업정책의 특징과 그 흐름

일본경제는 선진국경제와는 달리 개량적 길에 따라 지주·상인형의 후발선진자본주의로 발전하였다. 고전적 자연적 순서에 따른 자본제화 과정을 거치지 않았기 때문에 경제 안에 많은 구조적 문제를 안게 되었다.

1868년 메이지(明治) 정부의 이른바 신산흥업정책殖産興業政策으로 위로부터 근대화를 정부 주도로 실시하였다. 근대적 이식대공업을 육성하는 과정에서 봉건시대에 존립했던 고유의 재래공업과 근대공업이 대항관계로 되면서 이것이 재래산업문제로 되었다. 1890년대 말의 산업자본 확립기에는 대공업과 소공업 사이의 마찰로 말미암은 소공업문제가 전개되었다. 중공업이 형성되던 1920

년대 초에는 중소공업문제가 부각되었다. 이것이 일본경제에서 중소기업문제의 구조론적 인식의 근원이었다.

대기업 또는 독점의 형성도 전형적인 자본주의 전개의 길인 시장의 자유경쟁의 결과라기보다는 위로부터 정부의 산업정책에 따른 것이었고 그 결과 근대적 대기업과 후진적 중소영세기업이 병존하는 경제구조가 만들어졌다. 위로부터 정책으로 잘 정비된 대기업체제 아래, 전통적 중소기업이 잔존하고 기업 사이의 계층분화가 한층 진전되었다. 대기업과 중소기업 사이에는 이중구조로 상징되는 사회적 경제적 지위의 격차가 이루어졌고 그것을 시정하는 것이 중소기업 정책인식의 중심이었다. 또한 대기업과 중소기업의 관계는 독과점적 지배력을 갖는 대기업을 정점으로 그 아래에 중소영세기업이 편입되면서 생기는 하청계열문제가 중심적 과제가 되었다. 이런 문제를 다루는 일본의 중소기업정책은 산업구조적 특징을 강하게 지니게 되었다.

산업구조적 정책의 특징은 1963년에 제정된 중소기업기본법에 잘 나타나 있다. 이 법은 중소기업의 성장·발전은 산업구조의 고도화와 국제경쟁력 강화로 국민경제의 균형 있는 성장·발전을 도모하는 데 있다는 점을 지적하고 있다. 또한 기업 사이에 존재하는 생산성, 기업소득, 임금소득 등의 현저한 격차, 곧 이중구조문제를 지적하고 중소기업의 물적 생산성과 거래조건을 향상하여 기업 사이 격차를 고쳐 나가는 것이 중소기업 성장·발전의 목적이라고 밝히고 있다.

1948년에 일본 중소기업청이 설립됨으로써 일본 중소기업정책은 본격적으로 시작되었다. 그 후 1950년대 후반에 중소기업문제가 이중구조 문제로 되면서 중소기업 근대화정책의 근원이 되었다. 이중구조 문제는 고용문제를 해결하면서 동시에 국제경쟁력이 낮은 중화학공업을 육성하여 산업구조를 고도화하는 길이라고 보았다. 중소기업의 전근대성이 대기업으로 대표되는 근대화부문과 중소영세기업, 농업 등 전근대 부문 사이에 단층이 이중구조인데 이것을 해소하는 것, 즉 중소기업을 근대화하는 것은 고용문제만이 아니고 산업구조의 고도화와 합리화, 나아가서 중화학공업의 경쟁력을 높이는 길이라고 보았다. 산업구조 고도화의 측면에서 이중구조문제를 보았고 이것이 중소기업정책의 과제로 되었으며 중소기업 근대화·고도화정책의 근간이었다.

산업구조정책의 핵심인 중소기업 근대화정책은 일본경제 특유의 계층적 축적구조 속에서 진행되었다. 2차 대전 후 일본경제는 한편으로 산업구조의 재편성과 고도화를 이루면서, 다른 한편에서는 고도성장을 해야 하는 두 가지 과제를 동시에 추구하였다. 이는 국가자본주의적 정책, 곧 개화기 이후 줄곧 이어져 온 위로부터의 정책과 일본경제 특유의 계층적 중층적 축적기반을 통하여 실현되었다. 독점자본의 축적기반을 보강하는 계획이 지속되는 가운데 계층적 축적구조 속에서 독점적 대기업과 중소기업 사이에는 다른 선진경제보다 더 심한 지배종속과 광범한 상호의존관계가 만들어졌다.

계층적 축적구조 속에서 하청제도는 1차 하청에 그치지 않고 재하청再下請, 재재하청再再下請으로 이어졌다. 2차 하청 이하에서는 중소기업은 말할 것도 없고 생업적 영세경영과 가내노동까지 하청제도에 편입되었다. 이때 경제적 모순은 하청기업에 더 많이 떠넘겨졌고, 이 과정에서 이루어진 자본축적이 일본경제 발전과 경쟁력의 바탕이 되었으며 이는 일본경제의 특수성이기도 하다.

이러한 계층적 축적구조는 그 기반이 되는 중소기업에 대한 전면적 입법조치를 통하여 적극적인 정책개입과 지원정책을 뒷받침하였다. 계층적 축적구조의 저변인 중소영세기업이 전근대적이며 낙후된 부문으로 남아 있는 한 근대적이고 선진된 대기업과의 상호보완관계가 순조롭게 이루어질 수 없기 때문이다. 이처럼 일본 중소기업정책은 대기업과 중소기업의 구조격차를 해소하려는 근대화정책으로 추구되었고 그것은 계층적 축적구조 속에서 진행되었다.

중화학공업 중심의 국제경쟁력 강화를 목적으로 하는 산업구조정책과 중소기업정책은 1970년대에 와서 문제점이 지적되었다. 중화학공업이 성숙되면서 지식집약적 산업구조로의 이행이 가져온 결과였다. 여기서 주목되는 것은 지식집약적 산업구조로 이행하는 일과 기업규모의 관계는 일의적으로 규정할 수 없다는 점이다. 규모확대의 능률성과 유효성은 상대적인 것이고 일반적으로 대규모화에 치중하던 집중적 감각은 지난 시대의 것이며 지식집약화 방향에서는 기업규모의 확대가 모든 정책목표가 될 수 없다는 점이다.

지식집약적 산업구조에서 중소기업의 지식집약화라는 과제가 제기되었다. 이중구조의 저변이라는 문제의식과 '문제형 중소기업관'을 벗어나 대기업보다 유리성을 갖는 중소기업이라는 '적극적 중소기업관'으로 전환된 것이다. 대기업과 격차가 있는 '격차문제'에서 새로운 지식집약화라는 산업환경 변화에 적응하는 '경제 환경 적응문제'로 중소기업문제가 전환되기에 이르렀다. 시장의 동향에 민감하고 연구기술개발에 중점을 두면서 다른 분야의 기술개발 움직임에도 잘 적응하는 중소기업상이 제기된 것이다. 바로 벤처비즈니스와 같은 첨단적 중소기업관 등이 대두된 것이다.

1980년대에 와서 일본 중소기업정책은 창조적 지식집약화와 지식융합화의 흐름 속에 더 적극적인 중소기업관이 제시되었다. 생업적 중소기업의 존재 등 중소기업의 다양성을 인정하면서도 중소기업을 활력 있는 다수(the vital majority)로 적극적으로 평가하였다. 중소기업은 총체적으로 보아 왕성한 활력(vitality)을 지녀 산업구조의 변혁, 기술적 진보, 인적능력 발휘의 묘상(기반)이며 경제사회의 진보와 발전의 원동력으로 보았다. 이것은 1970년대에 이어 '적극적인 중소기업관'을 나타낸 것이며 중소기업의 창조성과 기동성에 대한 기대를 표명한 것이다.

1990년대 와서 산업구조 정책적 중소기업정책이 후퇴하고 경쟁정책적 흐름이 더욱 확대되었다. 규제완화와 경쟁원리를 중요시하는 흐름이 중소기업정책에 중요한 영향을 주었다. 산업정책에서 경쟁정책의 비중을 높이고 중소기업정책에도 경쟁적 흐름을 적극 도입하면서 중소기업을 경쟁의 담당자로 규정하였다. 자유로운 시장경제는 창조성을 육성하는 등 진보와 발전의 기반이다. 중소기업은 시장경제의 본질적 구성요소이며 중소기업이 독립된 다수의 경쟁의 담당자로 활약함으로써 시장경제는 활성화한다. 중소기업에 기대하는 가장 중요한 역할은 '경쟁의 담당자로서 중소기업'이며 중소기업정책은 이것을 위하여 무형의 연성軟性 경제자원의 충실, 창업의 촉진, 중소기업의 적극적 전환 등을 지원해야 한다는 것이다. 이처럼 시장의 활성화를 위한 중소기업정책의 중요성을 강조한 것이다.

결국 1990년대에 와서 일본의 중소기업정책은 1970년대와 1980년대의 '적극적 중소기업관'의 연장선상에서 경쟁정책 또는 산업조직 정책적 성격으로 변화한 것이다. 미국 중소기업정책에서 살펴본 특징이다.

(4) 한국 중소기업정책의 특징: 그 과제와 흐름

① 해방 후 중소기업정책의 당위적 과제

흔히 중소기업정책은 ① 적응정책 ② 불리시정정책 ③ 보호정책으로 유형화한다. 그리고 ① 산업구조정책적 중소기업정책, ② 산업조직적 중소기업정책으로 나누어 설명하기도 한다. 이 가운데 산업구조적 중소기업정책이나 적응정책이 중심과제가 되는 국민경제는 자본주의 전개과정에서 형성된 구조적 문제가 크기 때문이다.

후진자본주의는 자본주의 전개의 역사적 귀결로서 국민경제 안에 구조적 문제가 정착되었고 이것이 중소기업문제 형성의 기반이 되었다. 한국 자본주의는 해방 후 후진자본주의이면서도 식민지 지배를 받았다는 역사적 배경을 갖고 있다. 곧 자본주의의 후진적 특성에 식민지적 경제구조를 이어받았고 이것이 중소기업문제와 나아가서 그 정책과제를 규제하고 있었다.

세계의 여러 지역들은 자본주의 전개과정에서 서로 이해의 대립이 근본적 속성으로 되고 후진자본주의는 선진자본주의의 외압外壓 때문에 그 안에 일정한 왜곡이 나타나며 이것은 선진국의 그것과 다른 형태를 갖는다. 후진지역에는 전근대적·전통적 여러 관계가 해소되지 못하고 분업관계의 왜곡성이 구조로서 고착된다. 그 결과 산업구조의 파행을 내용으로 하는 구조를 체제로 고착시킨 특수한 자본주의가 전개되는데, 이것이 바로 후진자본주의이다. 이런 경제에서는 산업구조와 분업관계의 왜곡성을 개선하고 전근대적 여러 관계를 해소하기 위한 산업구조정책 내지 적응정책의 관점이 제기되는데 이것이 중소기업정책 분석에서 중심이 된다.

여기에 더하여 한국경제처럼 선진자본주의 제국의 식민지 지배에서 정착된 식민지 경제구조를 이어받은 후진경제에서는 이를 개선하기 위한 또 다른 정책과제가 요구된다. 식민지 경제의 주된 생산력 기반은 자생적인 것이 아니고 밖으로부터 온 것이기 때문에 대종주국對宗主國 분업적 특징을 갖고 있다. 또 생산관계는 봉건적인 것 대신에 새로운 전근대적 형태인 반봉건적인 것이 확립되었다. 겉으로는 자본주의가 전개되었지만 봉건적·반봉건적 예종(feudal and semifeudal servitude) 때문에 자본제적 시장합리성으로 완전히 대체되지 못하고 새로운 착취적 생산관계가 형성되었다. 이러한 생산관계는 선진국 자본과 결탁한 것이어서 낡은 봉건적 생산관계를 유지한 채 종주국과 식민지 수탈관계를 맺는 것이었다.

곧 대내적으로는 식민지수탈을 위하여 반봉건적 생산력 기반이 정착되었고 대외적으로는 식민지 종주국과 종속적 생산관계가 맺어졌다. 이처럼 반봉건적이며 전근대적 생산력 기반을 지니면서도 종속적 생산관계를 내포한 것이 식민지자본주의의 특성이었다.

이런 경제에서 정책과제는 후진자본주의 특성인 산업구조의 왜곡성을 시정하고 또 식민지적 특성인 반봉건성과 종속성의 청산을 포함하는 것이어야 했다. 곧 구조정책과 함께 식민지적 특성을 청산하는 자립적 경제구조의 실현을 위한 정책이 요구되었다. 자립적 경제구조는 국민경제 안에 광범위한 근대적 생산력 기반이 확충되고 그것을 바탕으로 대외적 경제관계가 자주성을 지닐 때 이루어진다. 이것은 우선 균형 있는 국민경제의 구축을 선결요건으로 한다. 이때 균형화는 양적 기준의 균형만이 아니라 여러 경제부문이 서로 유기적 관련과 분업체계를 심화시키는 질적 균형을 동시에 달성할 때 이루어진다. 이러한 자립적 경제구조의 생산력 기반은 중소기업의 건전한 발전을 통하여 가능하다. 시장과 원자재 관련에서 국내적 생산력 기반에 깊은 분업체계의 중추가 되는 것이 중소기업이기 때문이다.

이러한 중소기업정책의 단위적 과제를 안고 한국 중소기업정책의 흐름을 분석하였다. 돌이켜 볼 때 경제개발 반세기를 훨씬 넘기는 과정에서 많은 정책적 노력이 있었지만 한국경제의 오늘의 좌표가 그 초기에 제기된 당위성을 충분히 달성하였는가에 대하여는 반성의 여지가 있다고 생각된다. 의존성과 종속성을 벗어나지 못하고 오히려 더욱 깊어지는 경제의 모습은 최근의 한국과 일본의 무역 분쟁이 증명하고 있다. 국교정상화 이후 한일 무역역조가 700억 원에 이르는 경제현실은 무엇을 말하고 있는가? 자립적 경제구조의 실현과 그를 위한 중소기업 육성이라는 정책과제가 낡은 구호에 그치는 것이 아니다.

② 정책분석의 기준과 정책의 흐름

중소기업정책 분석·연구의 기본 자료는 1966년 이후 간행된 〈중소기업에 관한 연차보고〉를 근거로 삼았다. 내가 중소기업은행 조사부에 근무했던 1960년대 이후 2010년에 이르는 기간 결본 없이 수집·보관한 이 자료가 이번 연구의 바탕이 되었다.

중소기업정책은 경제정책의 일환이기 때문에 그 흐름을 연구하는 데는 경제개발 5개년계획에 담겨진 중소기업정책을 빠짐없이 수록·검토하였다. 1962년 제1차 경제개발 5개년계획이 수립된 이후 1993년 신경제 5개년계획 그리고 1998년 국민의 정부 "국민과 함께 내일을 연다."는 1960년대 정부주도의 경제발전을 시작한 이후 2000년대에 이르는 기간의 한국 경제정책의 근간을 이루는 것이었다.

정책의 이론적 기준으로 되고 있는 적응정책, 불리시정정책, 보호정책의 세 유형을 한국 중소기업정책 전개과정에서 검증적으로 분석하였다. 또 큰 틀에서 산업구조 중소기업정책과 산업조직적 중소기업정책의 흐름을 검증하도록 노력하였다. 정책의 시행이 충분한 이론적 이해와 그 바탕에서 진행된 것이 아니었고 오히려 실제적 요구에 따른 것이어서 이 이론모형을 분석에 적용하는 데는 어려움이 있었지만, 이 저서가 연구저서인 만큼 될 수 있는 대로 이론적 검토에 접근하기 위함이었다.

다음에는 산업구조 고도화과정의 관점에서 연구·분석하였다. 1960년대의 경공업화, 1970년대의 중화학공업화, 1980년대의 기술집약화, 1990년대 이후 지식정보집약화의 변화에 따라 중소기업정책의 흐름을 분석, 중소기업문제가 자본주의 전개과정에서 형성되는 경제구조 또는 산업구조상의 모순인지라 산업구조 변화에 따른 분석이 요구되었다.

한국 중소기업정책은 1950년대 초반 금융대책적 중소기업시책에서 출발하였다. 1960년대 과도정부에서 종합적 대책이 수립된 바 있지만, 개발정책의 일환으로 제 모습을 보인 것은, 1960년대 이후 경제개발이 본격적으로 시행되면서였다. 60년대 이후 경제개발은 정부주도의 계획적 개발이었다. '선성장·후분배'를 바탕으로 대기업 중심의 불균형 성장정책이었다. 대내적 분업보다는 대외적 분업에 치중하여 내외의존적 개발과 가공형 수출주도로 경제개발이 진행되었고, 이런 정책기조는 반세기를 넘긴 오늘에도 계속되고 있다. 물론 이 정책방향이 앞서 제시한 초기의 당위적 중소기업정책 방향에 합치한 것은 아니었음을 밝힌다.

하지만 중소기업정책도 이런 개발정책의 흐름에 부응하여 전개되어 1960년대 중소기업정책은 '중소기업 근대화'라는 구조정책으로 시작되었다. 1966년 중소기업기본법 제정으로 본궤도에 오른 중소기업정책은 낙후된 중소기업의 전근대적 생산력을 개선하고 산업구조의 고도화, 곧 공업화에 기여하는 구조정책의 성격이었다.

중소기업의 근대화는 원래 이중구조의 해소, 곧 중소기업이 전근대성을 벗어나 근대적인 부분으로 개발되어 대기업과 중소기업 사이에 있는 여러 격차문제를 해소하는 것이었다. 이것이 산업구조를 개편하고 국민경제의 고도성장을 지속하는 산업구조정책의 틀 속에서 시행되면서 구조정책으로 성격을 지니게 되었다. 또 고도성장, 산업구조 고도화와 나아가서 자본축적을 위한 디딤돌 정책의 성격도 갖게 되었다. 곧 중소기업 근대화는 전근대적인 중소기업부문을 근대적 부문으로 개발하면서 국민경제의 구조개선과 그 성장에 맞추어 중소기업부문을 개편하는 의미까지 포함하게 되었다.

중소기업을 부가가치 생산성이 높은 방향으로 발전·개편하고 산업구조 고도화, 곧 공업화를 거친 뒤 중화학공업화, 나아가서 탈공업화시대 지식집약화로 전개되는 과정에 중소기업이 적응하도록 하는 것도 의미하게 되었다. 나아가서 개방체제와 국제화의 방향에 중소기업의 적응, 수출공헌도가 높은 업종으로 전환하는 수출산업화, 국제경쟁력 있는 기업으로 발전, 그리고 해외진출 방향까지 포괄하는 개념이 되었다. 이렇게 볼 때 중소기업 근대화는 1960년대 경제개발 초기 단계를 훨씬 뛰어넘는 개념이라고 폭넓게 해석할 수 있다.

1973년 중화학공업 선언으로 중화학공업화 시대가 본격화되었다. 중화학공업화는 중소기업을 산업구조 안의 소비재 산업 또는 생산재 공업의 부품을 공급하는 중화학공업의 모기업과 유기적 관련을 이루어 그 존립분야가 확대된다. 중화학공업에서 우회생산의 심화와 조립가공 산업의 확대는 수많은 사회적 분업체계를 만들어 낸다. 그리고 중화학공업은 대규모화 경향에 따라 대기업 중심의 산업체제를 전개하지만, 동시에 피라미드형 산업체제를 구축하여 중소영세기업과 관련을 맺는다. 이것은 자본의 논리 면에서는 중소영세기업이 독점자본의 자본축적구조에 편입됨을 말한다.

중화학공업화는 중소기업과 더 적극적인 하청계열화의 조건을 조성하게 된다. 중소기업정책은 유형별 육성으로 중화학공업화를 뒷받침하는 시책을 적극 추진하였다. 하지만 중화학공업화가 자본·시장·원자재와 관련에서 대외의존적이 될 경우 이러한 중소기업시책은 그 효과가 줄어들고 오히려 산업구조의 전반적 대외의존을 가속화하게 된다. 1976년에 경제기획원의 《경제백서》는 이 점을 크게 지적하고 있다. 한국 공업구조의 문제점은 생산재산업과 원자재산업, 수출산업과 내수산업 등이 각각 유기적 관련 아래 상승적으로 성장하는 구조적 탄력성을 결여하였고 대기업과 중소기업 사이에는 뚜렷한 발전격차가 있어 기업구조가 이중적으로 만들어졌다. 산업의 이중구조 심화현상은 대기업과 중소기업, 근대기업과 전근대기업 사이의 상호보완적 생산관계를 약화시켜 전후방 연관효과와 외부경제의 소멸을 가져왔다. 그리고 공업구조는 전반적으로 원자재와 시설재를 수입에 의존하는 가공형 수출체제와 결부되어 있어 공업부문 사이에 유기적 연관관계가 결여되어 있다는 것이다.

공업구조의 이중구조가 '격차문제'뿐만 아니라 공업부문 사이의 유기적 관련성 결여 문제의 성격을 지니고 있다는 지적이었다. 이것은 서두에 짚은 자립적 경제구조가 실현되고 있지 않다는 점을 말한 것으로 해석된다.

1980년대 산업구조가 기술집약화를 지향한 것은 이러한 문제점에 대한 대응이었다. 더욱이 1987년에 시작된 제6차 경제사회발전 5개년계획은 중소기업육성을 통한 산업저변의 내실화를 정책방향으로 제시하였다. 기계류와 부품 및 소재생산 중소기업을 집중·육성하여 수입대체를 촉진하고 세계의 부품공급기지로 발전하며 기술집약적 중소기업의 창업을 촉진한다는 것이다. 부품공업은 다품종이어서 전문 생산업체에서 생산하는 것이 효율적이기 때문에 중소기업의 사업분야로 적합하다.

더욱이 일본으로부터 수입의존도가 높은 품목 가운데 수입대체 효과가 크고 경제성이 있는 것을 우선 국산화하기로 했다. 기술적으로 중소부품업체의 자체 기술개발이 어려운 첨단기술이나 취약기술 분야에서는 대기업이 참여한 뒤 계열기업에 확산하도록 하고 외국과의 합작투자로 선진기술을 전수하도록 했다. 이를 위하여 중소기업 기술개발 시책을 적극 추진하였다. 구체적으로 기술집약형 중소기업의 발굴 육성지원, 정부출연 연구기관을 통한 중소기업 기술지원, 신기술개발 및 기업화자금지원, 중소기업의 기술집약화를 위한 전산화, 자동화, 정보화 지원 등이었다.

1990년대에는 산업구조가 지식집약화하면서, 그에 대응하는 중소기업정책이 시행되었다. '보호와 육성'에서 '자율과 경쟁'으로 경제정책 목표가 전환되면서 중소기업의 경쟁력 확보는 기술혁신과 지식집약화를 요청하였다. 유형의 경제자원을 기반으로 하는 물적 생산성 외에 인력, 기술, 정보, 마케팅, 경영관리능력 등 무형의 경영자원 축적에 바탕을 둔 지적경쟁력도 향상되어야 중소기업의 자생력이 배양할 수 있게 되었다. 과학과 기술의 결합으로 기술혁신이 빠른 속도로 진행되어 지식과 기술이 경쟁력 강화와 가치창조의 핵심으로 자리 잡는 지식혁명, 정보통신혁명의 시대에 중소기업의 기동성과 유용성을 활용하는 정책이 필요하게 되었다.

1990년대 중반 지식집약형 중소기업, 곧 벤처기업의 성장이 주목을 끌면서 이것이 산업에 새로운 활력을 불어넣었고 〈벤처기업 확립에 관한 특별조치법〉의 제정은 새로운 기업과 신산업의 기반이 될 중소기업에 대한 지원체제의 마련이었다. 격차문제의 해소에 집중되던 '문제형 중소기업관'을 넘어 대기업보다 유리성을 갖는 중소기업이라는 '적극적 중소기업관'으로 전환을 시작한 것이다.

기술과 지식을 집약화해서 사업화하는 지식집약형 혁신기업인 벤처기업은 기술과 지식을 경쟁력의 기반으로 하는 기업이기 때문에, 고부가가치를 창출하는 기업이다. 이것의 창업을 중요시하여 1997년 제정된 이 법은 '적극적 중소기업관'의 구체적 표현이었다.

1997년에 문민정부로부터 정권을 이어받은 국민의 정부 경제 청사진은 "'활력 있는 다수'로 중소·벤처기업 육성"을 중소기업정책의 기본으로 제시하였다. 여기서 사용한 '중소·벤처기업'이라는 용어는 2017년에 행정기구 개편에서 '중소벤처기업부'의 명칭을 탄생하게 한 기원이다.

"활력 있는 다수"의 개념을 중소기업정책 방향으로 적극 도입하였다. 이런 방향은 이미 미국에서는 1970년대 초에, 일본에서는 1980년대에 중소기업정책의 기본방향으로 정한 바 있다. 우리나라에서는 1990년대 말, 2000년대 중소기업정책에 도입하였다. 이는 산업구조론적 중소기업정책을 넘어 산업조직론적 중소기업정책이 본격화하고 '적극적 중소기업관'이 반영된 결과였다.

2000년대에 와서는 경쟁과 혁신, 활력의 주체로서 중소기업의 역할을 높여야 할 시기이다. 이를 포함하여 이 시기에 맞는 중소기업상으로 다음과 같은 방향을 제시하였다.

① '지속적인 구조정책의 대상'으로 중소기업
② '경쟁의 뿌리, 시장적 경쟁의 담당자'로서 중소기업

③ '활력 있는 다수'로서 중소기업

④ '가치창조의 원천: 창조의 모체'로서 중소기업

⑤ '지식정보화 시대에 혁신의 주체'로서 중소기업

⑥ '자율과 자유의 원천'으로서 중소기업

⑦ '지역진흥·산업저변확충·고용창출의 기반'으로서 중소기업

여기 《중소기업정책론》에서는 중요한 자료를 작성하였는데 〈중소기업 연표의 국제비교〉이다. 1890년대 이후 미국, 일본과 한국의 중소기업정책의 흐름을 국제 비교한 것이다. 중소기업을 비교사적으로 연구하는 데 매우 중요한 지표가 될 자료이다. 우리나라에서는 최초의 작업이었기에 불비점은 앞으로 더욱 보완해야 할 과제로 남아 있다.

2. 중소기업의 경제사적 연구 : 《한국중소기업사》(2010년, 총 592쪽)

(1) 식민지사관과 식민지근대화론 비판

중소기업의 경제사적 연구는 고대 자연발생적인 수공업(상공업)에서부터 2000년대 혁신형 중소기업(벤처기업)에 이르기까지 긴 역사의 흐름 속에서 그 변화의 모습을 고찰하는 것이다. 이 책에서

는 고대에서 일제 식민지자본주의에 이르는 기간만을 대상으로 하였다.(사진 5-2) 나머지 해방 후 2000년대에 이르는 현대사의 중소기업연구는 《한국중소기업론》에서 다루기로 하였다.

'한국중소기업사'라는 미답未踏의 영역에 도전하는 것이 나에게 쉬운 과제는 아니었다. 그럼에도 엄두를 낸 것은 중소기업이론을 연구하면서도 대학에서 오랫동안 경제사와 한국경제사를 강의할 수 있는 행운이 있었기 때문에 가능한 것이었다. 1980년대 초 어느 진보적 학자들의 모임에서 내가 중소기업론을 연구한다는 것을 안 고려대 강만길 교수가 한국중소기업사 저술을 권유한 적이 있었다. 그래서 중소기업이란 자본주의 발전과정의 산물임을 말하자, 역사연구는 현상인식만이 아니고 그 뿌리를 찾아서 오늘에 이르는 과정을 고찰하는 것이라는 점을 지적해 주었다.

곧 오늘날 중소기업의 뿌리인 수공업(상공업)의 발달과정과 그 속에서 움터 나온 중소기업의 모습을 연구하면 된다는 것이었다. 그 뒤 저술과정에서 안 일이지만, 강 교수는 고려시대 수공업 연구에 개척자적 위치에 있었다. 역사연구는 뿌리를 찾아서 그것이 어떤 모습으로 변화해서 오늘에 이르렀는가의 그 과정을 살펴보고, 그 속에서 오늘의 구체적인 모습을 밝히는 것이라고 보았을 때, 한국중소기업사는 고대 수공업(상공업)에서 오늘날의 혁신형 중소기업이 형성되기까지 과정을 밝히는 것이라는 생각이 들었다.

먼저 중소기업사의 흐름을 어떻게 볼 것인가 하는 시각의 문제를 정리할 필요가 있었다. 그래서 전체적인 역사흐름에서 식민사관과 나아가 일제 식민지사회의 성격 규정에 대하여, 더욱이 식민지 근대화론도 비판·고찰하였다.

조선사회가 주체적 발전능력이 없는 사회라는 '조선사회 정체론'을 가장 먼저 내놓은 사람은 1904년 후쿠다(福田德三)였다. 그는

<사진 5-2> 한국중소기업사

조선의 전통사회를 서구의 전통사회와 비교하면서 그 발전의 저위성低位性을 논증하였다. 독일에서 배워 온 경제발전단계설을 도입하여 식민사관을 주장하였다. 그에 따르면 19세기 조선은 일본의 봉건시대인 가마쿠라(鎌倉幕府) 이전, 특히 후지와라(藤原) 시대에 비유하였다. 곧 19세기 조선은 일본의 고대사회의 마지막 단계에 견줄만하며 아직 중세에도 이르지 못하는 낮은 발전단계 수준에 이르고 있다는 것이다. 따라서 조선은 자급자족경제를 벗어나지 못하고 '봉건화'라는 예비시대도 갖지 못했다고 보았다.

이처럼 20세기 초에도 봉건사회 이전의 낮은 단계에 머물러 있는 사회이기 때문에 자력으로 근대화할 수 없고 외부로부터 유력한 힘이 작용해야 한다는 것이다. 경제단위의 발전을 위해서는 토지를 개방하고 이를 자본화하며 인민을 해방하여 진정한 개인성을 환기시킬 필요가 있는데, 이러한 일은 자발적으로 일어날 수 없으며 외래문화에 동화됨으로서 가능하기에 일본인은 이 사명을 다해야 한다는 것이다.

역사학파의 경제발전단계설에 따라 일원론적 역사이론으로 조선의 후진성 내지 정체성을 설명하면서 식민사관을 주장하였는데, 이것은 일본의 조선침략을 합리화하고 을사조약 이후 일본 식민지정책의 근거가 되었다. 내재적 발전만으로는 근대사회로 발전할 수 없고 일본의 지배를 통해서만이 그것이 가능하다는 것이 식민사관의 기본이었다.

식민사관의 정체성과 타율성이론에 대항하면서 조선의 근대역사학을 수립한 것은 민족주의 역사학과 유물사관에 근거를 삼은 마르크스주의 역사학이었다. 더욱이 후자는 사회구성체론에 입각한 이론을 전개하였다. 사회구성체론에 따른 시대구분을 이론과 실증의 양면에서 체계적으로 시도하면서 후쿠다의 식민사관에 정면으로 도전한 사람은 백남운白南雲이었다.

유물사관을 조선사회경제사 연구에 도입한 그는 우선 조선민족의 역사과정에서 봉건사회가 결여되었다는 지적을 비판하였다. 조선에서 봉건제도의 존재를 부정하면서 장원제도를 봉건제의 유일한 표징으로 보는 것은 부르주아 역사학의 형식론에 불과하다. 조선에서 장원의 유무를 가지고 봉건사회로 규정하는 것은, 봉건제가 무엇인지 모르는 것이고 과학의 세계에 속한다고 볼 수 없다는 것이다. 조선 민족의 발전사는 그 과정이 아시아적이지만 사회구성의 내면적 발전에서는 세계적이며, 삼국시대의 노예제 사회, 통일신라 이래의 동양적 봉건사회, 이식자본주의 사회라는 특유의 법칙을 갖고 있다고 주장하였다. 그러면서 정체론과 타율성론에 입각한 부르주아적 특수사관을 비판하였다.

조선의 자립적 발전 가능성을 부정하고 그것을 외부에서 구하는 타율성·정체론사관은 1960년대 이후 조선 후기사회가 다양한 발전전망을 가진 사회였다는 논증에 의하여도 비판되었다. 내재적 발전론에 따른 한국 근대사의 연구가 그것인데, 조선 후기에 성장했던 자본주의 맹아가 타율적인 개방과 일제의 침략으로 왜곡되었다는 주장이다. 조선사회의 보편적 발전은 억압되었으며 일제의 식민지 지배로 더욱 심화되었다고 보는 것이다.

일본제국주의의 침략이라는 외압이 없었다면 당연히 합법칙적 발전의 가능성을 나타냈다는 내재적 발전론은 그 개별연구에서 조선 후기 사회의 내부에 존재하는 서구적 발전의 여러 요소, 곧 자본주의 맹아의 발견에 주력하였다. 조선 후기 사회에서 상품생산이 진전되고 그 생산조직이 변화하면서 자본·임노동관계의 초기적 특징인 자본주의 맹아가 성립되었다는 김용섭 등의 주장이다. 이것은 조선사회의 정체론과 타율성에 기초한 식민사관을 비판하는 주된 견해였다.

다음에 일제 식민지 시대의 성격에 관하여는 식민지 반봉건사회론, 이중구조론, 식민지공업비지론, 민족경제론, 식민지근대화론과 식민지 수탈론 등 다양한 이론이 제시되었다. 이 가운데 식민지근대화론에 대하여 비판적으로 논의하고자 했다.

식민지근대화론의 단서는 중진자본주의론에 있다. 발전의 계기가 민족사의 발전 원동력으로 국내적 계기가 중요하며 외부로부터의 계기는 발전을 좌절과 왜곡시킨다고 본 것이 내재적 발전론이었고 내부지향적인 인식이었다. 식민지근대화론은 이를 비판한다. 20세기 자본주의, 더욱이 한국자본주의는 자생적 자본주의가 아닌 이식자본주의 전개과정이었으며 20세기 자본주의가 선진자본주의를 따라잡으려면 이식자본주의의 길을 가야 한다고 보았다. 외부적인 것, 곧 경제협력과 국제적 작용 등이 발전의 계기를 준다는 것이다.

그러면서 실증적 연구로 식민지 시대에 높은 경제성장과 산업구조의 변화를 확인할 수 있다고 주장한다. 식민지 역사의 두 축은 수탈과 개발인데, 수탈론적 입장에 치우친 역사연구를 벗어나야 한다고 보았다. 침략과 저항이 식민지 시대의 한 특징이지만 개발과 협력이 다른 측면으로, 전자만이 아닌 후자의 시각이 중요하다고 보았다.

이를 비판한 대표적 견해가 식민지 수탈론이다. 식민지근대화론은 식민주의 사관의 부활이며 근대화의 본래적 의미에 비추어 보아도 식민지 시대는 근대화가 아니다. 그리고 식민정책의 본질은 민족말살정책이었고 사회경제적 수탈정책이었다는 것이다. 설령 일제 치하에서 조선에 개발현상이 있었다고 하더라도 조선인에게 개발다운 개발은 없었다. 일본인이 조선의 부富 가운데 많은 부문을 장악하면서 민족별 경제 격차는 커졌고 조선인들의 경제적 궁박窮迫은 심해 갔다. 개발을 강조하는 견해는 '조선의 경제'와 '조선인 경제'가 별개로 존재한다는 것을 인정하지 않는다고 지적하였다.

역사의 전개에서 사회구성은 다양한 동향이 결합하여 성립한다. 본질적인 것과 부차적인 것이 있고 지배적인 것과 종속적인 것이 있다. 어느 측면을 주된 것으로 파악하느냐에 따라 사회의 성격규정은 달라진다. 수탈의 측면을 강조하는 견해와 개발의 측면을 강조하는 견해가 대립하는 것은 두 가지 중 어느 것을 본질적인 것으로 보느냐에 차이가 있다. 내재적 발전론에서는 수탈과 저항을 본질적으로 보는 데 대하여 식민지근대화론에서는 개발과 협력 위주로 식민지 시대를 파악하는 것이다.

식민지 시대에는 수탈의 측면이 있는가 하면 개발의 측면도 있지만 역시 전자가 본질적이며 후자는 부차적이었다고 보는 것이 비판적 시각이다. '개발을 통한 수탈'이며 '수탈을 위한 개발'이었다고 보는 것이다.

여기서 나는 한국중소기업사의 흐름을 진보사학의 시각에서 서술하기로 했다. 역사의 흐름을 내생적 요인을 주된 것으로 하되 부차적으로는 외생적 요인의 작용으로 발전과 분해를 거듭하는 동태적 과정으로 보는 것이다.

(2) 고대에서 고려시대에 이르는 상공업의 진전

고대시대에도 시전이 형성되었고 또 민간상업도 전개되었다. 사회적 분업의 결과로 형성된 상업은 왕조국가체제가 성립하면서 국가가 주도하는 상업인 시전과 시장, 그리고 여기에 종사하는 전업적 상인이 관상官商으로 등장하여 민간상인과 구분되었다. 또 고대국가에서 조직한 상업지구가 있었는데 이것이 시전市廛이었다. 이에 대하여 시전상업을 일상적으로 이용할 수 없는 일반 주민의 수요에 부응하기 위하여 민간상업이 발달하였다. 여기에는 장場과 행상行商이 있었다. 민간상업은 대중적 성격과 상품생산 발전의 합법칙성에 따라 점차 확대 발전하였다.

수공업 분야에서는 관청수공업과 민간수공업이 있었다. 수공업은 인류가 자연을 인식하고 개조하여 생활하면서 비롯되었으며 고대문명의 발생과 함께 농업에서 분리된 독립된 생산형태였다. 고대국가가 성장하는 단계에서는 국가의 다양한 공업적 수요와 왕실이나 귀족의 사치적 수요충족을 위한 수공업 형성이 있었으며 이른바 관청수공업이었다. 이와 달리 대다수 백성의 대중적 수요에 부응하기 위한 민간수공업이 발전하고 있었다. 민간수공업은 낮은 발전 수준이었지만 진취적이며 교환을 목적으로 하는 상품생산으로 진전되고 있었으며 길게는 공장제 수공업 발전의 싹을 지니기도 하였다. 농민가내수공업과 전업적 수공업, 나아가서 사원寺院수공업이 형성되었다. 또 관청수공업의 한 가지 형태로 성成수공업이 있었는데 이것은 뒤에 고려시대 소所수공업의 기원으로 해석되기도 하였다.

고려시대는 지배세력의 존재형태를 기준으로 한 지배세력론을 바탕으로 중세사회의 성립 계기로 본다. 중세적 특징 속에서도 현물경제의 기본구조는 지속되는 가운데 상업활동은 앞 시대에 견주어 활기를 띠었다. 공물대납제와 전매제의 실시로 교환경제가 더욱 발달하였고 이런 것은 산업진흥정책과 부세대납제의 실시, 수공업의 발달, 농민의 생산특화와 재촌지주 및 사적 전장의 증대 등의 요인이 작용한 결과였다.

고려 시대 수도인 개경을 비롯하여 서경, 동경, 남경 등 큰 도시가 발달하면서 상업기관도 발달하였는데 대표적인 것이 시전이었다. 정부가 건조하여 시전상인에게 대여하였고 이에 대하여 상인들은 일정한 공랑세公廊稅를 부담하였다. 시전은 고대사회의 시전에 그 뿌리를 두고 있다. 고려 후기에 와서 시전규모는 크게 늘어났는데 이들은 전매특권 같은 것을 누리고 있었다.

국가가 직접 상업을 개설하여 상업에 참여하는 관영상공업이 운영되었는데 서적점, 복두점, 대약국大藥局, 염전, 능라전 등과 같은 점포를 개설하였다. 이들은 수공업장에서 생산한 물품을 판매하는 등 생산과 판매를 겸한 상공업체였다. 관영상업의 대표적인 사례는 소금전매제였는데 국가의 부족한 재원확보가 목적이었다.

민간상업은 장場과 장시場市의 형태로 발달하였다. 도시상업에서 시전은 국역의 담당과 지배층을 중요한 대상으로 하는 상설시장이었지만 장은 도시의 민간상업이었다. 일반 도시민을 대상으로 상설점포가 없이 매일 일정한 시간과 장소에 상인과 주민이 모여 상품을 거래하다가 흩어지는 비상설 상품거래였다. 광범위한 도시주민을 위한 민간상업이었고 그들의 생활과 밀접한 관계가 있었기 때문에 날로 발전하였고 도성을 벗어나 발전하기도 하였다.

농촌지방에서 민간상업은 장시를 중심으로 전형적으로 발달하였고 비상설적이었다. 상설적인 상점이 없이 하루 동안만 서는 장마당에 주민과 수공업제품 생산자들이 모여 각자의 서로 다른 상품을 교환하였다. 이를 관설시장에 견주어 향시鄕市라고도 하였다. 농촌사회에서 사회적 분업이 진전되면서 농민들 사이에 가내수공업제품과 필요한 생활물품을 교환하는 교역이 증대하였다.

행상行商도 민간상업의 한 가지 형태였다. 장시만이 아니고 지리적 조건을 이용하여 상업 활동을 하는 상인이었는데, 육로를 따라 장사하는 도부상到付商인 육상陸商과 강이나 바다를 이용하는 선상船商이 있었다. 이들은 장시 사이를 순회하며 상권을 연결하는 비교적 전업주인 상인이었다. 특히 육상보다 바닷길을 이용한 선상의 활동이 활발하였다. 육상의 발달과 함께 교통의 요지에는 원院이 많이 설치되었는데 삼국시대 및 신라시대로 그 유래가 거슬러 올라간다.

고려시대 수공업은 관청수공업, 소수공업, 민간수공업으로 구분된다. 관청수공업과 민간수공업은 수공업 경영의 주체를 기준으로 한 것이다. 소所수공업은 특수한 공물 생산지역에서 이루어지는 공납을 위한 수공업으로 한층 전업적이고 생산품의 질도 우수하여 고려시대 수공업체계의 큰 특징인데, 삼국시대 성成수공업에 기원을 두고 있다. 민간수공업은 개별 농민이나 일반 전문 공장工匠, 사원 등과 같이 사적 주체가 생산도구와 원료를 마련하여 자기의 계획으로 생산노동을 하는 수공업이어서 이들의 발전은 고려시대 경제의 분화를 선도하였다.

이러한 고려시대 수공업에는 몇 가지 새로운 변화가 일어났다.

첫째로 국가가 설치 운영하고 있던 관영수공업이 축소 개편되고 민간경영의 전업적 수공업과 농민의 부업적 가내수공업이 활기를 띠고 발달하였다. 삼국 및 통일신라시대에는 농민의 공물과 관영수공업이 국가의 공업적 수요를 충족시켜 주는 주된 공급원이었으며, 전업적 수공업은 큰 몫을 하지 못하였다. 그러나 고려시대에는 전업적 수공업이 발달하면서 그 생산품이 국가 및 귀족의 공업적 수요 충족에 중요한 위치를 차지하였다.

둘째, 관영수공업에 전속되었던 장인과 농민수공업자 가운데 배출된 전업적인 수공업자가 성장하였다. 고려시대에는 생산 분화가 상당한 정도로 진전되어 도시와 농촌에서 다수의 전문적 수공업자가 성장하였다. 농촌에서의 생산 분화로 농민 가운데 반농반공半農半工의 수공업자가 생겨났고 이들은 점차 전업적 수공업자로 성장하였다.

셋째, 전업적 수공업자가 성장하면서 관영수공업 안에서 노동 동원의 양식이 변화하였다. 신라시대의 관영수공업은 주로 노예적 노동에 의존하였으나 고려시대에 오면 노예적 노동을 담당하는 예속적 장인 외에 공역工役에 의한 생산양식, 곧 임노동적 노동급부 양식이 나타났다. 이전의 예속장인은 관영수공업에 전속되어 있으면서도 자기 경영을 할 수 있게 되었고, 그들 가운데는 예공隸工이지만 노동급부 양식에서는 임공賃工인 자가 생겨났다. 또 관영수공업은 예속장인의 노동과 함께 전문적인 민간수공업 기술자를 동원하여 일정기간 노동에 종사시킬 수 있었다. 곧 관영수공업의 노동편성에서 임노동적 특징이 나타났으며 전속장인과 함께 민간수공업 기술자의 공역에도 임노동적 형태가 나타났다.

넷째, 고려 후기 관청수공업이 쇠퇴하고 소수공업도 해체되는 가운데 민간수공업이 발달하였는데 민간수요의 증대가 발전의 중요한 요인이었다. 전업적 수공업과 농민의 가내수공업이 성장하면서 이들 생산품의 적지 않은 부분이 민간수요, 곧 시장을 거쳐 상품화되었다. 시중에서 상품으로 유통되는 수공업제품의 생산자는 대개 민간수공업자들이었는데 상품유통의 증가는 사회적 분업과 수공업 발달의 결과이면서 동시에 전반적인 생산의 발전을 촉진하였다.

(3) 조선시대 상공업 구조의 변화

조선시대 전기의 상공업 구조는 고려시대의 그것과 크게 다르지 않았지만 양적으로는 확대개편 되었으며 질적으로도 변화가 있었다. 생산력이 발전하고 상품생산이 이루어지면서 후기에 와서는 크게 변화하였고 이는 봉건사회 해체의 단초가 되었다.

상업구조를 보면 수도에는 시전가市廛街가 있었고 그 밖의 성안 각처에서 장시의 형태로 열리는 길거리 시장이 있었으며 지방에는 향시가 개설되어 생산물이 교환되었다.

고대·고려시대 이후 이어져 온 관허상인인 시전은 일정한 상행위에 상세(공랑세)를 부담하고 또 국역國役을 담당하였다. 국역을 담당하는 시전 가운데 6개의 상전을 육의전六矣廛이라고 하였는데 이는 인조 15년(1647년)에 발생하였으며, 이들에 대하여는 상품독점권인 금난전권禁亂廛權이 부여되었다. 이 금난전권은 비시전계 상인의 세력이 커지자 시전상인을 보호하고 비시전계 상인을 규제하기 위한 조치였다.

하지만 비시전계 상인의 상업 활동은 활발해졌고 이런 사정을 난전亂廛현상이라고 보아 집중적 규제대상이 되었다. 비시전계 상인의 활동은 일반 백성의 생계와 직결되어 점차 증가하였고 도성을 중심으로 활동하는 이들 사상私商 가운데는 자본규모가 크고 활동영역이 넓은 부상대고富商大賈가 성립되었으며 이들이 시전상권을 위협하기에 이르자 16세기에는 금난전권 조치에 이르렀다.

지방 상업으로는 비정기적 장시가 있었는데 여기에서 전업적 상인으로 행상인 보부상과 선상의 두 종류가 있었다. 지방교역의 담당자로서 사상인 행상은 시전과는 다른 교역기반에서 상업 활동을 하였다. 15세기 후반에는 이와 다른 정기적 장시가 출현하기도 했다. 농민적 교역기구인 장시의 발달은 행상의 상업활동 공간을 더욱 확대시켰다.

조선 전기에 소수공업이 완전 해체되고 관청수공업이 확대 재편성되었다. 수공업자에게서 세금을 징수하는 장세제長稅制가 시행되었고 수공업자에 공역을 부과하는 번차제番次制가 실시되었다. 이 제도는 대부분의 수공업자들이 자기경영하는 수공업자라는 전제 아래 가능한 것이므로 수공업 발전이 그만큼 진전되었음을 반영한다.

관청수공업의 확대 재편성 속에서도 민간수공업도 크게 발전하였다. 농업생산력이 발전하고 사회적 분업이 진전되었으며 소수공업의 해체로 거기에 예속되었던 수공업자들이 전업적 수공업자로 전업하였다. 농촌에서 부업으로 수공업제품을 생산하던 사람들 가운데 기술이 뛰어난 사람들이 수공업장을 차렸다. 16세기에는 관청수공업에 균열적 요인이 발생하면서 여기에서 이탈한 기술자들이 전업적 수공업자로 등장하였다.

15세기 이후 시장경제가 발전하고 관청수공업체제가 축소되면서 농촌가내수공업이 발달하였다. 이때 지방시장(향시)에서는 농민의 가내수공업에서 생산한 제품이 절대다수를 차지하였다.

17세기 이후, 곧 조선 후기에 와서 사회경제는 크게 변화하였다. 관상과 사상, 독점(특권)상인과 신흥(자유)상인, 어용상인과 민간상인 등 서로 다른 성격인 두 가지 형태의 상인이 대립하고 제각기 다른 위치에서 각자 다른 이해관계를 지니면서 상행위를 펼쳐나간 것이 조선 후기 상업계였다. 상업은 시전상인, 공인貢人 등 특권상인과 비시전계 상인(난전) 및 농촌의 향시(장시)를 중심으로 한 민간상업으로 구분되었다.

특권상업에 종사하는 상인을 관상, 또는 관상도고官商都賈라 하고 주로 금난전권에 바탕을 둔 시전상인의 독점적 상행위가 성립하였다. 시전상인의 상업활동은 도시의 영세민과 소비자, 그리고 민간수공업자에게 어려움을 주어 이에 대한 반발이 심해졌고 금난전권 행사와 상업정책이 변화되면서 시전상업은 쇠퇴의 길에 접어들었다.

국가권력을 배경으로 한 관상도고는 신해통공辛亥通共 이후 그 활동영역이 크게 축소되었다. 이에 대하여 사상도고는 부상대고였고 그 상업운영도 진취적·적극적이었으며 경제논리에 따라 이득을 취하면서 경영방법을 개선하여 시전상인을 압도하였고 상권쟁탈전에서 이들을 몰락시켰다.

동시에 비시전계 상인의 교환시장은 점차 증가하는 가운데 이들을 규제하고자 난전이라 이름 붙여 금난전권을 시행하였지만, 신해통공(1791) 이후 이것은 유명무실해졌고 사상도고가 상권을 장악하게 되었다.

한편 상업적 농업이 발달하고 이를 바탕으로 농촌장시는 크게 확대되었고 포구浦口 상업과 전국적 시장권이 형성되었다. 지방에도 상업도시가 성장하고 새로운 유통체계가 성립하였다. 중심산업세력이 특권상인인 시전상인에서 자유상인인 사상으로 바뀌었다.

이런 가운데 상업자본(관상도고와 사상도고)의 생산부문 침투라는 신보석 특싱이 나타났다. 선대자본으로서 상업자본인 도고(관상도고 또는 사상도고)의 생산부문 침투는 근대자본주의적 생산방식으로의 이행형태 두 가지 중 하나다. 선대제도는 상인이 생산자에게 자금을 대여하고 생산물을 선점, 매입하면서 발생하는 상업자본의 생산자 지배의 한 형태이다. 이런 현상이 우리나라에서 18세기 중엽부터 발생하였으며 그 말엽에는 크게 성행하였다.

상업자본의 생산부문 침투과정은 두 가지 유형으로 진행되었다. 하나는 특권상업자본인 시전상인과 공인貢人에 의한 것이었으며, 다른 하나는 신흥 상업자본인 사상에 의한 것이었다. 그런데 전자는 경제 외적 권력관계에 바탕을 둔 특권적 상행위임에 대하여 후자는 자본운동의 한 형태로 나타난 점에서 차이가 있다. 상업자본은 유통부문에서 매점형태로 시작하여 점차 소생산자의 생산과정을 지배하기에 이르는데, 이것은 먼저 원료나 자금을 선대해 주면서 생산과정에 간섭한다. 구체적으로 특권상업자본의 생산분야 침투는 원료의 매점과 관청수공업에 침투하여 물주가 되는 형태로 진행되었다.

신흥 상업자본인 사상은 특권상인보다 더욱 활발하게 생산과정에 침투하였다. 18~19세기 상업자본은 철기공업 및 유기수공업 등 금속가공부문에도 침투하였다. 영세한 수공업자들의 소규모 생산만으로는 증가하는 수요를 모두 수용할 수 없게 되었고 더 큰 규모로 생산하려면 일정한 외부자금의 투자가 요구되자 소생산자들은 상업자본에 의존하였으며 상업자본은 물주 또는 도고의 형태로 생산부문에 침투하였다.

자본주의 이행 과정의 두 가지 길 가운데 상업자본의 산업자본으로 전화라고 하는 보수적 길이지만, 조선 후기에 그것이 제대로 이행수순을 밟지는 못하였다.

15세기까지 정비·강화되었던 조선시대 관청수공업체계는 16세기 초부터 중엽에 이르는 기간 균열의 조짐을 보였다. 첫째는 재정적 어려움으로 장인들 가운데 일부에게 적용되던 급식제도, 급부제도, 체아직遞兒職제도를 실시할 수 없게 되었다. 둘째, 관청수공업자에 대한 지배층의 억압과 횡포로 관청수공업의 관리 운영에 관한 질서문란 현상이 날로 증가하였다. 그로 말미암아 장인의 도피현상이 증가하였다. 셋째로 관공장官工匠의 기술적 낙후가 관청수공업을 붕괴시킨 계기가 되었다.

이에 18세기에는 공장성적제도工匠成績制度가 유명무실화되면서 관청수공업은 거의 해체되었고 나머지는 상품생산에 수반하여 민영화 추세에 들어갔다.

이와 대조적으로 민간수공업은 크게 발달하였다. 18세기 이후 농촌의 장시시장권이 확대되고 장시상인의 연계망이 형성되면서 지역적 시장권이 이루어졌으며 일부는 전국적 범위로 확대되기도 하였다. 이러한 시장권의 확대 발전은 농촌수공업의 발전이 뒷받침하였지만 동시에 이것을 견인하는 작용도 하였다.

그간 부역노동에 종사하던 수공업자(공장)는 관청수공업 폐쇄로 독립적 상품에 종사하는 전업적 수공업자가 되어 소상품생산자로 성장하였다. 점店은 바로 이것을 반영하였다. 점은 그 생산의 기초를 이루는 노동의 사회적 존재양식에 그 특징이 나타난다. 점에는 점주店主 또는 물주라는 고용주가 있었고 그 고용주는 약간의 일정한 노동자를 고용하였다. 이들 소상품생산자는 새로운 생산관계 발달의 역사적 기점이 되기도 했다. 단순 소경영의 내부에 맹아적으로 존재했던 분업관계가 상품생산의 발달과 수요증대에 따라 확대되면서 매뉴팩처로 발전하였다.

하나의 생산품을 산출하는 데 여러 개의 전문적 생산공정이 필요한 경우가 발생하였다. 여기에는 선대자본의 부입도 있었다. 유기수공업, 첨가공수공업에서 이런 특징이 검증되고 있다.

또한 농촌 가내수공업이 전업화하여 매뉴팩처적인 노동 분업 현상이 나타났는데 직물생산의 경우에 공장제 수공업의 형태가 검증되었다.

매뉴팩처(공장제 수공업)의 초기적 단계를 자본주의 맹아의 단계로 보고 자본주의 맹아문제와 내재적 발전론의 연구대상이 되었다. 이에 곁들여 자본주의적 관계론이 제기되기도 하였다. 18세기 중엽 이후 봉건사회 테두리 안에서 자본주의적 관계가 발생·발전하는 합법적 과정이 진행되었다고 보았다. 자본주의적 생산관계는 생산수단에 대한 자본가들의 사적 소유에 바탕을 두지만 자유로운 노동력의 형성을 필수 조건으로 한다. 18세기 중엽 이후 상품화폐 관계의 진전이 이런 특징을 형성시켰다고 보았다. 18세기 말 이후 광업에 대한 연구에서 이러한 자본주의적 관계가 전형적으로 검증되었다.

자본주의적 관계는 전업적 수공업과 광업에서 비교적 광범하게 발생하였다. 비록 미숙하고 제한적이었다 하더라도 그것은 사회발전의 합법칙성을 구현한 필연적 현상이었다. 그러나 19세기 후반에 외래자본주의의 침략과 20세기 초 일본제국주의에게 강점됨으로써 정상적인 자본주의 발전단계로 나아가지 못하였다.

(4) 일제 식민지자본주의와 중소기업문제

식민지 아래 중소기업을 경제적 범주로서 민족자본으로 보아야 한다는 견해가 있다. 일제 아래 민족자본의 모습을 먼저 검토해 볼 필요가 있다. 조선인 공업(자본)은 식민지정책의 비보호와 차별 및 일본인 공업과의 경쟁에서 오는 압박으로 말미암아 '조선의 공업'에서 극히 일부분을 차지하는 데 지나지 않았다. 그러나 조선인 공업 자체는 식민지 후기로 갈수록 양적으로 성장했을 뿐만 아니라 질적으로도 어느 정도 발전하였다는 '절대적 성장'을 부인할 수 없다. 따라서 조선인 공업을 몰락으로만 보고 성장이 무시된 것은 부분적 현상을 강조한 것이다. '절대적 성장'과 '상대적 몰락'을 구분할 필요가 있다.

일제의 지배는 조선에서 자본주의 범위의 확대를 초래했고 그것이 다시 조선인 자본의 성장을 촉진한 측면이 있다. 물론 식민지 사회에서 본원적 축적과정은 제국주의자들을 위한 과정이며 민족자본의 창출을 위한 과정은 아니었다. 또 제국주의자들의 원망顯望과는 다른 불가피한 결과였지만 그 과정에서 민족자본의 형성을 위한 어느 정도의 객관적 조건이 마련된 것도 사실이다. 그렇지만 이 기간에 조선인들이 이룩한 자기 발전의 소산 및 주어진 여건에 대해 적극적인 대응을 통한 조선인 공업의 성장(절대적 성장)의 의미를 재검토할 필요가 있다.

이것은 식민지기에 제국주의적 지배에 약탈당하고 수동적으로 재편성, 쇠잔되어 가는 조선인 자본의 모습을 넘어서 식민지 지배에 저항하면서 자기 자신의 역사를 형성해 가는 주체로서의 역할을 강조하는 관점이다. 곧 식민지기에 조선인들이 어떻게 자본주의적 경제생활을 영위하였는가의 모습을 고찰하는 것은 전후의 한국 경제에서 이것이 어떻게 계승·발전되고 있는가를 보는 시각과 관련되어 있다는 것이다.

다음에는 식민지자본주의의 시기구분 문제인데 여러 가지 견해가 있지만 독자적인 조선경제의 움직임과 구조변화를 중심으로 공업화의 시기에 관한 논의를 주목하고자 했다. 1910년대 후반 또는 1920년대의 공장설립 및 공업화를 살펴서 식민지 공업화를 1920년대와 1930년대 중반까지의 주류를 이룬 경공업 중심의 공업화, 중일전쟁 이후의 중화학공업 중심의 전시공업화로 구분한다. 여기서는 1920년대 경공업 중심의 공업화가 공업화의 주된 흐름이며 이것이 조선경제를 근본적으로 변화시켰다고 보는 것이다.

1910년대에도 식민지 조선에 공장이 급속히 증가하였지만 이를 '공업화'의 시기로 볼 수는 없다는 견해이다. 왜냐하면 이 시기 공장의 양적팽창의 주역은 영세공장과 개인공장이었고 생산방식은 전근대적 생산과정에 숙련노동을 접속한 것이었으며 과도적 생산구조였다. 곧 기계 사용보다 노동의 숙련에 의존하는 과도적 식민지자본주의였다. 이와 달리 1920년대는 자본금 및 기계증가율이 노동자증가율을 상회하여 자본금의 확대가 기계 확대와 더 관련을 맺고 있다. 곧 1920년대부터 자본주의적 생산이 본격화되었으며 또 자본주의적 축적구조가 작용하였다고 보는 것이다.

19세기 후반 조선의 공업부문에서는 상품생산이 확대되고 공장제 수공업이 발전하였으며 부분적으로는 기계가 이용되고 그에 바탕을 둔 자본주의적 관계의 진전이 있었다. 그러나 이러한 생산력의 새로운 발전은 외래자본의 침투와 봉건적 억압으로 제약받았다. 더욱이 일본자본과 상품의 침투는 새로운 부문에서 나타나는 자본주의적 발전을 억제하였다. 그 뒤 일본자본의 침투와 함께 기계제 상품이 들어오고 수입기계와 기술이 침투하면서 생산구조는 기형적으로 발전하였다. 또 근대적 산업화의 시도와 전반적인 경제발전단계에 진입하지 못하고 소생산품 생산형태의 가내공업체가 압도적 비중을 차지하는 가운데, 공장제 수공업이 설립되어 경제적 변화를 주도하였다. 그렇지만 설립된 공장은 곧 폐업, 축소되고 극히 소수만이 성장할 수 있었다. 이러한 흐름은 1910년대 전반에도 이어졌다.

1910년대 중·후반에는 조선경제에 변화가 나타났다. 1916~1918년 조선인 공장의 증가수와 증가폭이 컸으며 공장의 설립 수가 늘어나고 설립속도도 빨랐다. 하지만 종업원 수, 생산력, 자본금의 기준으로 보아 조선인 공장이 차지하는 비중과 질적 수준은 보잘것없었다. 식민지 지배 초기부터 일본인 주도의 공업구조가 일어났다. 또 조선인 공장이 사용하는 기계는 대부분 동력을 사용하지 않는 수동식이거나 반자동식 기계였다. 공장공업이라고는 하지만 대량생산체제의 기계제공장이 아니었다. 그 뒤 일본 자본이 진출하고 기계사용이 보편화하면서 조선의 공업화 수준은 공장제 수공업단계를 벗어났다. 말하자면 1920년대부터 자본주의적 생산이 본격화한 것이다.

1920년대 공업은 식민지의 특성을 지닌 가운데 중소영세공업이 높은 비중을 차지했다. 공업구조의 중심은 일제의 농산물 및 원료의 약탈에 집중된 부문이었다. 또 값싼 노동력과 원료를 이용하여 소규모 투자로 높은 식민지 초과이윤을 얻을 수 있는 공업이 확대되었다. 식민지 약탈과 관련된 부분은 기술적, 경제적으로 일제에 예속되어 있었고 소규모 생산과 수공업적 기술이 큰 비중을 차지하였으며, 낙후된 기술을 지닌 중소 영세규모 공장이 압도적 다수를 차지했다.

이들 중소규모 공장은 일본 상품의 침투로 끊임없이 분화되거나 도산되고 있었다. 값싼 노동력을 바탕으로 일본 상품과의 경쟁에서 일정한 자기 지위를 확보할 수 있을 뿐이었다. 이런 가운데서도 중소 영세규모의 조선인 공장 또는 민족기업이 크게 증가한 데는 몇 가지 원인이 있다. 일본정부의 대조선정책이 3·1운동 후, 그리고 경제적으로 제1차 대선 후 전환되었다. 1920년대에 와서 민족주의의 자세가 무력투쟁에서 민족역량 배양으로 전환되었다. 개화기 이후 근대교육 보급 및 계몽운동의 효과도 있었다. 더욱이 1920년대 민족기업은 조선민족의 생존투쟁으로 전개되는 점이 원인으로 보고 있다.

이에 이 시기의 민족기업가는 개화기의 기업가들과 대조적이었다는 지적도 있다. 하나는 민족주의를 기업동기 및 행동양식으로 삼는 기업가들이 있는가 하면 화폐적 극대화를 행동양식의 직접적 및 궁극적 목표로 하는 기업가군이 있다고 보고 있다.

1930년대 식민지 자본주의의 중화학공업 단계에서 공업생산이 확대되고 종업원이 증가하면서 대규모 생산은 확대되었으나 중소영세기업은 몰락하였다. 중소기업인 가내공업의 생산액은 1939년에 23퍼센트로 감소하였으며 더욱이 1942년 전시통제의 요구에 따라 〈기업정비령〉이 공표되면서 기업정비와 통합이 진행되었다. 결국 주로 중소영세기업인 조선인 기업은 대부분이 일본인 대기업에 통합되거나 몰락하였다.

1930년대 일본 독점자본의 본격적인 진출로 한쪽에서는 공업화가 급격히 진전되었지만, 이것은 식민지 악조건에서 부단히 생성·소멸이라는 대류상태를 유지하고 있는, 민족자본과 중소기업에게는 소멸의 과정이었다고 보는 것이 소멸론의 주장이다. 식민지 아래 민족자본 성향의 중소기업과 가내공업은 일본인 경영과 직접적으로 경쟁의 대상이 되지 않거나 그 침투가 미치지 못하는 재래 수공업부문 영역에서 그리고 국내시장을 대상으로 잔존하였다. 이들이 1930년대 일본 독점자본의 조선경제 지배로 그 존립기반이 위축되면서 파괴되었고 〈기업정비령〉의 공표로 결정적 타격을 받았다고 보는 것이다.

이러한 견해에 대하여, 조선인 자본의 성장과 쇠퇴가 교차 실증된다는 주장도 있다. 조선인 자본은 1910년대 후반과 1920년대 빠르게 성장하였고 1930년대도 성장이 지속되었다. 그러나 영세성은 극복하지 못하였고 50인 이하 조선인 공장은 그 비율이 1930년 97.1퍼센트에서 1939년에도 94.7퍼센트로 약간 감소했으나 압도적 비중이었다. 조선인 공장은 중소공업 분야에 적합한 업종을 중심으로 근대적 업종에도 광범하게 진출하고 있었지만 발전 수준은 높지 못하였다. 밑으로부터 끊임없는 분출을 통해 중소기업의 존립이 가능한 근대적 업종을 중심으로 다양한 업종에 진출하면서 변화하는 여건에 능동적으로 대처해 나간 것이 1930년대 전반기까지 조선인 자본의 모습이었다.

조선인 자본은 식민지 억압 속에서도 꾸준히 성장하였지만 일본인 자본에 견주어서는 상대적으로 열세에 있었다. 이처럼 1930년대 중소기업을 중심으로 하는 조선인 자본은 절대적으로 증가했음에도, 그 비중은 줄어들었다. 일반적으로 일제에 협력적인 소수를 제외하고는 영세하고 근대적 대공업으로 진출하지도 못하였다. 조선인 자본이 일본인 자본에 대하여 현저한 열세와 취약성을 극복하지 못한 것은, 조선경제의 후진성뿐만 아니라 식민성의 반영이기도 했다. 그렇지만 제국주의 식민지정책 속에서 일본 상품과 자본의 압박에도 불구하고 1930년대까지 중소기업을 중심으로 꾸준히 성장한 점은 긍정적으로 평가할 일이다.

한편 일본 독점자본계 대공업 회사에 하청화한 공장도 상당수 출현하였는데, 이들에게는 '예속성'과 동시에 '민족성'의 이중적 성격이 있다는 지적도 있다.

태평양 전쟁 개시 이후 1942년에 기업정비가 착수되었고 1942년 5월에는 〈기업정비령〉이 공표되었다. 기업정비는 준비기간을 거쳐 1944년부터 강제적인 정비가 실시되었다.

1916년을 경계로 조선인 자본인 중소영세기업에서 회사조직과 공장조직은 영세 자본에 이르기까지 빠른 속도로 보편화되고 중소기업에 적합한 근대업종에도 폭넓게 진출하였다. 또 그 내부에서 기술과 경영능력을 배양하면서 점차 두터운 층을 형성해 나갔다. 그러나 1942년을 전후로 원료, 노동력, 자금의 봉쇄와 〈기업정비령〉 같은 직접적인 통제로 소멸의 길에 들어갔다. 그러나 조선인 업체들은 상호 사이의 통합으로 끝까지 조선인 경영으로 남아 있었다는 주장도 있다.

3. 중소기업의 현대사 연구 : 《한국중소기업론》(2013년, 총 479쪽)

(1) 해방 후 1950년대 한국 중소기업

앞에서 본 《중소기업경제사》의 뒤를 이어 해방 후 2000년대까지 한국 중소기업의 모습을 연구한 것이 이 책(사진 5-3)의 내용이다.

식민지 자본주의 아래에서 경제가 성장하고 자본주의적 단계가 확대되는 국면도 있었다. 하지만, 식민지 통치 아래 경제성장은 일본 공업의 외연적 확대의 결과였고 식민지 권력과 일본의 자본, 기술의 주도로 이루어졌으며, 일부의 종속적 발전을 제외하고 조선인 자본의 상대적 위축과 조선인 기술관리 능력의 부족 등 중소영세기업 중심의 민족공업의 발전은 억제되었다. 식민지 자본주의는 외래적이고 파행적인 자본주의였다.

해방 후 국내적 연관이 낮은 공업구조에서 남북 사이에 지역적 편재라는 특징은 파행성을 더욱 심화시켰다. 남북분단이 이루어지면서 남한경제의 전반적 위축은 불가피하였고 자금, 자재, 기술

<사진 5-3> 한국중소기업론

등에서 외부로부터 보충 없이는 가동될 수 없었으며 공장은 휴업 내지 조업단축에 돌입하였다.

해방은 식민지 자본주의의 낡은 사회를 해체시키고 새로운 사회 형성의 계기였다. 그러나 결과는 미국과 일본의 자본에 의존하면서 새로운 국제 분업체제에 조응하여 이들과 수직적 분업체제에 편입되었고 자본주의적 세계경제에 연결되었다. 곧 국제 분업체제 면에서 해방은 한국경제를 주변부 자본주의로 이행시켰으며 종속적 자본주의로 전환하는 기점이 되었다.

대내적으로 식민지 자본주의의 외래성과 파행성은 식민지로부터 이탈한 이후 험난한 길을 맞게 되었다. 자율적 생산능력을 갖지 못한 식민지 경제는 제국주의로부터 분리되자, 격심한 곤경을 맞이했고 거기에 남북분단은 남북 사이의 산업과 자원의 상호보완성을 단절시켰다. 그리하여 남한의 공업생산은 크게 위축되었다. 해방 후 한국경제에서 큰 비중을 차지하는 귀속공장은 완전 운휴하거나 낮은 가동률을 보였고 이것이 한국경제 위축의 큰 원인이었다.

결국 대외종속적인 식민지 조선경제는 해방 뒤 제국주의 경제권과 단절로 원료, 기술, 자금 등의 부족으로 경제의 순환은 크게 위축되었다. 여기에 남북 분단, 사회적 혼란, 생산정책의 부재와 소비재 중심의 원조정책 속에서 중소기업은 위축되었고 타격을 받았지만 모든 중소기업이 그러한 것은 아니었다. 지역적 시장에 기반을 둔 중소영세기업은 원조물자 범람의 영향을 크게 받지 않는 범위 안에서 다소 자본축적의 어려움이 있었지만 재기하고 생성하기 시작하였다.

국민의 최소한의 생활유지를 위한 시장의 확보는 공업발전의 새로운 기반이 되었으며 그 위에서 과거의 생산시설은 복구되고 부분적으로 새로운 기업들이 생성되었다. 이 시기에 신속하게 복구된 기업들은 대부분 과거 일본인 자본과 관계없이 자본, 원료, 시장 등이 상대적으로 국내에 뿌리를 두고 잔존했던 중소영세기업들이었고, 또 신생하는 기업들도 국내시장에 자립적 기반을 갖고 있는 기업들이었다. 그리고 새로운 바탕 위에서 복구, 신생한 중소영세기업은 국민경제의 자립적 재편성을 가능하게 하는 잠재력이 될 수 있었고 이것을 보호 육성하는 것은 국민경제의 자립적 재편성을 위한 당면과제였으며 해방 뒤 중소기업문제와 정책의 뿌리였다고 할 수 있다.

해방 뒤 한국에서는 어느 도시, 농촌을 가리지 않고 경색된 자금, 원료 가격 상승, 기술자의 부족, 생산품의 가격통제, 민중의 구매력 감퇴 등에 따라 대부분의 공장이 휴업상태에 가까웠으며, 이른바 중세기적 가내공업, 소공업으로 전환하는 역세기적逆世紀的 현상이 도처에서 발생하였다. 이는 기업가들이 채산을 맞출 수 없는 큰 공장보다는 소규모이지만 최소한의 국내소비를 유일한 대상으로 해서 수공업적인 공장으로 후퇴한 것이라고 볼 수 있다. 어느 면에서는 후퇴라기보다는 국민경제의 자립적 재편성에 따라 새로운 기반 위에서 중소영세기업이 부활, 생성됨을 의미하였다. 실제로 군단위에서는 지역적 수요를 바탕으로 광범위하게 새로운 생산이 진행되었다.

지방의 중소영세기업은 원료, 자재, 기술, 자금, 판매 시장 등 공업생산의 어려움을 여건에 적합한 규모로 조정하면서 발전하였다. 그 결과 이 시기에는 귀속공장보다는 민영공장이, 대도시에 입지한 공장보다는 소도시 및 군郡, 부府에 입지하는 공장이 활발히 생산하였으며 비교적 혼란이 적었던 농촌의 지역적 수요를 바탕으로 활발하게 전개되었다.

한편 1950년대 경제순환에서는 막대한 규모의 미국원조, 그리고 재정융자의 특혜성이 중요한 구실을 하였다. 미국원조는 50년대 경제부흥기에 공업부문에서 상당히 외형적인 성장을 이루게 하였다. 하지만 소비재 편중의 파행적 공업 구조를 만들었고 원자재의 대외의존도를 높였으며 원조가 수원국을 자기의 해외시장으로 편성하는 결과를 가져왔다. 미국원조의 배경과 귀속재산 불하의 특혜성은 재벌 형성과 독점의 길로 전개되었다. 자생적 자본축적 기회가 취약한 상황에서 원조와 재정융자의 특혜적 지원은 절대적 영향을 주었다.

그 결과 편성된 1950년대 공업구조는 생산재 공업의 상대적 위축과 소비재 공업의 압도라는 특징을 가졌다. 그런 가운데 경제성장은 지속되었다. 대외종속과 의존은 확대되었고 미국 대외의존의 대상이 되었다. 1950년대 진행된 성장은 제조업 중심으로 달성되었지만, 자본축적 면에서는 외국원조, 귀속재산 불하, 정부의 재정 금융의 뒷받침을 받은 결과였고 특혜지원의 대상은 대부분 대기업이었다.

이러한 지적은 이 시기에 광범하게 존재하였던 중소기업이 경제순환과 공업화에 이바지한 역할과 존재를 소홀히 다루게 만들었다. 하지만 실증적 자료는 중소기업이 사업체 수, 종업원, 생산액에서 대기업에 못지않은 기여를 했음을 말하고 있다. 즉 1950년대 공업발전에서 중소기업은 그 바탕이 되었으며, 동시에 중요한 위치를 확인할 수 있다. 이런 중소기업으로 해방 후 자생적 기반 위에 생성된 중소기업 일부와 원조물자를 가공하는 중소기업 등이 포함되었다.

그런데 원조와 재정금융의 특혜로 성장 발전한 재벌은 중소기업을 불황의 방패로 이용하고 또한 저임금을 바탕으로 정치권력과 유착한 상태에서 독점적 지위를 확립하였다. 곧 관료독점 자본체제가 형성된 것이다. 이런 구조 속에서 1950년대 불황기에 중소기업문제는 심각하게 제기되었다. 독점자본과 대기업이 진출 분야를 확대하면서 중소기업은 이들과 경쟁하게 되었다. 사실 관료독점자본의 형성에도 1950년대 말까지 중소기업은 대부분의 업종에서 우위를 차지했지만 중소기업분야에서 군생群生하는 중소기업 사이에 과당경쟁이 전개되었고 중소기업문제가 구체화했다.

대기업과 중소기업 사이의 생산성은 큰 단층을 보였고 양자 사이에는 이중구조가 형성되었다. 각종 특혜를 받은 대기업이 중소기업보다 결정적 우위를 가진 데 따른 것이었다. 중소기업은 침체와 소멸이 필연적이었다. 저임금 기반이 중소기업의 존립을 연장시켜 주었지만, 안정적 보장은 아니었다. 대기업과 중소기업이 상호보완적이 아니라 대립적·단층적이기 때문이었다. 다만 지역적 기반으로 대기업이 진출하지 않는 분야에서 겨우 중소기업은 활력을 유지할 뿐이었다. 해방 뒤 자생적으로 성장하여 경제의 자립적 재편성의 잠재력이면서 50년대 공업화의 기반이었던 중소기업이 재기와 신생보다 도산의 위기라는 구조적 특성에 직면했던 것이 1950년 말의 상황이었다.

(2) 본격적 경제개발과 중소기업

1960년대 이후 본격적으로 경제개발이 시작되면서, 중소기업문제는 해방 후 50년대에 이르는 과정에서 형성된 구조적 모순을 해소·완화하면서 그 경제적 역할을 높이는 데 중점이 주어져야 했다. 더욱이 경제개발에서 그 역할을 높이는 데 정책이 집중되었다. 포괄적으로 보아 중소기업의 역할은 다음과 같이 정리된다.

① 대기업과의 관련: 하청·계열기업으로서의 기능
② 산업발전에 공헌
③ 국민생활과 지역 경제에 공헌
④ 시장활성화 및 경제사회의 쇄신 역할
⑤ 자본축적과 경제자립의 기초

이것은 산업구조가 지식집약화되는 단계까지의 역할을 포괄한 것이지만 경제개발 초기의 문제인식은 먼저 국민경제에서 중소기업이 차지하는 비중이 높다는 데 있었다. 높은 비중의 중소기업이 전근대적 정체상태로 남아 있는 한 그 역할은 한계가 있고 국민경제의 근대화와 고도화에도 제약요인이 되는 부정적 측면이 있다. 높은 비중의 중소기업을 경제자원으로 활용하는 것이 경제발전의 지름길이며 자본축적과 고용증대, 수출증진에도 기여하는 긍정적 측면이 있다. 이런 긍정적 역할을 높이면서 부정적 측면을 완화·해소해야 할 이중二重의 중소기업문제가 형성되는데, 이것이 중소기업을 적극적인 정책 대상으로 만드는 이유이고 높은 비중이 가져오는 중소기업문제의 특징이기도 하다.

이런 중소기업문제에 대한 정책적 대응은 중소기업 근대화정책으로 구체화되었고 1966년 〈중소기업기본법〉이 제정되면서 본격화하였다. 공업화단계에서 중소기업 근대화정책은 대기업과 중소기업의 '격차문제'인 이중구조의 해소, 곧 전근대적인 중소기업의 근대화를 의미한다. 그러나 이것은 시설의 근대화, 기술의 향상 및 경영관리의 합리화 등 기업단위의 생산성 향상만을 의미하는 것이 아니다. 중소기업 구조의 근대화, 곧 부가가치 생산성이 높은 방향으로, 그리고 경제정책의 보완적 부문으로 산업구조의 고도화에 맞추어 업종별 구성을 개선하는 구조정책을 병행하였다. 이런 점은 중소기업이 낙후된 전근대적 상태로 남아 있는 한, 앞에서 제기한 중소기업의 역할을 제대로 발휘할 수 없다는 문제의식이 깔려 있다.

개발과정에서 이런 정책적 노력과 함께 국민경제의 성장 및 고도화와 유기적 관련 속에서 중소기업도 크게 성장·변화하였다. 더욱이 개방체제 아래 수출제일주의라는 정책기조 속에서 중소기업 제품의 수출은 크게 신장하여 총수출액 가운데 40퍼센트에 이르게 되었고, 1980년대 중반에도 30퍼센트에 이르는 등 수출산업으로 적극적인 역할을 하였다. 중소기업의 노동집약적 산업이라는 특성이 반영된 것이었고 그 결과 고용창출 효과도 컸다.

경제개발 초기에 대기업은 수입대체적 공업화유형에 따라 기존의 중소기업분야를 잠식하면서 그 존립 기초를 확립하였다. 그들은 중소기업과 상호보완적 분업관계에서가 아니라 경쟁적으로 존립하였다. 그 결과 경제개발 과정에서 중소기업은 대기업의 진출과 비례하여 정리·소멸되었지만, 한편에서는 새로운 존립기반 위에서 신생·발전함으로써 총량 기준에서는 성장을 지속하였다.

중소기업은 경제 환경의 변화에 적응력이 강하여 신설률이 높으면서도 도산율도 높은 다산다사多産多死를 그 특징으로 한다. 산업화가 급격히 진행되고 그 구조가 고도화되는 구조변동기에는 다음과 같은 특징이 나타난다.

① 중소기업 수의 현격한 증가
② 신·구 중소기업 교체의 확대
③ 중소기업 경영자의 세대교체

④ 중소기업 규모 사이의 격차 확대

⑤ 새로운 유형의 고생산성 중소기업의 증가와 성장 등

경제발전 과정에서 구조변동이나 기술변화에 적응하지 못하는 중소기업은 도태되고 새로운 유형의 중소기업이 증가하는 이른바 신구중소기업의 교체가 진행되었다. 한국경제의 경우 도산되는 구형 중소기업은 고유 기술과 지역적 수요에 기반을 둔 자생적인 것이었으며, 신형 중소기업은 수출산업이나 수입원자재 가공 또는 외국자본과 기술에 의존하거나 대기업과 하청계열관계를 맺는 중소기업 등이었다.

중소기업의 비중 변화와 계층분화가 일어났는데 그것은 다음과 같은 구조변화의 특징 속에서 진행되었다.

① 독과점 외자기업과 경쟁적 대립 속에서 중소기업의 도태

② 외국자본 또는 외자 관련 대기업의 하청·계열기업으로 중소기업 존립형태의 변화

③ 개방경제체제 아래서 수출경기에 따른 수출산업 등 대외분업 지향적 중소기업의 성장

④ 독과점 대기업의 지배력이 미치지 못하는 분야 및 저임금 노동의 활용 가능한 분야에서 중소기업의 존립

⑤ 새로운 수요 유형, 곧 소득수준의 상승에 따른 수요 패권의 다양화, 선진화 또는 종속화에 적응하는 중소기업의 존립 등

경제의 성장과 발전, 더욱이 고도성장기에는 수요와 기술변화의 다양화가 이루어지고 이에 따라 새로운 유형의 기업유형이 전개되는가 하면 낡은 기업이 도태되는 신구기업의 급속한 교체가 진행

된다. 이에 따라 중소기업은 생성과 발전, 도태와 정체를 끊임없이, 그리고 뚜렷하게 진행하는 동태적 경향을 보인다. 곧 많은 중소기업이 생성 발전하면서도 또 많은 중소기업이 소멸 도태하는 〈사회적 대류현상〉이 발생한다. 개별기업 측면에서는 기업의 교체가 꾸준히 이루어지지만 전체적으로는 중소기업분야가 언제나 존속하고 고도성장 과정에서는 오히려 그것이 상향·확대되는 경향을 보인다는 것이다.

1973년 〈중화학공업화 선언〉으로 본격적인 중화학공업화가 전개되었고 이에 맞추어 중소기업의 역할과 위상은 변화하였다. 중화학공업이 발전하면 생산의 우회화가 높아진다. 수요 측면에서는 중간재 수요 증대를 수반한다. 생산가공도의 연장과 중간생산과정을 길게 하고 그 일부는 독립된 영역으로 발전한다. 이것이 광범한 사회적 분업을 형성하게 만든다. 이에 따라 조립가공 산업의 발달을 가져온다. 중소기업의 존립 관련 영역이 커지고 서로 간에 보완적 집적이 이루어진다. 이러한 상호보완적 기업의 집적은 특히 조립가공 산업에서 모기업과 하청·계열기업 사이의 분업 관계 기반을 확대하게 만든다.

1970년 이후 중화학공업화는 그 특징이 생산재, 자본재의 수입대체가 아니라 중화학공업을 수출산업으로 특화하는 것이었고 따라서 국내 분업보다는 국제 분업에 편입되어 노농집약적인 숭화학공업 제품을 수출하는 데 목표를 두었다. 수입대체 단계에서 수출 단계로 진행하는 것을 목적으로 했다. 수입원자재에 의존하는 조립가공형의 내구소비재 중심이었다.

1970년 중반에는 한국 공업구조의 문제점으로 생산재산업과 원자재산업, 수출산업과 내수산업이 각각 유기적 관련으로 상승적으로 성장하는 구조적 탄력성이 부족하고 대기업과 중소기업 사이에 뚜렷한 발전격차로 기업구조가 이중적으로 만들어졌다는 지적이 있었다. 여기에 전반적으로 원자재나 시설재를 수입에 의존하는 가공수출제로 말미암아 공업부문 사이, 그리고 대·중소기업 부문 사이의 유기적 관련이 결여된 점도 지적되었다.

이런 상황에서 수입원자재에 의존하는 조립가공형의 중화학공업화였지만 중화학공업의 확대과정은 기계장비 부문을 중심으로 소재나 부품공업의 생산과 수출증대를 동반하였다. 이 과정에서 하청·계열관계를 내용으로 하는 중소기업의 성장이 새로운 현상으로 주목되었다. 곧 경제개발로 산업구조 고도화와 중화학공업화가 진전되면서 기업규모의 대형화와 큰 규모에서 집적 집중과 독과점이 진행되었지만, 그것은 광범한 중소기업의 존립과 관련관계의 형성 위에서 가능했다.

(3) 산업구조의 기술·지식집약화와 중소기업

1980년대 이후 2000년대에 이르는 산업구조의 변동에서 중소기업의 모습은 기술집약형 및 지식집약형을 그 특징으로 한다. 1980년대에 와서 산업 측면에서 중요한 것으로 국내 분업 관련을 높이고 부품·소재산업을 발전시키는 문제와 함께 중소기업의 기술개발로 산업기반을 확충하는 문제가 더욱 제기되었다. 대기업과 중소기업의 균형 있는 성장이 중요하며 이것은 중소기업의 건전한 발전 위에서 가능한데 그를 위해서 중소기업의 기술수준 향상과 체질개선을 주문하고 있다. 고도성장 과정에서 중소기업이 기술·정보·금융 접근기회가 부족한 점도 지적되었다.

기계류 부품 및 소재생산 중소기업 육성으로 수입대체를 촉진하고 기술집약형 중소기업의 창업촉진으로 경쟁력 있는 중소기업 육성을 강조하였다. 그것이 대기업과 중소기업의 협력 보완 관계의 기초라는 것이었다.

여기에는 다음과 같은 이유도 있었다. 중소기업은 기술을 국민경제에 전파하고 확산시키는 기술혁신의 필수적인 매개체이다. 또 중소기업은 기술혁신의 주요 원천으로서 창조적 기술혁신에 대한 기여도가 높다. 그 결과 기술집약형 신기업은 중소기업이 주축을 이루고 있으며, 이들 중소기업은 적극적 기술혁신으로 새로운 핵심기술을 개발하고 관련 응용기술을 기업화하여 기술혁신을 주도하는데, 컴퓨터, 반도체, 정밀과학, 유전공학 등 첨단기술 분야에도 진출하고 있다.

중소기업이 가지는 유연성과 신축성이라는 경영적 특징은 중소기업의 기술혁신에 대한 기여도를 높여 준다. 더욱이 기술집약형 중소기업은 기술혁신과 생산성 향상으로 국민경제의 경쟁력을 높여 주고 고용창출과 수출증대에도 이바지한다.

이에 기술집약형 중소기업의 육성 개발은 1986년 〈공업발전법〉, 〈중소기업창업지원법〉, 〈제6차5개년계획〉에서 강조되었고 1989년의 〈중소기업구조조정법〉은 기술개발 촉진과 정보화 촉진의 법적 기초가 되었다. 이어서 2001년 4월에는 〈중소기업기술혁신촉진법〉이 제정되어 중소기업 기술혁신 촉진계획도 수립하였다.

중화학공업화가 성숙하고 산업구조가 지식·정보화하면서 새로운 중소기업형이 등장하였다. 1980년 후반 이후 산업구조 변화에서 두드러진 특징은 지식·정보집약화가 진행된 것이었고 산업구조가 지식기반 산업 중심으로 개편되기 시작하였다는 것이다. 우리나라 산업구조에서 단초적이지만 새로운 기업유형의 검증은 1976년에 이어 1980년대 중반에 실시한 실태조사에도 나타났다. 〈중소기업창업실태조사〉에 따르면, 신규기업의 교체과정에서 새로 진입하는 중소기업의 특징은 다음과 같다고 검증하였다.

첫째, 개업 시의 중소기업자 나이는 30대가 전체의 39.0퍼센트로서 가장 많고 여기에 중년층의 초기에 해당하는 연령층을 합하면 65.4퍼센트에 이른다.

둘째, 신규참입 중소기업자의 약 절반(47.2%)은 대졸 이상 고학력 소유자이다.

셋째, 신규참입 중소기업자의 주류는 잠재실업자나 정년퇴직자가 아니고 대기업 또는 중소기업 종업원의 경험을 쌓은 이들인데 제조업 전력자가 60퍼센트에 이른다.

넷째, 제조업 경험자의 경험 연수는 5~10년이 63.2퍼센트이고 10~15년이 25퍼센트 이상으로 전문기능이나 전문지식 체득자가 대부분이다.

다섯째, 능력발휘와 이상의 실현이 개업동기가 되고 있다.

이러한 특징은 1980년대 실시한 〈중소기업창업실태조사〉에서 더욱 현저하게 나타났다. 이러한 실증적 조사 결과에 대하여 1987년에는 다음과 같은 해석이 붙여졌다.

① 대도시에서 새로 창업하는 중소기업자는 비교적 학력이 높은 청년층이며 그들은 오랜 경험을 토대로 자기의 이상을 실현하거나 능력을 발휘하고자 하는 창업이다.
② 이런 청년 기업가들은 새로운 시대에 대한 감각을 지니고 전문기능이나 전문지식을 활용해 높은 생산성을 이룩한다.
③ 경제 환경 또는 존립조건의 변동에 적극적으로 적응할 수

있는 것으로 생각되며 그들이 경영하는 기업은 대체로 근대적 체질을 갖추고 있다.

④ 이상실현 및 능력발휘형 창업이 주류를 이루고 있어서 중소기업이 청년들에게 이상실현과 능력발휘의 마당[場]을 제공하는 것으로 볼 수 있다. 그러한 중소기업은 장래의 기업가를 양성하는 학교로서 역할을 한다.

⑤ 독립 자영을 지향하는 중소기업의 활발한 진입은 중소기업의 근대화와 자주독립성 및 경제체질을 강화시킨다.

1970년 중반의 새로운 중소기업 출현 및 그 특징에 대한 실증적 확인에 이어 1980년대 중반에 검출된 새로운 기업유형은 중화학공업화의 성숙에 따라 등장하는 새로운 기업유형의 단초적 형태로 볼 수 있다. 이에 따라 이에 대한 정책대응도 있었다.

1990년대에 와서 중화학공업화가 더욱 성숙하고 산업의 탈공업화와 기술·정보집약화가 진행되면서 중소기업의 지식집약화가 전개되고 지식정보 집약적, 연구개발 집약적, 디자인개발 집약적 혁신형 중소기업인 벤처기업이 크게 성장하였다. 1997년에는 〈벤처기업에 관한 특별조치법〉이 제정되면서 벤처기업에 대한 법적대응 기반이 마련되었다.

1998년 문민정부로부터 정권을 이어받은 국민의 정부는 그 경제청사진에서 "'활력 있는 다수'로 중소벤처기업 육성"을 중소기업정책의 기본으로 제시하였다. 중소기업정책의 중심을 벤처기업 육성에 두었다.

2000년대에 와서 중소기업관은 지난날의 '문제형 중소기업관'에서 '적극형 중소기업관'으로 전환하고 있다. 경쟁과 혁신, 활력과 창조의 주체로 중소기업을 보고 있는 것이다. 여기에 맞추어 새로운 시대 중소기업정책 과제로 다음과 같이 제시하였다.

① 지속되는 구조정책의 대상으로 중소기업

② 개방화·세계화 시대에 국민경제의 기반으로서 중소기업

③ 경쟁의 뿌리·시장경제의 담당자로서 중소기업

④ 지식정보화 시대에 혁신의 주체로서 중소기업

⑤ 활력 있는 다수로서 중소기업

⑥ 가치창조의 원천: 창조의 모체로서 중소기업

⑦ 자율과 자유의 원천으로서 중소기업

⑧ 지역진흥·산업저변확충·고용창출의 기반으로서 중소기업 등

이런 것들이 앞으로 우리 중소기업의 새로운 모습이 될 것으로
이 책은 바라보았다.

4. 한국 중소기업 이해의 주요 이론 정리 : 《한국중소기업의 경제이론》(2013년, 총 259쪽)

이 책(사진 5-4)은 한국 중소기업을 이해하는 데 도움을 줄 수
있는 주요 이론을 정리·고찰한 것이다.

흔히 중소기업문제는 자본주의 운동법칙이 가져오는 모순이며,
자본주의 발전과정에서 형성되는 산업구조 위의 문제로 이해한다.

<사진 5-4> 한국중소기업의 경제이론

자본주의가 발전하면서 산업구조가 고도화하는데 그 과정에서 생기는 모순의 하나가 중소기업문제이다. 따라서 중소기업문제는 역사적 성격을 가지며 자본주의와 산업구조의 변화에 따라 그 성격이 달라질 수 있다. 그렇기 때문에 그에 맞추어 이것을 해명하는 중소기업이론도 변화하게 된다. 또한 중소기업문제는 자본주의 발전과정에서 발생하는 일반적 문제이면서도, 한 나라 자본주의의 구조적 모순이기도 하기 때문에 국민경제의 경제사적 배경이 가져오는 특수성에 따라 중소기업이론도 다른 내용을 가질 수 있다.

한국경제는 고전적 자본제화 과정을 거치지 못한 후진자본주의 유형에 속한다. 그 가운데서도 일본 제국주의의 식민지 지배를 받은 특수한 역사적 경험을 배경으로 하여 그 구조가 이루어졌다. 선진자본주의와는 달리 자본제화 과정에서 전기적 요소가 온존한 채 일정한 정도의 구조적 불균형과 산업구조의 왜곡성을 포함하고 있었다. 더구나 한국경제를 비롯하여 식민지 지배를 경험한 개발도상경제에서 구조적 문제는 더욱 심각하고 중소기업문제의 성격 또한 그러하다. 이러한 구조적 문제의 해석과 이해는 근대경제학적 접근만으로는 충분하지 않으며 구조적 인식과 함께 정치경제학적 분석으로 그 실체를 파악하는 것이 필요하다. 한국 중소기업문제를 해명하고 중소기업의 위치와 역할을 규명하는 데에도 이러한 시각이 중요하다.

이 책은 네 개의 장으로 구성되었다. 먼저 중소기업문제의 인식과 그 논쟁사를 정리하였다. 중소기업문제의 역사적 전개는 일본에서 이루어진 연구가 전형적인데, 일본 자본주의 발전단계에 따라 재래산업문제, 소공업문제, 중소공업문제 등으로 인식된 것이 그것이다. 수정자본주의 논쟁에서 베른슈타인과 카우츠키의 소기업 잔존을 둘러싼 논쟁은 19세기 말에 독일에서 진행된 고전적 중소기업문제의 인식이었다. 1920년대 일제 식민지 아래 물산장려운동 과정에서 진행된 대공업설립론과 소공업육성론의 논쟁도 그것이 민족해방을 위한 민족자립운동의 일환으로 전개된 것이어서 중소기업문제 인식의 본래적 시각은 아니지만, 대공업문제와 소공업문제의 대립·갈등을 제기한 점에서 의미가 있다.

1960년대 중반의 중산층 논쟁은 경제개발 초기에 한국 중소기업문제를 본격적으로 제기한 계기였다. 이 논쟁에서 중산층(중소기업) 소멸론과 육성론의 대립적 견해는 대기업 우선주의와 중소기업 육성론이라는 대립된 정책시각이 담긴 본격적 중소기업문제의 인식이었다. 중소기업을 민족자본 또는 민족산업자본으로 보기도 했다. 경제자립의 기초를 규정하는 민족자본론은 식민지 또는 전후 예속적 자본주의에서 민족경제 확립의 생산력 기반으로 중소기업을 보고 있으며 나아가 중소기업의 민족자본적 성향까지 제기하기에 이른다.

중소기업문제를 경제발전과 이중구조론적 시각에서 해명한 것은 1950년대 말 일본에서였다. 원래 이중구조론은 후진국의 경제개발이론으로 1950년대 초에 제기된 것이었지만, 일본에서 그것은 이와 다른 모형으로 진행되었다. 그런데 한국 경제에서 이중구조문제는 일제 식민지경제를 분석하면서 서술된 식민지공업비지론植民地工業飛地論 및 일본인과 조선인 자본의 갈등구조 속에서 시작되었다. 그 후 1950년대 형성된 관료독점자본과 중소기업 사이의 이중구조문제가 논의되었다. 1960년대 경제개발 과정에서는 대기업과 중소기업 사이의 대립·단층·격차문제가 이중구조 문제로 제기되었는데, 그것은 중소기업 근대화정책과 관련된 것이었다.

중소기업 근대화정책의 이론적 바탕이었던 이중구조론은 대기업을 근대부문으로, 중소기업을 전근대부문으로 보고 중소기업을 근대화하여 국민경제의 성장·발전을 추구하려는 것이었다. 한 나라 안에 근대부문과 전근대부문이 병존하고 있다고 본 이중구조는 대기업과 중소기업 사이의 임금·소득·생산성 격차를 해소하는 것을 정책과제로 하였다. 이를 위하여 중소기업 부문에 '특별한 고려'를 하는 것, 곧 중소기업 근대화정책을 추구하였는데, 이는 일본경제가 완전고용을 실현하고 경제의 지속적 발전과 고도성장을 이루려는 것이었다. 따라서 중소기업 근대화정책은 구조정책의 성격을 갖고 있으며 고도성장정책의 보완정책으로서 의미를 지니는 것이었다. 1970년대 중반에 지적된 한국 이중구조의 특성은 일본의 그것과 달랐지만, 일본 이중구조론과 그것을 바탕으로 한 중소기업 근대화정책의 기조는 1960년대 이후 한국 중소기업정책에도 큰 영향을 주었다.

1973년 〈중화학공업화 선언〉 이후 한국의 산업구조는 중화학공업 중심으로 점차 고도화하였다. 산업구조 위의 모순인 중소기업문제는 산업구조가 경공업에서 중화학공업 단계로 옮겨 감에 따라 그 성격은 다르게 나타났다. 중화학공업이 자본의 유기적 구성을 높이고 독과점을 심화시키는 것은 자본주의가 독점자본주의 단계로 들어서는 것을 의미한다. 이 단계에서는 산업자본 단계보다 자본의 역할이 더욱 강화되고 자본은 새로운 이윤추구의 기반을 구축하게 된다. 사회적 분업과 우회생산을 추구하는 중화학공업의 산업적 특성과 함께, 자본의 강력한 축적 욕구는 중소기업과 독과점 대기업 사이에 상호관계를 확충하게 하고 구체적으로는 하청·계열관계가 현격하게 진전된다.

이에 따라 중소기업의 일방적인 도태·소멸보다는 잔존·이용, 곧 자본의 집적·집중과 분열·분산 경향이 병행하여 전개된다. 역사적으로 보아 하청제도에서 계열제도로 발전하는 대기업과 중소기업 사이의 관계는, 지배적 대기업과 종속적 중소기업이 맺는 상호의존관계와 대립 지배관계라는 두 가지 측면을 갖는다. 하청논쟁과 기업계열화 논쟁은 하청제도와 기업계열제도의 성격을 규명하여 주었다. 그렇지만 두 가지 측면 가운데 후자를 완화·해소하면서 전자를 강화하는 것이 중화학공업 단계의 중요한 정책과제이다.

중화학공업화가 성숙한 이후 산업구조는 지식·정보집약산업을 주축으로 하는 탈공업화사회로 전환하게 된다. 자본과 노동 이외에 지식과 정보라는 무형의 생산요소가 등장하면서, 그 중요성에 따라 중소기업문제도 새로운 성격을 갖게 된다. 대기업 중심의 중화학공업 시대와는 달리, 지식·정보집약형산업에서 중소기업은 적합성이 높아 그 존립분야가 확충되고 새로운 유형의 혁신형 중소기업이 탄생하게 된다. 벤처비즈니스(벤처기업)의 등장이 그 사례이며 이들은 지식·정보집약형 산업구조의 첨병이다. 1970년대 중반 이후 1980년대 중반에 걸쳐 단초적·초기적 형태가 검출되었으며 1990년대 지식기반산업의 본격적 발전을 배경으로 활기 있게 전개되고 있다.

이와 같은 내용이 이 책에 담긴 것이 큰 줄거리이다. 이 책에 앞서 설명한 《한국중소기업론》의 저술과 병행해서 집필이 진행되었다. 왜냐하면 한국 중소기업의 현재와 연구에서 주요 이론적 기초가 이 책의 내용이기 때문이었다.

5. 중소기업 연구의 개론적 체계화 :
《중소기업경제학 개론》(2015년, 총 456쪽)

거듭하거니와, 나는 지난 반세기 동안 중소기업 연구에 매달려
왔다. 그 과제는 중소기업문제를 경제학적으로 설명하는 이론을
체계화하는 것이었다. '이론'의 체계화가 주된 관심이었지만 이론·
역사·정책의 세 분야를 통합적으로 연구하는 것이 이론의 종합적
체계화에 다가갈 수 있다는 생각에서 중소기업 이론서인 《현대중
소기업경제론》(2002)에 이어 정책론적 연구서인 《중소기업정책론》
(2006), 그리고 역사적 연구결과인 《한국중소기업사》(2010)와 《한국
중소기업론》(2014)을 저술하였다. 그러한 연구 결과를 개론서槪論書
로 정리한 것이 이 책이다.(사진 5-5) 이론·역사·정책의 세 분야를
하나의 새로운 체계로 묶는 것이 중소기업 경제이론의 체계화에
한 걸음 더 나아갈 수 있지 않을까하는 생각이 이 책 저술의 의
도였다.

중소기업문제는 자본주의 발전과정에서 형성되는 구조적 모순
이며, 산업구조상의 문제로 본다. 이러한 점은 중소기업 연구에
서 이론적 접근뿐만 아니라 역사적 연구를 필요하게 만든다. 또
한 중소기업문제는 그것의 완화·해소와 역할의 제고라는 정책과
제를 제시하기 때문에, 정책의 연구도 수반하게 만든다. 중소기업
연구에서 이론·역사·정책의 병행적 접근이 요구되는 이유가 여기
에 있다.

중소기업문제를 해명하는 것은 중소기업의 위치와 역할을 밝히
는 것이다. '위치'는 중소기업의 잔존 존립의 문제이고 '역할'은 자
본축적과 자원의 효율적 배분 기능이기 때문에 경제순환과 경제발

<사진 5-5> 중소기업경제학 개론

전 과정에서 중소기업의 역할을 밝히는 것이었다.

중소기업의 위치, 곧 그 잔존·존립의 문제를 해명하는 것은 중소기업이론 형성의 기원이었다. 일찍이 마셜에서 시작된 근대경제학적 중소기업이론에서 이 문제는 기업 안의 요인의 분석과 적정규모론으로 이어졌다. 또한 기업 외적 요인의 분석, 곧 시장구조의 분석은 불완전경쟁론으로 귀결되었다. 그 외에 소기업 비합리성 이론은 중소기업의 잔존·존립에 부정적이면서도 현실에서 존립의 요인을 인정하였다. 오늘날에는 광범한 존립요인과 새로운 분야가 생겨나고 적극적 역할을 하면서 중소기업이 산업의 중요한 계층으로 발전하고 있다고 근대경제학적 중소기업이론은 보고 있다.

중소기업문제는 구조적 성격을 갖기 때문에, 그 해명에는 정치경제학적 접근이 필요하다. 마르크스의 자본축적의 일반법칙에서 비롯된 자본의 집적·집중 법칙은 고전적 중소기업 구축·도태론의 기초였다. 그러나 자본주의가 발전하고 고도화하면서 자본의 분열·분산에 대한 주장이 더욱 이어졌다. 자본의 집적·집중 법칙은 일방적으로 진행하는 것이 아니고 그 분열과 분산으로 제약된다는 것이다. 더욱이 독점자본 단계에서는 독점자본이 자본축적의 기반으로 중소기업을 이용한다고 보아 잔존·이용의 흐름이 강하게 제기되었다. 나아가 중소기업 존립의 새로운 분야가 만들어지면서 적극적인 분열·분산 경향을 지적하고 있다.

중소기업문제의 구조적 성격은 그 해명에 정치경제학적 접근을 요구한다. 곧 중소기업 이론은 근대경제학적 접근에 정치경제학적 연구가 보완되어야 그 체계가 제대로 정리될 수 있다고 보는 것이다.

중소기업의 역사적 연구는 그 실체 및 문제형성 과정을 밝혀서 중소기업의 위치를 규정하는 것이다. 한국 중소기업의 뿌리는 고대

사회 이후 중세사회에 이르는 사이 민중의 생활을 뒷받침한 전통적 수공업(상공업)이었다. 그렇지만 중소기업의 개념과 실체는 자본주의 전개 후에 만들어진 것이어서 한국 중소기업문제는 일제 식민지 자본주의에서 ㅗ 기원을 찾을 수 있다. 1920년대 식민지 자본주의 경공업 단계에서 물산장려운동 때 수공업 육성론이 제기된 바 있다. 1930년대 일본 독점자본 단계에서는 독점자본의 하청기업으로서 그 예속성과 잠재적 민족성이 주장되었다. 소공업 육성론이나 예속성 및 잠재적 민족성은 다 같이 식민지 자본주의 아래에서 중소기업이 지니는 반제反帝의 성격을 밝히고 있어서 식민지 지배 아래 중소기업문제의 특성을 말하고 있다. 더 나아가서 식민지 아래 조선인 자본으로 구성된 중소기업의 위치는 식민지 민중의 생존 기반이었으며 민족자본으로서 민족경제의 기초였다.

해방 뒤 중소기업은 생산 공백을 메웠고 1950년대에는 공업화의 기반이었다. 1960년대 이후 경제개발 과정에서는 경제발전의 원동력이었으며 중화학공업화의 기초, 그리고 오늘날 지식산업 사회의 첨병인 것도 중소기업이다.

중소기업의 역할은 경제개발 과정에서 뚜렷하다. 일제 식민지 지배를 벗어난 한국경제에서 경제개발의 우선적 과제는 식민지적 경제구조를 극복하고 자립경제의 터전을 마련하는 것이었다. 이 과제를 이루는 데 중소기업은 대기업보다 상대적으로 경제자립의 기초로 기능하였다. 근대화 과정에서는 대기업과 중소기업의 이중구조 해소의 대상, 중화학공업화 단계에서 하청계열 기업의 기능, 중화학공업화가 성숙된 뒤 지식·정보집약사회에서 벤처기업 등 창조와 혁신의 기수로서 중소기업은 경제사회의 기둥이 되고 있다. 그리고 경제순환 과정에서 개별기업 기준에서는 신구기업이 교체하면서 도산과 신설을 거듭하지만, 산업계층으로서 중소기업은 꾸준히 확충·발전한다는 것이 사회적 대류현상론의 지적이다.

중소기업정책은 중소기업문제를 완화·해소하고 중소기업의 역할을 높이는 방안이다. 정책의 대상인 중소기업문제가 역사적·구조적 성격을 갖기 때문에 중소기업정책은 경제발전단계와 나라마다의 특수성에 따라 다를 수 있다. 또한 그것은 부분정책이기 때문에 일반 경제정책의 보완기능을 한다. 곧 중소기업정책은 국민경제가 안고 있는 문제의 일부를 떠맡아서 경제발전을 높이는 작용을 한다.

중소기업은 산업의 한 부분을 구성한다. 따라서 산업구조정책과 산업조직정책의 두 유형 가운데 그에 맞는 정책을 시행한다. 중소기업정책은 흔히 적응정책, 보호정책, 불리시정정책으로 유형화하는데, 정책의 유형화는 정책효과를 높이는 데 그 목적이 있다. 이들 정책은 서로 관련을 맺으면서 시행되고 자본주의 전개와 경제발전 단계에 따라 그에 맞추어 선택된다. 대체로 경제발전 초기의 구조론적 인식에서 점차 조직론적 인식으로 전환하는 것이 중소기업정책의 큰 흐름이다.

중소기업정책을 뒷받침하고 시행하는 것이 중소기업 관계법과 정책기구이다. 우리나라 헌법은 중소기업의 보호·육성 의지와 자조 조직의 육성 등을 포괄적으로 규정하고 있다. 1966년에 제정된 〈중소기업기본법〉을 주축으로 하여 중소기업정책을 효율적으로 시행하려는 다양한 관계법이 정책의 목적에 맞추어 제정되었다. 경제개발 과정에서 제정된 많은 중소기업 관계법은 1990년대에 와서 중소기업 구조조정에 따른 정책목표의 전환으로 정비되고 새로운 법이 제정되기도 하였다. 중소기업 정책기구는 앞에서도 나왔듯이 1960년 상공부 안에 최초로 중소기업과가 설치된 이후 1968년에는 중소기업국으로 확대 개편되었고, 1996년에는 중소기업청이 설립되어 중소기업정책을 총괄하였다. 이 책이 간행된 이후 2017년에는 중소기업청을 격상하여 중소벤처기업부로 확대 개편하였다.

위에 기술한 중소기업의 이론, 역사, 정책과 경제개발 과정에서 이루어낸 역할이 이 책에 담긴 주요 내용이다. 그 외에 앞부분에서 중소기업연구에 필요한 시각, 곧 경쟁과 협력, 생산력과 생산관계, 일반성과 특수성 등을 제시·설명하고 있다. 그리고 중소기업의 개념과 범위, 특성과 역할 등 기본 사항을 설명하였으며 특히 한국 중소기업 범위의 변천과정에 대하여도 기술하였다. 다만 이 책 간행 후 중소기업 범위 기준은 종업원 수나 자산액에서 판매액으로 변경되었다. 또한 끝부분에서는 오늘날 중소기업을 어떻게 이해할 것인가를 정리하였다.

중소기업에 대한 각 분야의 연구결과를 '개론'으로 이처럼 엮은 것이 '중소기업경제학'의 기본체계를 더욱 다지는 데 다가갈 수 있기를 기대한 것이었다.

6. 중소기업의 중요성과 정책인식 : 《중소기업, 왜 중요한가》(2017년, 총 208쪽)

중소기업 경제이론을 체계화하기 위한 노력은 앞서 발간된 《중소기업경제학개론》으로 어느 정도 마무리한 셈이었다. 그런데 여기에 더하여 중소기업을 쉽게 이해하고 그 중요성을 알리는 일이 과제로 제기되었다. 딱딱한 이론체계는 학문적인 성취일 뿐이어서 이를 좀 더 폭넓게 전파할 필요가 있는 것이었다. 그러기에 김경희 사장은 어렵지 않게 중소기업을 알 수 있는 책을 써보라는 권유였다. 책 쓰기에 지쳤는지라 망설였지만 어느 점에서 연구자의 마지막 과제이기도 하여 이 작업을 시작하였다. 그런데 알기 쉽게 풀어서 써야 한다는 주문에 응하자니 어려움이 보통이 아니었다. 까다로운 이론체계에 매몰되었던 사람에게 쉽게 쓴다는 것은 매우 어려운 일이었다. 들은 이야기이긴 하지만 서울대학교 총장을 역임하신 최문환 교수님이 고등학교 교과서 집필을 의뢰받고 어려움을 토로하셨다는 일이 생각났다. 이런 생각을 안고 이 책의 집필을 시작하였으며 아래 그 내용을 간추려 보기로 한다.

이 책(사진 5-6)은 중소기업의 중요성을 설명하고 그에 대한 정책과제를 제기하는 것을 주요 내용으로 한다.

우리 경제에서 중소기업이 중요하다는 것은 새로운 주장이 아니다. 내가 지난 반세기 동안 한국 중소기업 경제이론의 체계화와 그 기초를 마련하는 데 정진하면서 끊임없이 생각한 것이었고 또 어느 면에서는 나의 연구를 뒷받침한 것이기도 하다. 그럼에도 이 시점에서 "중소기업, 왜 중요한가."라는 화두를 제기한 것은 현재 한국경제가 당면한 과제가 그것을 절실히 요구하고 있기 때문이다.

한국경제는 1960년대 경제개발을 본격적으로 추진한 이후, 높은 성장성과를 달성하였지만 근년에 와서 구조적 어려움에 직면하고 있고 이를 극복하려면 경제개발 정책의 패러다임을 바꾸어야 한다는 주장이 강하게 제기되고 있다. 이를 위하여 실제로 문재인 정부에서는 새로운 방향의 경제정책을 추진하고 있다.

<사진 5-6> 중소기업, 왜 중요한가.

우리경제는 저성장과 저고용에 더하여 소득불평등과 양극화 등 정체와 구조론적 불균형의 함정에 빠져 있다. 이것은 그간에 시행되었던 성장전략이 가져온 결과라는 점에서 그에 대한 비판적 검토를 요구한다. 그동안 경제개발을 뒷받침한 정책방향은 '선성장·후분배'와 성장지상주의, 대기업 중심과 수출주도의 불균형성장 정책이었다. 이 정책방향은 성장혜택이 고르게 확산되리라는 이른바 낙수효과落水效果를 전제로 한 것이었다. 하지만 현실에서는 그것이 실현되지 않았고 사회적 불균형, 양극화, 그리고 나아가서는 경제의 성장 동력을 떨어뜨리게 만들었다.

산업측면에서는 재벌 등 대기업 편중정책이 시행되었기 때문에 경제의 성장기반인 중소영세기업은 상대적으로 침체하였고 경제의 성장 동력을 약화시켰다. 이런 인식이 대기업 편중정책을 벗어나 중소기업 중심으로 산업정책을 전환하여 성장잠재력을 확충하면서 중소기업과 대기업이 균형 있게 발전하는 정책조화를 추구해야 할 계기를 만들었다. 지금 중소기업의 중요성을 다시 한번 되돌아보고 정책인식을 다듬어 보는 이유가 여기에 있다.

우리 경제에서 검토할 수 있는 중소기업의 중요성은 매우 많다. 그것은 중소기업이 국민경제에서 차지하는 비중이 높고 그 역할이 크면서도 다양하기 때문이다. 그 가운데 포괄적으로 보아 먼저 생각할 수 있는 것은 중소기업이 산업의 뿌리라는 점이다. 일찍이 영국의 경제학자 A.마셜(A.Marshall)은 그의 '숲의 이론'에서 중소기업이 산업의 뿌리이며 영국 경제는 그것의 발전에 크게 의존하고 있다고 지적하였다. 숲을 산업에, 나무를 기업에 비유한 그는 울창한 숲은 크고 작은 나무가 조화롭게 성장할 때 가능하듯이, 산업의 진보 번영은 대기업과 중소기업이 유기적 관련을 맺고 골고루 발전할 때 가능하다는 점을 알려 주었다. 이때 번영하는 산업과 성장하는 대기업의 뿌리는 당연히 중소영세기업이다. 산업의 뿌리인 중소기업의 발전이 없으면 전 산업은 말할 것도 없고 대기업도 제대로 성장할 수 없다는 시사는 오늘의 한국경제에 큰 교훈이 되고 있다.

중소기업은 경제발전의 원동력이기 때문에 경제개발 초기부터 중요한 정책대상이었다. 국민경제의 기본 과제인 경제자립의 바탕도 중소기업이며, 이것은 개방화시대인 오늘날에도 중요한 정책과제라고 본다. 공업화과정에서 전근대적인 중소기업을 개발하고 이중구조를 해소하여 대기업과 격차를 줄이는 것은 산업근대화와 함께 경제의 성장잠재력을 키우는 길이었다. 이는 성장 동력이 약화된 우리 경제에 정책적 시사를 주고 있다. 공업구조가 고도화한 중화학공업 단계에서 중소기업은 그 발전의 기반이다. 중화학공업은 우회생산의 이익으로 높은 생산효과를 올리는데, 그것은 관련 산업과 기업이 서로 분업적 능률이 이루어질 때 가능하다. 이런 점에서 건전한 하청계열기업인 중소기업의 발전 없이 중화학공업의 발전을 기대할 수 없다.

중화학공업화가 성숙하면서 전개되는 지식정보집약사회에서 중소기업은 첨병의 구실을 한다. 혁신형 중소기업의 선도적 역할은 지식정보산업을 활성화하는데, 그 대표적 기업유형이 벤처기업이다. 미국 등 선진국에서는 1950년대부터, 그리고 일본에서는 1970년대 초에 규정된 이 기업유형이 우리나라에서는 1980년대 중반에 초기적 검증이 이루어졌다. 1997년에 특별법을 제정하여 본격적으로 정책지원 대상이 된 뒤 2017년 현재 약 30,000개에 이르고 있다. 이들은 정보기술혁명으로 촉발된 지식정보집약사회를 이끄는 선봉장의 역할을 한다. 기업 규모 면에서 대기업도 혁신의 기수가 될 수 있지만 중소영세기업의 적합성이 더 높다는 것이 지배적 견해이다. 제4차 산업혁명의 시대에도 결국 중소기업의 혁신 역량이 그 저변을 형성할 것으로 기대한다.

중소기업의 중요성은 대기업과 상호협력하면서 경제가 균형 있게 발전하는 가운데 실현될 수 있다. 그런 점에서 중소기업과 대기업은 경제발전의 두 기둥이다. 하지만 그동안의 경제개발은 대기업 편중으로 이루어져 중소기업은 상대적으로 침체하였고 그 결과 두 부문 사이의 격차는 매우 심각한 수준에 와 있다. 대기업의 무분별한 중소영세기업 영역 침투는 그 주요 원인이 되고 있다. 결국 균형 아닌 파행적이고 절름발이 산업체제가 된 것이다. 구조적 파행성은 국민경제, 전 산업, 그리고 대기업의 발전 동력을 약화시킨다. 대기업과 중소기업이 동반성장하도록 대기업의 부당한 시장행동을 규제하고 적합업종제도가 적극적이고 광범하게 시행되어야 한다. 그래서 중소기업이 '활력 있는 다수'가 되어 활기차고 역동적인 산업사회가 되어야 한다.

이를 위한 정책방향은 산업체제의 전환에 있다. 중소기업의 중요성을 인식하고 대기업 편중정책에서 벗어나 중소기업과 대기업이 균형 있게 발전하는 산업체제가 이루어져야 한다. 정책조화를 위하여 정책이 중소기업 중심으로 바뀌어야 한다. 반세기에 걸쳐 지속되었던 대기업 중심정책으로 인한 파행된 산업 체제를 시정해야 하기 때문이다. 이것이 '선성장·후분배'와 대기업 중심의 성장지상주의가 가져온 사회적 불균형과 양극화, 저성장과 저고용 등 구조적 문제를 극복하는 길이다. 그리고 성장잠재력을 확충하고 성장동력을 회복하는 방향이기도 하다. 왜냐하면 중소영세부문은 우리 경제의 성장기반이고 발전의 원동력이기 때문이다.

경제적 어려움을 극복하기 위하여 지금까지 실행된 정책의 대안으로 제시된 것이 이른바 소득주도 성장 또는 포용적 성장이다.

전자는 가계소득을 늘려 소비와 투자를 촉진하여 성장을 시도하려는 것이고 후자는 성장의 혜택이 모든 사회구성원에게 공정하게 돌아가게 한다는 것인데, 분수효과噴水效果가 전제되고 있다. 이와 함께 공정경제와 공급 측면에서 혁신성장이 추진되고 있는데 이들 정책이 성공하려면 산업정책에서 중소기업 우선이 당면과제이다. 대기업과 중소기업의 격차가 완화 해소되어야 중소기업이 혁신의 선도적 역할을 하기 때문이다. 그리고 일자리 창출과 양극화 해소도 중소기업 육성이 그 기본 방향이어야 한다. 이것은 자본집중의 완화가 불평등과 양극화 해소의 근본적 방안이라는 결론과 상통하고 있다.

1. 인적사항

(1) 인적사항

· 성명 : 이경의(李敬儀)
· 주소 : 자택) 서울시 서대문구 독립문공원길 17, 111동 1701호
　　　　 직장) 서울시 용산구 청파로 47길(청파동 2가)
· 직장 : 숙명여자대학교 경제학부
· 직위 : 명예교수
· 생년월일 : 1938년 4월 14일
· 전화번호 : 휴대전화) 010-3295-1031
　　　　　 자택) 02-393-9113
· Email : kurhee@sookmyung.ac.kr

(2) 학력

· 1958.3 ～ 1964.2 : 서울대학교 상과대학 경제학과
· 1969.3 ～ 1971.2 : 서울대학교 대학원 경제학과 석사과정
　수료(경제학석사)
· 1972.3 ～ 1975.2 : 서울대학교 대학원 경제학과 박사과정 수료
· 1978.2 : 서울대학교 경제학 박사 학위 취득

(3) 주요 경력

· 1964.3 ～ 1977.8 : 중소기업은행 조사부 : 행원, 조사역, 조사과장
· 1977.9 ～ 2004.8 : 숙명여자대학교 경제학부: 조교수, 부교수, 교수
· 1982.8 ～ 1984.7 : 숙명여자대학교 기획실장

- 1984.8 ~ 1985.7 : 미국 럿거스(Rutgers)대학 객원교수
- 1994.3 ~ 1996.2 : 숙명여자대학교 경상대학장
- 현재 숙명여자대학교 경제학부 명예교수

(4) 수상 경력
- 2003년 : 《현대중소기업경제론》으로 학술원 우수도서
- 2007년 : 《중소기업정책론》으로 문화관광부 우수도서
- 2014년 : 《한국중소기업의 경제이론》으로 문화관광부 우수도서

2. 연구업적

(1) 주요 저서
- 1965.12. 《1964年 韓國中小製造業 生産性實態調査報告》, 中小企業銀行調査部
- 1972.12. 《中小企業經濟論》(共著), 박영사
- 1975.8. 《第4次經濟開發5個年計劃 中小企業部門(案)》, 中小企業銀行調査部
- 1979.2. 《經濟發展과 中小企業金融의 效率化》, 大韓商工會議所 韓國經濟研究센터
- 1981.4. 《韓國經濟의 展開過程》(共著), 돌베개
- 1982.8. 《한국경제와 중소기업》, 까치
- 1983.8. 《經濟開發과 産業構造의 改善》, 大韓商工會議所 韓國經濟研究센터
- 1985.3. 《經濟學史》(共同執筆), 大明出版社
- 1986.12. 《경제발전과 중소기업》, 창작과비평사
- 1987.2. 《한국경제론》(공편저), 까치
- 1989.12. 《産業構造의 高度化와 小企業育成》, 大韓商工會議所 韓國經濟研究센터
- 1991.3. 《한국중소기업의 구조》, 풀빛

- 1991.10. 《中小企業政策의 展開와 課題》, 大韓商工會議所 韓國經濟研究센터
- 1994.5. 《中小企業支援體系의 效率提高를 위한 政策課題 − 中小企業理論의 展開와 政策課題》, 大韓商工會議所 韓國經濟研究센터
- 1996.4. 《중소기업의 이론과 정책》, 지식산업사
- 2002.9. 《현대중소기업경제론》, 지식산업사
- 2006.6. 《중소기업정책론》, 지식산업사
- 2010.8. 《한국중소기업사》, 지식산업사
- 2014.2. 《한국중소기업론》, 지식산업사
- 2014.2 《한국중소기업의 경제이론》, 지식산업사
- 2015.11 《중소기업경제학 개론》, 지식산업사
- 2017.11 《중소기업, 왜 중요한가》, 지식산업사

(2) 학위 논문

- 1971.2. 《中小企業 本質에 관한 研究−그 存立問題를 中心으로 하여》, 서울대학교 대학원, 석사학위논문
- 1978.2. 《經濟發展과 中小企業에 관한 研究》, 서울대학교 대학원, 박사학위논문

(3) 주요 논문(단행본 수록분 포함)

- 1966.4. 〈중소기업의 생산성 규제요인 분석〉, 《조사월보》, 중소기업은행 조사부
- 1977.8. 〈중소기업〉, 변형윤, 김윤환 편, 유풍출판사, 《한국경제론》
- 1977.12 〈韓國中小企業政策에 대한 考察〉, 창작과비평사, 《創作과批評》 겨울
- 1979.2. 〈産業組織政策의 性格과 그 類型에 관한 研究〉, 淑明女大 經濟研究所, 《論文集》 제8집
- 1979.12. 〈經濟發展과 中小企業 勞動問題〉, 숙명여대(대학원), 《論文集》 19집
- 1980.1. 〈경제학의 현황과 과제〉, 숙명여대, 《숙대학보》 20호
- 1980.2. 〈우리나라 中小企業製品의 輸出에 관한 研究〉, 淑明女大 經濟研究所, 《論文集》 제9집

- 1980.12. 〈二重構造經濟에 관한 이론적 연구〉, 숙명여대(대학원), 《論文集》 20집
- 1981.1. 〈自立經濟와 産業構造 改編: 자립경제 확립을 위한 일시각〉, 숙명여대경상학회, 《經商論叢》 10집
- 1982.1. 〈獨寡占의 진전과 중소기업〉, 숙명여대, 《숙대학보》 22호
- 1982.1. 〈중소기업문제의 재인식〉, 경향신문사, 《政經文化》
- 1982.2. 〈중소기업을 보는 시각〉, 경향신문사, 《政經文化》
- 1982.4. 〈중소기업, 그 존재형태와 하청계열화〉, 경향신문사, 《政經文化》
- 1982.5. 〈韓國의 經濟 現實과 中小企業〉, 民衆社, 《民衆과 經濟》
- 1982.10. 〈韓國經濟의 自主-自立化와 中小企業〉, 《凡下李敦明先生華甲記念文集》
- 1983.2. 〈開發途上經濟의 開發戰略과 構造問題〉, 淑明女大 經濟研究所, 《論文集》 제12집
- 1983.5. 〈産業分析의 基礎概念으로서 機能과 構造〉, 《春堂丁炳休博士還歷記念文集》
- 1984.2. 〈경제발전정책의 국민경제적 시각〉, 한길사, 《한국사회연구 2》
- 1984.2. 〈開發途上 經濟의 中小企業에 대한 構造論的理解〉, 淑明女大 經濟研究所, 《論文集》 제13집
- 1985.1. 〈한국경제의 독점-종속화와 중소기업〉, 한울, 《한국사회의 재인식 1》
- 1985.2. 〈産業組織에 대한 學說史的 研究〉, 淑明女大 經濟研究所, 《論文集》 제14집
- 1986.2. 〈韓末의 中央銀行設立計劃의 挫折에 관한 一考察〉, 淑明女大 經濟研究所, 《論文集》 제15집
- 1987.2. 〈자립경제와 중소기업문제〉, 《學峴邊衡尹博士華甲記念論集》
- 1987.9. 〈大企業中心에서 中小企業中心으로〉, 동아일보사, 《新東亞》
- 1987.2. 〈産業構造의 改善과 下請-系列化〉, 淑明女大 經濟研究所, 《論文集》 제16집
- 1988.2. 〈分業理論에 대한 學說史的 研究〉, 淑明女大 經濟研究所, 《論文集》 제17집

- 1988.12. 〈經濟的 民主主義와 中小企業에 관한 연구〉, 숙명여대(대학원), 《論文集》 29집
- 1990.2. 〈二重經濟構造와 小零細企業에 관한 研究〉, 淑明女大 經濟研究所, 《論文集》 제18집
- 1990.12. 〈下請制度에 관한 理論的 研究〉, 淑明女大 經濟研究所, 《論文集》 제19집
- 1991.6. 〈中小企業理論의 政治經濟學的 展開〉, 숙명여대(대학원), 《論文集》 32집
- 1991.12. 〈中小企業問題와 政策에 대한 國際的인 比較研究〉, 淑明女大 經濟研究所, 《論文集》 제20집
- 1993.2. 〈中小企業理論의 近代經濟學的 展開(1)〉, 淑明女大 經濟研究所, 《論文集》 제21집-22집
- 1994.12. 〈중소기업이론의 근대경제학적 전개(2)〉, 숙명여대 경제경영연구소, 《經濟經營論集》 제23집
- 1995.6. 〈민족경제론과 중소기업문제〉, 《朴玄埰先生華甲記念文集》
- 1996.2. 〈中小企業〉, 邊衡尹 編著, 유풍출판사, 《韓國經濟論》
- 1996.2. 〈불완전경쟁이론의 형성과 중소기업문제〉, 숙명여대 경제경영연구소, 《經濟經營論集》 제25집
- 1996.12. 〈A.마셜의 유기적 성장론과 경제발전 이론〉, 숙명여대 경제경영연구소, 《經濟經營論集》 제26집
- 1997.2. 〈한국경제의 선진화와 중소기업정책 인식의 전환〉, 숙명여대경제경영연구소, 《經濟經營論集》 제27집
- 1999.6. 〈중산층 논쟁과 중소기업문제〉, 숙명여대 경제경영연구소, 《經濟經營論集》 제29집
- 2000.12. 〈중소기업문제의 성격과 그 역사적 전개〉, 숙명여대 경제경영연구소, 《經濟經營論集》 제30집 제1호
- 2001.2. 〈後進資本主義와 한국중소기업문제의 성격〉, 숙명여대 경제경영연구소, 《經濟經營論集》 제30집 제2호
- 2001.6. 〈A.Marshall의 산업인식과 中小企業理論〉, 숙명여대 경제경영연구소, 《經濟經營論集》 제31집 제1호
- 2001.12. 〈중소기업문제의 政治經濟學 해석〉, 숙명여대 경제경영연구소, 《經濟經營論集》 제31집 제2호

- 2002.6. 〈小零細企業 문제의 새로운 인식〉, 숙명여대 경제경영연구소, 《經濟經營論集》 제32집
- 2007.8. 〈일제 식민지시대의 성격에 관한 제이론의 학설사적 고찰〉, 숙명여대 경제경영연구소, 《經濟經營論集》 제37집 제1호
- 2011.8. 〈8·15 해방 후 1950년대 한국중소기업 고찰〉, 숙명여대 경제경영연구소, 《기업경제연구》, 제40권 제1호

이경의 교수의 회고록을 편집 출판하면서 남다른 소회가 있기에 이를 간단히 밝혀 보고자 한다.

이런 저런 인연으로 1996년부터 20여 년에 걸쳐 그의 중소기업 관련 연구 저서 8권을 출판하였다. 미개척 분야인 '중소기업 경제이론의 체계화'에 대한 그의 연구의욕을 뒷받침하려는 생각이었고, 그 결과 바라는 학문적 성과를 거두게 되었다.

그는 이론체계에서는 근대경제학과 정치경제학을 망라하였고 이 분야에서는 민족경제론에 이르기까지 섭렵하였다. 순수이론뿐만 아니라 역사, 정책연구 등 사회과학 이론체계의 세 분야를 망라하여 한국경제학에서 '중소기업 경제이론'이라는 새로운 영역을 개척 체계화한 것이다.

2017년《중소기업, 왜 중요한가》를 출판한 뒤 나는 회고록 집필을 권유하였으나 이 교수는 거절하였다. 건강상의 이유와 또 회고록으로 남길 만큼 뚜렷한 삶과 업적이 없다는 점에서였다. 하지만 나의 생각은 달랐다. 1960년대 중반 이후 반세기 넘게 하나의 이론체계를 수립 완성하려고 헌신한 연구자의 치열한 삶의 발자취는 기록으로 남길 가치가 있다고 생각하였기 때문이었다.

그래서 거듭 회고록 집필을 요구하였다. 2018년 말에 이교수의 수락을 받았고 2019년의 집필을 거쳐 편집 출판에 임하게 되었다. 이 회고록은 이전 세대의 그것과는 다른 '차세대 회고록'이라고 할 수 있다. 편집에서도 본문과 함께 60여 장에 이르는 컬러사진이 포함되어 필자의 삶과 이론 형성의 과정을 선명하게 전달하고 있다.

나는 이 교수의 회고록 원고를 읽고 큰 감회를 받았다. 거듭된 요구로 이 회고록이 발간된 것을 참 잘한 일이라는 생각이다. 나의 60년 출판 인생에서 네 번째로 보람 있는 출판이라고 여긴다. 언제였던가 이 교수와 지난 일을 돌이키면서 우리보다 먼저 간 박현채 교수와 전철환 전 한은 총재 몫까지 살아야 된다고 말한 적이 있다. 이 회고록 출판에서 나는 그러한 것들이 느껴지기도 했다.

2020년 3월
김 경 희